见证百年

西安口述史

西安曲江出版传媒　组织编写

西安出版社

图书在版编目（CIP）数据

见证百年：西安口述史 / 西安曲江出版传媒组织编写 . -- 西安：西安出版社，2021.9（2022.12重印）
ISBN 978-7-5541-5654-4

Ⅰ . ①见… Ⅱ . ①西… Ⅲ . ①西安—地方史 Ⅳ . ① K294.11

中国版本图书馆 CIP 数据核字 (2021) 第 188984 号

见证百年：西安口述史
JIANZHENG BAINIAN: XI'AN KOUSHUSHI

西安曲江出版传媒　组织编写

出 版 人：	屈炳耀
策划统筹：	孙　华
特约编辑：	付　洁
责任编辑：	王　娟
装帧设计：	屈　昊
出版发行：	西安出版社
社　　址：	西安市曲江新区雁南五路 1868 号曲江影视大厦 11 层
电　　话：	（029）85253740
邮政编码：	710061
印　　刷：	廊坊市印艺阁数字科技有限公司
开　　本：	787mm×1092mm　1/16
印　　张：	18.75
字　　数：	300 千
版　　次：	2021 年 9 月第 1 版
印　　次：	2022 年 12 月第 2 次印刷
书　　号：	ISBN 978-7-5541-5654-4
定　　价：	96.00 元

△读者购书、书店添货或发现印装质量问题,请与本公司营销部联系。
电　话：（029）68206260　68206200（传真）

谨以此书，

致敬伟大的中国共产党成立100周年！

目录
c o n t e n t s

文化篇

003 / **石兴邦**：我见证了陕西考古事业的荣耀与梦想

009 / **张岂之**：用一个甲子的岁月奉献思想史

014 / **袁仲一**：秦俑是我无声的朋友

020 / **韩　骥**：致力于古城的保护和发展

025 / **张锦秋**：创作漫谈

030 / **肖云儒**：我对西安这座城充满了感恩

037 / **杜瑞清**：做大写的外国语言文学教育者

043 / **杜文玉**：文炳雕龙，集隋唐史研究之大成

050 / **葛承雍**：始终行走在研究文明的新征程上

056 / **李玉虎**：给文物当医生，让历史焕发新活力

061 / **强　跃**：与时代共成长的陕西历史博物馆"掌门人"

艺术篇

069 / **刘文西**：半生青山，半生黄土

076 / **郝彩凤**：秦腔表演是一生挚爱

082 / **贠恩凤**：为人民而歌唱的一生

087 / **李　星**：做个好人，当个好编辑

092 / **王西京**：中国画时代复兴的推动者

099 / **刘可风**：回忆人民艺术家柳青

105 / **芦　苇**：编剧人生见证西影辉煌

111 / **陈爱美**：从田野跃上荧屏的"秦腔红娘"

118 / **汪天稳**：皮影匠心与时代唱和

123 / **贾平凹**：我的命就是书写家乡和时代

131 / **何志铭**：做陕北文化良心，守西部电影初心

137 / **雷珍民**：用笔墨传承文化精髓

142 / **孙海鹏**：我愿做儿童戏剧发展道路上的铺路石

148 / **李向红**：长相思，在长安

149 / **张铁山**：在西安开宗立派创秦派内画

150 / **徐　杰**：用话筒讲好大美陕西的故事

151 / **范燕燕**：以丝绸为媒，用艺术连接"一带一路"

科技篇

155 / **周尧和**：中国铸造界的一面旗帜

161 / **鞠　躬**：一生鞠躬尽瘁为科研

166 / **杨士莪**：四海为家赤子情

171 / **王戎堂**：创立"王氏定理"，耄耋之年仍教学

175 / **林宗虎**：一心为国的热能工程专家

180 / **王立鼎**："精密齿轮王"拼搏三跨越

186 / **孙九林**：我国数据科学领域的奠基人

192 / **张立同**："巾帼院士"立志航天报国

198 / **张国伟**：探索中国大陆的脊梁

206 / **卢秉恒**：推动 3D 打印技术创新

212 / **舒德干**：沿着达尔文的足迹前行

218 / **刘加平**：以科技铸就绿色建筑之梦

223 / **康振生**：砥砺科研，保障国家粮食安全

224 / **郭春喜**：把握毫厘之下的万里测绘

225 / **刘站国**：赤子之心，与液体动力同频共颤

226 / **徐立平**：雕刻火药的大国工匠

227 / **刘　浩**：以"工匠精神"装配固体火箭发动机

228 / **米　磊**：硬科技，最西安

民生篇

231 / **万曼琳**：长征路上年龄最小的女红军

236 / **石志光**：走进社区的义务放映员

241 / **雍严格**：今生与熊猫结缘

247 / **张富清**：退伍老兵坚守初心的一生

255 / **窦铁成**：铁路边上的"工人教授"

262 / **尹贻明**：与死神抢夺生命的人

268 / **熊柏泉**：秦岭无人区的守望者

275 / **梁敦台**：要对得起共产党

281 / **王乃祝**：扎根基层，百姓的笑容就是我的追求

286 / **杨惠云**：践行南丁格尔誓言的"中国好护士"

287 / **白山稳**：创新的力量，未来的方向

288 / **孔宪梅**：踏踏实实做好环卫工作

289 / **辛军锋**：在坚守与创新中办大教育

290 / **安芳玲**：我是温柔的公交车女驾驶员，小安

291 / **丁水彬**：做好小家才能成就大家

292 / **王林波**：在思考与行动中成就小学教育

文化篇

石兴邦
我见证了陕西考古事业的荣耀与梦想

个人简介:

　　石兴邦,男,1923 年生,陕西耀县(今铜川市耀州区)人。考古学家。先后在中国社会科学院考古研究所、陕西省考古研究院、陕西省社会科学院、陕西省黄帝陵基金会、陕西省考古学会工作,负责过西安半坡遗址、陕西周原遗址、秦咸阳遗址、咸阳杨家湾遗址及山西下川遗址的考古和勘察发掘工作,建立了陕西铜川耀州窑、汉阴、绥德等数十个工作站,开展了秦俑一号坑的发掘研究、秦陵的勘探研究等工作。2018 年荣获中国考古学终身成就奖。

　　我生在陕西,长在陕西,事业最闪亮的部分基本都留在了三秦大地。在考古工作中,我深深体会到了发掘、研究和保护的一脉相承,能够面向世界展示陕西乃至中国的历史文化遗存,我感到无上的光荣和无比的自豪。野外工作很辛苦,但是我这一生最快乐的时光,却留在了考古队……

我的成长

我是陕西人，家里祖祖辈辈都是农民。我家里不是很富裕，但还可以自给，不缺吃穿，也比较保守。我是在家乡上的小学，假期就帮家里放羊。我家里有上百只绵羊，可以发展羊的副业，比如卖羊、剪毛，还可以擀毡，所以不缺吃穿，还有些富余。农村的生产除了摇耧我不行，其他的我都会。我从小学到大学遇到的都是好老师，所以成绩一直都比较好。也就是那几年过得比较安稳，学得也比较系统、扎实。

1937年，我就读于陕西省立第一中学，这是当时西安比较好的学校。只上了半年学，七七事变发生了，日军开始大范围地轰炸。很多学校都开始搬迁，我们学校搬到了陕西洋县。虽然只上了一学期，但是对我的影响还是比较大的，而且那时候学校教育比较严，要求全才教育，写字画画、数理化都学。

初中毕业时，我以全班第一的成绩免试上了高中。本来我初中毕业后可以教书，后来接到同学的来信，得知免试生可以免费上高中，所以我就接着上高中，叫工读生，就是四个学生分一个教师的工资。我们那个时候占了便宜，因为第二战区的山西大学搬来了，我高中的老师里有些是讲师，有些是副教授，他们讲地理、讲生物，几乎什么课都讲。他们讲课的质量很高，比西安、宝鸡的很多高中都要好上很多。

1944年，抗战快结束了，当时对教育抓得紧。高中会考，以省为单位，我在的那个班级刚好遇上陕西第二次会考，我的上一级参加了第一次会考，第一名是我们耀县人，后来去了西北农学院（今西北农林科技大学前身），这是唯一一所没有搬迁的学校。第二次会考是全国会考，我是我们省上会考第一名。

这一年，我高中毕业，我在大学的志愿表上填的是国立中央大学（今南京大学）边政学系。当时边政学系刚成立，学什么呢？就是人类学、民族学、古代史、原始社会、村民社会、考古等课程。我那时候不知道学这些东西有什么用，后来做了考古，才知道还真是学对了。1948年，我在边政学系还没有毕业，南京就乱了，我主动留下担任助教。正好那一年浙江大学招研究生，我就拿了自己的一篇论文和成绩单到浙江大学的人类学系去面试。教授民族学的教授都认识我，就这样，我到浙江大学读起了研究生。我在浙江大学人类学系读书的时候，夏鼐先生教考古学，吴定良先生教体质人类学。

1949 年中华人民共和国成立，夏鼐到了中国科学院（1977 年改属中国社会科学院），考古研究所也成立了。那个暑假后，我就跟夏所长说，让我到北京的考古研究所去，因为我学的那些东西，在考古方面都能用上。考古在当时的学术界还是雏形，但也红得很，苏联派到中国的专家中，排在第一位的就是考古学家，他们致力于挖掘殷墟。当时考古工作地位很高，国家也很重视，把它作为人类学物质文化主要的组成部分。很快，我的考古生涯正式开始了。

激情半坡

半坡遗址是在一个偶然的情况下被发现的。那是 1954 年，第三届考古工作人员训练班选择在西安地区进行田野实习，我参加了训练班，并负责田野实习总辅导工作。我实习的地点在东郊基建区，那个时候也没有想到，在这个基建区会发现半坡这么重大的遗址。

田野实习大约是 9 月份开始的，先发掘墓葬，再发掘遗址。那次我们改变了工作方法，采用探方法，大面积揭露，并以层位、层次向下发掘，所有迹象出现时均保留不动，以待全范围揭开后，再观察分析，然后根据实际情况研究第二步的发掘计划和方法。就是用这种方法，我们发掘出一座保存完整的倒塌的圆形房子和一座较大的方形房子的残迹，以及其他房屋建筑遗迹，迹象清晰，令人印象深刻。这也是我们第一次揭露出完整的史迹，与过去打探沟、切成条条的分割方法大为不同，大家都觉得探测方法用得对，收获很大，都很高兴。在举办结业典礼时，北京文物考古界的领导同志都来了。我记得裴文中先生还说："这个方法发掘遗址好，过去打探沟把整体房屋都'切切糕'，切掉了。石兴邦这次做得不错。"裴文中先生看了当时半坡出土的器物后，认为这些东西有些怪，是否是仰韶文化还不能确定。直到 1955 年 5 月份，又出现了很多新的类型后，我们才确定这个遗址属于仰韶文化庙底沟类型。

1955年6月1日，中国科学院学部成立大会在北京召开了。这是中国科学史上一次划时代的盛会。会上成立了物理学数学化学部、生物地学部、技术科学部、哲学社会科学部等4个部。在考古方面，提出将"半坡遗址的重大发现和意义"作为考古学的一个新发现和新成果。考古成果由我在会上宣读，考古方面的专家王天木作了评价和肯定，顾颉刚先生问得很仔细，个别同志也讲了不同的意见。

那年秋天，北京大学考古专业班的32名学生来半坡实习，由李仰松先生带队，展开对遗址的部分发掘。这些年轻学生文化程度相当，事业心强，学习热情也高，还很勤快，发掘出的都是重要遗迹——房屋、窖穴、瓮棺葬及大批的工具和陶器，为半坡博物馆的建立做了不少基础性工作。这批学生当时还提出了一个建设性的意见，就是在发掘现场举办一个展览，因为工地紧临着大路，已经吸引了不少群众来参观。我们经过研究，同意了学生们的意见。展览分为两部分：一是在发掘现场由学生讲解；二是在墓葬区的断崖下划出一段30多米长的空间，挂了些图片和绘图，由学生轮流讲解。展会大约持续了一个月时间，参观的人累计达数十万人，其中主要有附近的农民、工人、机关干部和中小学生，陕西省和西安市党政领导，如陈柏仁等老前辈也来参观，并给予高度的关怀和支持。还有不少来访的外国人给予帮助，他们多数是在华工作的苏联和东欧专家。一位在教育部工作的苏联高级顾问在西安工作期间也来参观，他回北京后，向教育部报告了有关情况，引起了教育部副部长钱俊瑞的关注。钱部长专门带人来半坡视察后，还要了30多张遗址和器物的照片，准备回去给总理汇报，并嘱咐我们好好保护。也就是那次展览，为半坡遗址扩大社会影响、建立博物馆营造了良好的舆论氛围，打下了群众基础。

1956年4月中旬，时任国家文物局局长郑振铎和副局长王冶秋来西安视察工作，正好陈毅率领中央代表团参加西藏自治区筹委会成立活动路过西安，参观半坡遗址时，我给他们讲解。

座谈时，在场的人并不多。首先，王冶秋同志提出："半坡遗址很重要，保存得很好，出土文物很丰富，有很大的历史价值，应该在这里建一座博物馆，将它保存起来，向人民群众宣传教育嘛！"接着，郑振铎局长就半坡遗址的价值和成立博物馆与保护文物、进行爱国主义宣传教育等问题做了阐发，极大地激发了大家的热情，陈毅同志对建博物馆一事兴趣更浓了。也就在那天晚上，郑振铎局长特意到陈毅同志下榻的房间，将成立博物馆的想法再次提出，陈毅同志当即慨允。之后，国务院一次下拨30万元建馆费，陕西省政府也拨了5万元，组织筹建会，开展建馆工作。

1958年4月1日，半坡博物馆建成开放。当时秦始皇兵马俑博物馆还没有面世，半坡博物馆是西安最热门的旅游参观点。到现在，半坡遗址发掘、建成博物馆已经过去60多年了，它是我国第一座史前历史博物馆，历史地位很高。

陕西考古工作者的荣誉

法门寺地宫和秦俑坑的发掘是我终生难忘的经历，也让我从中感受到了陕西考古工作者的光荣与自豪。

1987年，陕西省扶风县的法门寺中一座宝塔倒塌。我当时在陕西省考古研究所（今陕西省考古研究院）任所长，就带领考古队前去进行保护清理工作。2月28日，考古队正式清理塔基。我们在清理塔基时，发现有地下密室。在打开密室石门之前，法门寺的法师先进行了一番诵经祈祷。打开一道石门后，就发现了现在的地宫，共有三个地室，后来被称作前殿、中殿和后室。三个地室内都放着许多东西，之前有文献记载说这里有东西，但是没有详细描述摆放的位置，所以我们只能先往外清理文物再研究。那时，把大大小小的文物一件件往外挪时，在场的所有人员都干劲十足，有时甚至连夜清理，大家也没有怨言。佛指舍利是在后室中发现的。当时，我们发现后室地下有个坎，挖开后，只见里面埋有一个镏金的盒子，大家觉得放置得这么奇怪，肯定很重要。整理时，打开这个盒子，发现里面有个小小的玉石棺材，里面装着一节长约6厘米、粗约3厘米的青黄色管状物。当时在场的另一位考古学家激动地大喊："不得了，佛指舍利！"当天是1987年5月5日，农历四月初八佛诞日。

出土的东西大到几百块（组），小到几千件，那真的是壮观！这次不但发掘出了佛祖释迦牟尼的一节指骨，同时让佛教界关注的佛祖陵地所在得以面世。

在陕西的考古发掘历史上，除了半坡遗址和法门寺地宫，秦俑坑的发掘也是一个举世瞩目的考古事件。

1984年，国家决定重新对秦始皇陵兵马俑进行整理发掘。在此次发掘工作中，我兼任考古队队长。考古工作确实很辛苦，为了发掘秦俑，大家拿着小刷子、小铲子，一点一点地干，我们20多个人用了两个多月时间，共发掘了100多平方米。现在秦俑一号坑中间部分的大量车马俑就是那时发掘出来的。

曾有媒体刊发了有关"百年后兵马俑会变煤坑"的报道，这一说法也是有科学根据的。随着知名度的提高，前往秦始皇兵马俑博物馆参观的游客越来越多，带来的细菌也会越来越多，这肯定对秦俑有损害，出土的彩俑颜色变淡就是事实证明。所以，应该在游客和文物之间采取一些防护措施，尽量减少人和文物的接触。

我觉得对文物而言，保护是第一位的，保护好了，什么时候发掘都可以，现在不保护，将来还能发掘什么啊？看到或听说一些工地施工将文物损毁，我很难过。近年来陕西经济大发展，省内建筑工地开工较多。不过，对于这个随时都可能挖出古迹的文物大省来说，必须采取节制措施，没有必要开挖的不要开挖，特别是在古代文化区内，一定要节制开发与文化相关的地块。

（文 / 张佳）

张岂之

用一个甲子的岁月奉献思想史

个人简介：

　　张岂之，男，1927 年生，江苏南通人。我国著名历史学家、思想史家、教育家。2016 年 10 月 29 日荣获国学终身成就奖。现任西北大学名誉校长、中国思想文化研究所所长，西北大学和清华大学教授、博士生导师。

　　一个甲子前，我就开始追随我国马克思主义史学开拓者侯外庐老师，参与编写《中国思想通史》《宋明理学史》等著作，走上学术道路。今天，我作为马克思主义理论研究和建设工程首席专家，还将同众多史学英才一同作战、全心付出，以《史学概论》等重点教材为马克思主义中国化献礼。从青春活力到满头华发，我想把最好的时光都献给思想史研究。我深爱我的祖国，也深爱人文科学。

战乱中求学，醉心人文科学

1937 年，我在家乡江苏南通读小学时，父母早早为我规划好读大学、留洋、做教授的人生。但战火打乱了这一切，战争无情，南通濒临沦陷。我被辗转送到远离家乡的陕西城固，在西迁至此的西北联大附中继续求学。几间茅草屋，几排旧桌椅，虽简陋清苦，却辟出了一方安宁的"世外桃源"。我和同学们一起，在汉江边晨读，在油灯下伏案，课余闲暇便钻进随文人们迁来的一间间书店，饱览书页中的奇丽大观。我深深沉醉于人文学科的魅力之中。还记得一次考试前，校长宣布发给每人一根土蜡烛温书用，顿时，欢呼声、掌声、笑声响成一片。那几天，我们燃起了蜡烛，烛光照亮了教室，也温暖了一颗颗稚嫩的心。

1946 年秋天，我进入北京大学哲学系学习。无论是著名学者还是年轻教师，他们迥然各异的授课风采，深深感召着彼时还是一个新生的我。新儒家宗师熊十力当时已年过六旬，讲授新唯识论课程，每讲一段便把手杖提起，轻轻敲点离讲台近的学生，问领悟了没有。因为怕他的手杖，教室前排几乎没有学生去坐。但他不息的探索与追问令我印象深刻：外来佛学如何与中国文化结合，进而成为中国文化的一部分？

讲师石峻老师热情奔放、旁征博引，他的伦理课十分受欢迎，但有些湖南口音，有时我们难以理解。我写信请教，石峻老师不仅专程解答，还向我开放了自己的私人藏书，令我十分感动。这些老师身上有共同的一点：中西融合，古今会通。他们力求将中华传统文化与西方文化精华融合起来，创造适应时代需要的中国新文化。他们影响了我的一生。

师从侯外庐，任教古城西安

1952 年秋，天高气爽，有人给正在清华大学读研究生的我带来口信：刚履新西北大学校长的侯外庐邀请我赴西北大学工作。1949 年初，侯外庐老师曾在北京大学讲授中国思想史专题。我格外喜欢他的课程，常当面向他请教。他推荐我们读恩格斯的《家庭、私有制和国家的起源》，读马克思、恩格斯关于历史唯物主义的通信。他所说的"用马克思主义的眼光，还思想史以本来面目"，令我受到了历史唯物主义的启蒙。他希望我来西安，来西北大学。我当然知道西安了。西安古时称长安，汉唐建筑都在这里，这是个人文积淀很丰厚的地方。侯先生要我来，我当然高兴了。就这样我放弃了读研，来到古都西安从教，先是在西北大学做讲师，很快，在侯外庐老师筹建中国科学院历史研究所二所并成立中国思想史研究室后，我也成了研究室的一员，半年在北京工作，半年回校教书。

　　我当时的主要任务是修订、增补《中国思想通史》第一至三卷。这几卷著作出版于抗战时期，凝结了侯外庐、杜国庠、赵纪彬、邱汉生几位学者的大量心血，但印制多有错漏。我们几个年轻人坐在一间屋子里，逐字逐句地查核引文、考订古籍，拿不准时就和先生商量，不久后大功告成。谁料却只是个开始，先生告诉我们：立即着手进行第四卷的编写。他鼓励我们放手尝试，并为大家取了个集体笔名——诸青，即诸位青年。

张岂之在讲学

编写开始了，每写一章，都是打一场硬仗。我面临的"首战"是明代东林党思想。如何界定东林党？其政治性与学术性关系几何？怎样评价才合分寸？我研读了很多文献，边抄录边思考，卡片做了许多，提纲删改数次，终于完成任务。几年下来，诸青在全卷二十七章中承担了十三章的工作，"唱了重头戏"，最后一统计，我们都吃了一惊。

我们常和侯先生深入交谈，甚至争论。他写成的稿子，我们有时也作文字修订，甚至是观点的修改。他从不愠怒，还吸收了我们的不少意见。诸青成员互为师长，取长补短，从未发生过诸如署名之争之类的不愉快。后历经波折，我继承了侯先生的衣钵，努力为侯外庐学派开创新天地。我励志和同道后学们砥砺前行，沿着恩师开创的学术道路走向远方。

激活中华文化资源，为祖国多做一些事

中华传统文化博大精深，积淀着中华民族最深沉的精神，值得我花一生去研究。从走上学术道路至今，不知不觉已有六七十年。因为兴趣，所以我乐此不疲。我给自己的一部文集定的书名就是《乐此不疲集》。中华优秀文化传统并不会因为历史流逝而失去光辉，研究中华文化是认识中国人的民族特性、认识当今中国人精神世界历史来由的重要途径。我始终认为这一点是我的安身立命之所。

"师者，所以传道授业解惑也。"我不能忘记自己教师的身份，从讲师到校长，我始终喜欢给学生们上课。除了培养好研究生，我更想让学术成果影响更多学生、走向大众。编写教材或许是一个很好的途径。我是教师，编写教材是我的本职工作之一，虽然编写教材对成名成家的作用不如专著大，但一本好的教材可以影响学生的一生。我很忧虑现在有些学者不重视教材编写，这不是个好事。

2004年，我主持编写中央马克思主义理论研究和建设工程首批教材之一的《史学概论》，经过4年多30多次讨论修改，终于以集体智慧为高校学生提供了一部有中国史学特色的教材。虽然有些耗时耗力，但我依然觉得很值得。

　　除了编写教材，我们还应该普及知识，让公众了解中华文化。我们是教育工作者，不会下海弄潮，也不会见异思迁，只能坚守自己的岗位，在冷清的生活中努力为国家、为民族做一点力所能及的事。多编写些普及读物是社会的迫切需要，学者们不能因其小而不为。思想文化史研究需要很专业的研究成果，也需要高质量的普及读物，否则就会使自己与时代、与社会、与大众隔绝，如果故步自封，怎能实现"以文化人"？编写高质量的普及读物不是件容易的事，要有耐心进行专业研究，还要以认真负责的态度编写，做到深入浅出。中华民族的文化资源是取之不尽的，而且这种文化资源我们可以不断激活，结合时代增加新的东西。

　　如今正值快速发展之际，经历过 1949 年之前的战乱和饥荒，经历过艰苦的求学生涯，经历过共和国成立初期的艰苦与贫穷，我深感如今优越的做学问的条件来之不易。虽然我已迈入暮年，但仍想继续做我热爱的学问，更希望能为祖国、为人民多做一些事。

（文 / 张潇、陈立颖）

袁仲一
秦俑是我无声的朋友

个人简介：

　　袁仲一，男，1932 年生，江苏省铜山县（今江苏省徐州市铜山区）人。著名考古学家，人称"秦俑之父"。曾任陕西省考古研究所（今陕西省考古研究院）副所长，秦始皇兵马俑博物馆馆长，秦始皇帝陵博物院名誉院长、研究员，中国考古学会理事，陕西省考古学会副会长，秦俑学研究会会长，陕西省司马迁研究会会长，秦文化研究会副会长等职。享受国务院特殊津贴。

　　对一个人来说，47 年几乎是生命的一半时间，是全部的职业生涯。秦始皇陵和兵马俑一直是我无声的朋友，是我生命中挥之不去和难以忘怀的记忆，在时光的流逝中，我为之倾注了所有心血。我想不留遗憾地干一件大事，为我国考古学的发展尽自己的一份力量。

从江苏到西安，我为历史而来

秦始皇兵马俑被誉为"世界第八大奇迹""20世纪世界考古史上的伟大发现之一"。20世纪70年代，我主持了对秦始皇陵的勘探和试掘，发现和发掘了秦始皇陵兵马俑第一、二、三号陪葬坑，出土陶俑2000余件、各种青铜器4万余件。1980年，我主持发掘铜车马坑，出土的两乘大型彩绘铜车马被誉为"青铜之冠"，成为又一轰动世界的重大考古发现。1987年，秦始皇陵（包括兵马俑坑）被联合国教科文组织列入世界文化遗产名录。

与兵马俑结缘之前，我的人生轨迹是从小学老师开始的。1950年，我考进徐州师范学校，两年后毕业，分配到徐州市一所小学当了教师，荣获过"市模范教师"称号。1956年夏季，出于对历史的无限热爱，我考进了华东师范大学，学习历史专业。1960年毕业时，我师从著名史学家吴泽和束世澂，留校读了3年半的中国古代史专业硕士研究生。毕业那年，我选择到大西北工作。

这么些年过去了，我还记得，临别时束世澂先生对我说："你的路最远，走路不要打瞌睡，把东西看好。"先生还把箱底的两包中华烟塞给我。

吴泽先生叮嘱我："做学问，要学八路军建立根据地，逐渐扩大，最后形成自己的学术体系；不要学李闯王，最后什么也没有。"

这些话影响了我的一生。

1964年春天，我被分配到陕西省考古研究所。在发掘兵马俑前，我还发掘过唐太宗的叔叔李寿的墓葬，由28块青石组成的石椁，石椁内外布满了彩绘图案。有可以开合的石门两扇，门上有把锁。墓中发现了一件龟形的墓志，这是当时全国仅有的一件龟形墓志。如今陕西历史博物馆的壁画馆，还珍藏着此墓出土的多幅唐代早期壁画。

兵马俑的第一个探方

我的家里珍藏着一张泛黄的黑白照片，那是我 42 岁时拍的。照片上，我蹲在探方里，脚下是躺着的兵马俑，那是兵马俑一号坑的第一个探方，编号 T1 方。

1974 年 7 月，我担任秦俑考古队队长。7 月 15 日，卡车拉着我到了临潼西杨村，执行一项神秘的发掘任务，因为该村农民打井时发现了陶俑残片。我至今还清楚地记得，留影的位置是一号兵马俑坑东南角 T1 方第 4 过洞。这里面的陶俑全是不穿铠甲的轻装步兵俑，上面还有棚木的建筑遗迹，棚木倒塌后很多俑都碎了，还有被烧过的痕迹。

一开始发现兵马俑时，我们都以为一个星期就能完成发掘，谁也没有想到，勘探时怎么都找不到俑坑的边界，后来仅勘探工作就做了一年。1975 年 3 月，考古队大体确定了一号兵马俑坑的边界，4260 平方米的面积让我们都震惊不已。

袁仲一在进行兵马俑的考古工作（左一）

第一次正式发掘，我带着人画探方，仅 20 米 ×20 米的探方就画了 27 个。那张照片中的 T1 方是兵马俑正式发掘的第一个探方，我们就是从这里开始了解秦始皇的地下军团。按照陶俑的摆放密度推算，一号坑应该有 6000 件陶俑。

在这个探方里，我们还发现了铠甲俑和战车。从憧憬除了陶俑外还能挖出一匹陶马，到最后挖出了一个军阵，我在这里经历了一段难忘的岁月。

与"无声的朋友"合影

别看我已经 89 岁了，我对兵马俑的所有记忆都很深刻。我有一张和兵马俑的合影，那个合照的兵马俑是我十分喜欢的，造型非常好，看上去很憨厚的样子。

我把兵马俑看作是"无声的朋友"，所以曾经花了 3 个多月时间为一号坑里的每一件兵马俑"相面"。我发现它们的胡子有 24 种类型，其中 45 件长得很像。一号坑东段 3 列纵队中有一件看上去很年轻，没有胡子，为什么唯独这件没有胡子？这个谜题至今也没有解开，我却一直在思考和查证。我闭上眼睛也知道它们在哪个位置，是什么模样。无论陶俑身上是否刻有工匠名字，我都能说出它们的制造者：没胡子的俑是工匠"咸阳敬"做的；那个叫"宫丙"的陶工做了 45 件陶俑……

我在"相面"的过程中，发现有的兵马俑身上有工匠的名字，一类是中央宫廷的工匠做的，一类是地方工匠做的。目前发现了 90 多个不同的工匠名字，那么没留下名字的又有多少呢？

后来在秦始皇陵园出土的砖瓦上，我发现了一些与俑坑中相同的工匠名字。我推测这些雕塑家可能就是当时手工业作坊中技术比较好的工匠。

秦始皇陵出土的铜车马被誉为"青铜之冠"。1980 年 12 月，在秦始皇陵封土西侧，我主持发掘了两组大型彩绘铜车马，其中包括两辆铜车、8 匹铜马和两个铜驭手。两辆铜车中，一辆是警卫乘坐的"立车"，一辆是秦始皇乘坐的"安车"，它们由几千个零部件连接组装而成，工艺复杂。同时出土的还有 15 公斤重的金银器。

当时清理工作非常麻烦，碎片多达3000多块，变形严重，要研究几千个零件彼此之间的关系，须弄清它们都在什么部位才敢动手，清理过后的修复也十分复杂……

这是继兵马俑坑之后秦始皇陵考古的又一重大发现，也是20世纪考古史上发现的结构最复杂、形体最高大的青铜器物。其总重达2.3吨，零部件共有7000多个，接口近7500个，焊接口1000多个，带纹接口300多个，连接工艺极其复杂。

1983年、1988年，两辆铜车马先后完成修复，对外展出后轰动世界。我花了17年的时间研究铜车马，因为它牵涉古代的车制、车的种类、车马的制作工艺和组合关系等一系列的学术问题，还有许多个零部件的定名等问题。古代车制和车马系驾问题长期困扰学术界，过去出土的木质车辆的缰绳都已腐朽，铜车马的出土首次完整、准确地展示了2200多年前的车马系驾关系。

1998年7月，我编著的《秦始皇陵铜车马发掘报告》出版。

只要站在俑坑边，心就很平静

从1974年到退休，我先后主持了秦始皇陵的勘探和试掘。可以说，二号坑是整个兵马俑坑的精华。二号坑内容丰富而精彩，有陶俑、陶马1400多件，骑兵116件，马116匹，战车89辆，是由战车、骑兵、弩兵、步兵等组成的具有前角后犄的曲尺形军阵。四个小阵套在一起，组成了一个曲形阵，可分可合，浑然一体，可发挥多兵种作战的威力。这么多年了，我和它们有很深的感情，时间长了就想去看看，只要站在俑坑边，心就很平静。

退休后，我也没有闲着，秦始皇陵附近几乎每平方米都有我的足迹。每次在那儿转悠的时候，我都有收获，总能捡上几块陶片，发现几个陶器、砖瓦上的文字。这些年我陆续出版了《秦陶文新编》《秦始皇陵二号兵马俑坑发掘报告》和《中国第一位皇帝陵的陶质军队——秦始皇地下宫殿的艺术和文化》（英文版）及《秦兵马俑的考古发现与研究》，其中，仅《秦兵马俑的考古发现与研究》就有80万字。

过去，人们经常看到一个穿着破烂戴草帽挎黄布包的人，整天在那里翻垃圾。

其实，那就是我！路边的烂砖烂瓦，我都翻过。《秦代陶文》和《秦陶文新编》中的很多文字就是这样翻出来的。

希望通过现代化手段了解秦陵

从秦俑考古队队长到秦始皇兵马俑博物馆馆长，再到后来退休，我与秦俑、秦陵打了一辈子交道。

要问我对兵马俑发掘工作有什么遗憾，答案是没有遗憾，事实证明我们当初的做法和选择都是正确的，我们找到了沉睡的"地下军团"，用中国人的智慧为后人留下了珍贵的世界遗产。

但是，我对博物馆的建设是有遗憾的。修建一号坑保护大厅时，顶部的一根横梁造价 30 万元人民币，当时我们国家还没有现在这么强大，能拨付的专项资金十分有限。为了修一号坑的保护大厅，陕西省东拼西凑，想了很多办法，最后为了省一根横梁的钱，一号坑保护大厅在设计上做了取舍，有一部分遗迹没有包含进来。

我现在是秦始皇帝陵博物院的名誉院长。建院 40 周年的时候，他们邀请我去做了讲座，我也很愿意、很喜欢和年轻人交流。他们掌握的新技术多，秦俑是宝库，年轻人在兵马俑的彩绘保护和发掘修复中已经探索出了很多新方法，让兵马俑得到了更好的保护。我希望将来有机会通过现代化的手段，看看秦陵里面是什么情况，也不枉我和它们做了一生的朋友。

在我的心中，2200 多年前秦军军阵的编列是十百为群、千万成阵的千军万马，凝聚着秦人摇山撼海的勇气，也是秦人信念、力量和进取精神的体现，更是中国的时代精神。

（文 / 张佳）

韩骥
致力于古城的保护和发展

个人简介：

　　韩骥，1935 年生。西安市规划委员会总规划师，师从著名建筑学家梁思成，从事城市规划近半个世纪，深谙中国传统建筑之精髓。主持了西安市总体规划编制，参与了苏州、兰州、延安等城市的规划编制工作，作品曾多次荣获国家优秀设计奖，在我国建筑界和规划设计领域享有盛誉。

　　我几十年的工作，只能作为文化城市发展的开端和基石，我只是做了城市化进程的基础性工作。我想，未来 50 年之间，在这样的基础上，西安会成为更适合人类居住、综合发展的国际化大都市。

西安的三个"第一"

中国幅员辽阔，历史悠久，民族众多，每一个城市都有不同的风格。但风格这个问题比较复杂，我把它简单化表述一下。例如，西安和苏州都建城2000多年了，又都是历史文化名城，都是古都，但是这两个城市风格截然不同。苏州的规划手法、建筑风格绝对不能像西安那样；反过来，西安的城市规划和城市建筑也不能像苏州一样。我们规划西安这样一座古都，这样一座雄伟的城市，这个路你就不要嫌它宽，我的骨头架子就这么大，没有这么大的骨头架子就显示不出城市的风格和个性。西安就需要大道通天，这就是这座城市的气魄。每一座城市都有它的风格，这个非常重要。

在中国所有的城市当中，西安有三个"第一"：西安的整体规划是我国第一个以历史文化遗址保护特别是大遗址保护为基础的城市总体规划（将古城保护纳入总体规划）；四位一体的环城工程是全国第一个与城市现代化建设相结合的文化遗址保护规划（科学规划方面）；西安城墙保护工程是全国第一个与城市现代化建设相结合的文化遗址保护规划。这三个"第一"，对古城保护和城市规划意义都非常大。国际建筑协会在1977年颁布了《马丘比丘宪章》，倡导保护、恢复和重新使用现有历史遗址，古建筑必须同城市建设过程结合起来，以保证这些文物具有经济意义并继续具有生命力。仅仅14年后，西安城市规划中的城墙保护和利用就很好地践行了《马丘比丘宪章》，这在当时世界上是很新的。1982年，西安被选为全国历史文化名城，西安城墙起到了举足轻重的作用。《马丘比丘宪章》和"国家历史文化名城"这张名片是一个很好的标尺，在西安城市规划城墙的保护和利用过程中发挥了重要作用，提升了环城公园的品质。南门广场地下地铁枢纽站中，大量人流来往，地上有大的城池广场，这是非常合情合理的安排。

保护和发展是对立统一的辩证关系

西安是十三朝古都，宋元明清时虽然不再是都城，但其规范依旧是府城形制，也曾作为皇子的分封地。从汉代开始一直到明清，2000多年的时间，城市建设的程序是很稳固的，也一直延续着，这个程序概括起来就是"辨方正位、向地立基、依制定式、打样营造"。

唐都长安是一座规模宏大、设计周详、制度谨严、布局井然的大都市：一条南北中轴线纵贯全城，东西均衡对称，坊里排列如棋盘。这座城市既是中国封建皇权高度集中的标志，又是中国里坊制封闭式城市的典型。多少年来，西安在文化遗产的保护方面，无论是指导思想还是文物保护水平，一直处于全国领先地位，不像南方一些地方，保护是出于发展旅游的考虑，也没有出现"翻烧饼"的现象。我们是在真正保护历史遗产，保护中华文化的精神故乡，特别是大明宫含元殿的遗址保护，可以代表国际遗址保护的最高水平，对全国都有示范意义。

西安古城保护的突出特点就是从城市的固有骨干和建筑的整体系统着眼，这来源于梁思成先生对中国古都的精深见解。可以说，西安的城市规划从一开始就对城市历史文化层次和古城原有的整体文化特征进行了分析研究，在此基础上，提出"保护明城的完整格局，显示唐城的宏大规模，保护周、秦、汉代的伟大遗迹"的战略目标，进而控制两环（唐长安城、明西安府城）、两线（唐城中轴线、明城中轴线）、若干点片（文物点和保护区）的平面格局和"内低外高、轴线对称"的空间形态。在市中心明城12平方千米范围内完整地保存了传统布局的艺术特色，两条相互垂直的主干道，分别以高大的钟楼、城楼为对景，使全城笼罩在特定的城市轮廓中，人们在有效的视距内，往返都可以望见壮丽的古建筑形成的对景。

在规划决定城市平面格局的道路网时，沿用唐长安城棋盘式结构，城市干道采用宽大平直的线型，其空间尺度使人领略到"坦荡荡乎大道通天"的宏伟气势。城墙是西安的固有骨架，它对西安的意义，正像梁思成先生说的那样，不只是一堆平凡叠积的砖堆，更是这个城市的文化象征。西安城墙曾经得到过很多名人的保护，保护是良好的开端，但今后还需要依靠后人，让城墙发挥其象征意义。不论是从规模、形态还是重要性等来说，城墙都是西安的地标，大雁塔、小雁塔、钟楼等都是在城墙这个骨架上根据中国城市建筑的程序、礼制、讲究安放的，它们是一个有机的配套系统和标志。

从中国历史文化名城的保护角度来看，西安是中国开始保护文化名城工作的一个代表作。现在虽然也有很多保护得很好的古县城，但从传承全部的中国城市建筑程序和传统来说，它们还是不能够说明问题的。因为在古代，小县城是无足轻重的，最能体现中国建筑程序的就是都城。文物保护取决于社会整体的发展程度和思想的与时俱进，规划者应该把文化规划到文物的点上。例如瓮城四面封闭，对外界环境影响极小，足可以成为最大的露天剧场，但因技术手段不高，对瓮城的开发保护仍处于保守阶段。规划者应该将文化和文物两点相连，古城保护和现代化建设可以融合乃至和谐共生。

建设国际化大都市，在城墙上搞一些文化活动其实也很好，但活动一定要有国际性，又兼顾城墙本身的气质。城墙上每年进行的马拉松比赛就很好，但还不够。西安城墙是世界上保存最完整的古城墙，我们应该利用古城墙的独特性，召开古城墙学术研究的大型国际会议，每年一次，提高西安城墙的学术地位。旅游活动必须是国际化的，不是自乐班，应该利用城墙的文化资源，充分策划富有文化韵味的大型活动。例如，西安城墙和城墙脚下的西安碑林博物馆，可以和书法结合，召开东亚书法展，利用资源搞活动。不仅如此，还应该成立学会和研究机构，邀请各界人士参加，多形式召开各种活动，推进城墙品牌文化的塑造。《罗马假日》的电影是罗马的文化塑造片，西安城墙也可以和好莱坞合作，为城墙打造一个片子，我觉得这些都是可以慢慢策划运作的。

我希望我们的国家经济快速发展，有了这样的基础，遗存保护才有希望。

曲江是西安文化梦想的开始

我在西安工作30余年了。从20世纪80年代起，我就有个梦想，希望西安可以发展成为一个国际一流的旅游目的地城市，而要达到这个目标就必须既具备传统风貌，又具备现代旅游所必需的非常完善的旅游设施和休闲场所。只有这样，才能不被仅仅作为旅游的过站，而真正成为旅游的目的地。近年来，曲江新区以大雁塔为中心，向周围辐射建成了大雁塔北广场、大唐芙蓉园、曲江池遗址公园等三大文化地标，再加上现在的大唐不夜城，已经初步具备了一个旅游城市的规模，尤其是美术馆、电影城、音乐厅、步行街等设施建设，都是为旅游城市服务的配套设施，极大地丰富了大唐不夜城的文化内涵。

美术馆、电影城、音乐厅三大场馆从文化旅游产业来讲是一个组团，从城市空间形态上来讲是一个城市的新地标。浓郁的唐风，富有张力的空间，扑面而来的盛唐气象，使其成为西安城市设计、城市特色的又一大亮点。而大唐文化主题雕塑在规模和气势上超过了丝绸之路群雕，超过了张骞出使西域群雕，和周边建筑交相辉映，堪称城市文化新地标。纵观世界历史古都，不论是威尼斯的圣马可广场、巴黎的协和广场，还是马德里的西班牙广场、巴塞罗那的哥伦布广场，贞观广场丰富的文化内涵和张扬的文化气质都可与之相媲美。

作为西安的一名规划设计师，我对城市建设和文化发展有着很多梦想，现在眼见着自己的梦想在一步步实现，我的心中充满了激动！

（文／崔楠）

张锦秋

创作漫谈

个人简介：

　　张锦秋，女，1936 年生，四川成都人。高级建筑师，中国工程院首批院士，中国建筑西北设计研究院总建筑师。张锦秋师从建筑学家梁思成和莫宗江教授，获首批"中国工程建设设计大师"称号、首届梁思成建筑奖、西安市首届科学技术杰出贡献奖、陕西省科学技术奖最高成就奖，以及何梁何利科技最高奖——科学与技术成就奖，成为何梁何利基金历史上第一位获得该奖项的女性，也是建筑界首位荣获该奖的建筑师。

　　建筑的风格形式要跟它的功能和历史文化背景统一。建筑是做什么用的，应该很明确，而不是形式决定功能。建筑的形式不是天上掉下来的，首先要弄清是什么功能、什么性质、什么文化背景，其次才能考虑形式。

传统与现代相结合的"道"与"术"

西安是中国文化的发祥地之一，中国最辉煌的周秦汉唐曾定都这里。对我来说，西安的古都文化有着特别的吸引力。我到西安来，从做第一个项目华清池大门开始，便自觉琢磨如何将盛唐风格和现代建筑相结合，使传统与现代有机结合。我在清华大学时，受到梁思成先生在民族传统文化方面的熏陶，但接受的建筑教育是现代主义的教育。清华大学对现代主义教育是很重视的，在建筑历史课上讲建筑实例的分析和做课程设计的过程中，老师的辅导都是如此。这就有一个形式和内容的问题。在建筑史上，西方的现代主义叫现代派，就是要形式追随功能，形式反映功能。这个形式不是拍脑袋想出来的，而是根据它的内容，建筑的内涵需要什么，这个形式就要反映什么。这是现代主义的一个基本观点。

当然，说结合就有"术"和"道"的问题，但是这个结合没有公式，我的工作方法是没有公式的。因为各个工程项目性质不同，它所处的环境不同，它的功能要求不同，它的使命不同，所以你用"术"也是不同的"术"，"道"也不是抽象的一个"道"。

我举个典型的例子：根据任务书，陕西历史博物馆要有浓郁的民族传统，要成为陕西悠久历史和灿烂文化的象征。当时我们院做了 12 个方案，把各种路子都探讨了。有做完全现代的，有做传统四合院群的（即四合院套四合院），也有做窑洞的，各式各样都有。

我当时就想，这是周秦汉唐国都所在地，是灿烂文化的象征。我记得一位名人说过，历史上一个时代的主流意识，就是这个时代统治阶级的意识。（大意如此）封建社会建筑艺术的最高成就必然集中体现在统治阶级的宫殿建筑上。帝王的宫殿集中了当时最高的规划能力、设计能力、施工能力，材料、技术、工匠都是最好的，所以宫殿建筑是（封建社会）最具代表性的。

在省内征求意见时，也有历史学家说应该把大明宫含元殿复原出来做陕西历史博物馆。当然，文物保护政策不允许这样做。我认为，这个宫殿应该是一个抽象的宫殿，不能是汉代的未央宫前殿、唐代大明宫的某一个宫殿，或者是北京故宫的太和殿。不能那么具体，而是应该体现出一个宫殿的理念。

在构思过程中，我提出"中轴对称、主从有序、中央殿堂、四隅崇楼"，使建筑空间布局具有东方的哲理性。屋顶是中国传统建筑中最显著、最重要、最体现精神的部分。"中央殿堂"及南北两门在群体的中轴线上均采用庑殿顶，"四隅崇楼"用了攒尖顶，周围大小各屋顶像小山一样簇拥着中央的主殿，形成"众山拱伏、主山始尊"的气势。

之所以会提出这么一个布局，我认为关键是你怎么去摄取所谓文化的象征，你选取窑洞，也是你的思考。

具体到一个项目，这里面的"道"就有高和低，我说的这些还不是很抽象的"道"。具体到"术"呢，就是解决怎么做的问题。用不用木结构，要不要斗拱，斗拱要不要太复杂，用什么现代材料，怎么来做，挑檐能够挑多大，玻璃幕墙是否可用，玻璃幕墙怎么和古建筑结合起来，等等，要考虑具体的技术问题怎么与传统风格相结合。"术"确实是更实的、更具体的体现。

所以我说，每一个项目的"道"和"术"是不一样的。不能笼统地说我用的是什么"道"，"术"就是怎么怎么样，不能这么简单化。现在有一些年轻人以为学会明清的传统建筑，比如看看清代的《清式营造则例》，照着公式来，

张锦秋设计的陕西历史博物馆

就会做古建筑了，就什么项目都可以做了。其实根本不是那么回事。一个真正的建筑师，首先在"道"上对每一个项目有自己的理解，进而形成指导思想，然后再决定用什么"术"，"术"就是手段。

建筑、园林设计与诗词

芙蓉园有什么历史记载？有写芙蓉园的书吗？没有的。我小时候很热爱文学，现在为了设计，自然要求教于唐诗，在唐诗里面找感觉，另外还有一些杂记。我认为傅熹年先生很有学问，也看了他以前写过的关于芙蓉园的文章，是他考证、归纳出来当时的长安（呈现的）其实是江南景象。

唐代曲江与其西北的大慈恩寺，其西的杏园，东北面的乐游原、青龙寺等名胜相互连属，景色秀美，文华荟萃，是盛唐文化典型区域之一。唐代文豪诗杰都是曲江的常客，《全唐诗》收入的 500 多位著名诗人中，一半以上曾吟咏过曲江。为了做芙蓉园，还有后来的曲江池遗址公园，我反复阅读了写曲江的诗。关于荷花，韩愈等名家有很多诗词，"曲江荷花盖十里"（韩愈），"露荷迎曙发，灼灼复田田"（姚合），反映出荷花是曲江夏日的主题；"天静终南高，俯映江水明。有若蓬莱下，浅深见澄瀛"（储光羲），"曲江千顷秋波净，平铺红云盖明镜"（韩愈），描绘了秋高气爽的曲江；"芙蓉苑北曲江岸，期看终南新雪晴"（林宽），"曲江千树发寒梅"（刘沧），则是一片北国风光。

我从唐诗里寻找曲江的风貌、特色。曲江是自然形成的，水从南山那边流出来，顺着地势而流，所以是活水。有的地方地形有高差，水流过会溅起浪花，还有潺潺的水声，诗中描述的这种情景是鲜活的。我做设计的时候，在城市化的背景下没法完全恢复自然郊野的景象，就利用自然地势高低起伏做出这种意境来，设计了一个景，叫"江山迭水"，构思就取材于唐诗。

又譬如，诗歌、历史故事里都描述芙蓉园里有紫云楼。唐代曲江的水面跨城墙内外，城墙以内是对百姓开放的北池，城墙以外是皇家苑囿的南池，紫云楼跨建在城墙上。每逢节日，皇帝登楼观赏，老百姓在水上划船、岸边游玩，这叫"与民同乐"。杜甫有"三月三日天气新，长安水边多丽人"的诗句，"水"就是指曲江。春天的时候老百姓也都到曲江踏春，诗里描述的这种场景很多，我们就设计了紫云楼和楼下滨水的广场，以此作为公众的文化演艺场所。2016年，中央电视台中秋晚会的主会场就在这里，紫云楼前面演艺广场与湖水连成一体，气象万千。

直接写唐风汉韵的专业书很难找到，我们就要从文学作品，比如唐诗，中学习和体会一些东西，在设计里体现出来。我就是这样做的，所以关于情景交融、意境问题，在我的《传统建筑空间意识和空间美》里已讲得比较透彻。最高的艺术境界是要引起人的思想情趣的共鸣，这种艺术品或者这种艺术环境才是最高层次的，中国的传统空间意识就是这样的。

（文／崔楠）

肖云儒
我对西安这座城充满了感恩

个人简介：

　　肖云儒，男，1940年生，江西于都人，祖籍四川广安，现定居陕西西安。著名文化学者、书法家、教授、研究员。1961年毕业于中国人民大学新闻系。陕西省文联副主席，陕西省有突出贡献专家，陕西省德艺双馨艺术家。国家有突出贡献专家，享受国务院特殊津贴。历任陕西日报社文艺部记者，陕西省文联党组成员、副主席，中国文联委员，中国西部文艺研究会会长，中国小说学会副会长，陕西省政协委员、评论家协会主席，中国作家协会成员。现为西安外事学院人文学院（文化产业学院）名誉院长。

　　21岁，我大学毕业，孑然一身来到西安，后来认识了我的老伴，有了儿子、儿媳、两个孙女。从1到6，我经常说，六六大顺。西安丰饶富足、长治久安，是个可以长久安居之地。我对生活充满了感恩，对这座城市也充满了感恩。

父辈生活：年近 80 才寻找到父亲的革命生涯

我祖籍四川广安，但我出生在江西赣州，在我半岁左右，父亲就去世了，在我刚来西安不久，母亲也去世了。所以来到西安，无亲无故，没有同学，也没有同乡，几十年后在西安扎下了根，有了圆满的家庭，有了自己的事业，回首去看来时路，感慨良多。

为什么来到西安？当时的情况是，大学毕业要无条件服从组织分配，那时全国有新闻系的只有两所高校，一个是中国人民大学，一个是复旦大学。中国人民大学的学生多分在长江以北，而复旦大学的学生多分在长江以南。每个学生分个小红旗，自己想去哪儿就把红旗插在地图的那个点上。在分配之前，我在陕西日报社实习过，所以就把红旗插在了陕西。当时也不是没机会回江西工作，组织上考虑到我是独子，父亲早逝，其实有机会回南昌和母亲一起生活的。出乎意料的是，母亲居然也同意我到西安工作，她当时的理由是："你是搞文学的，西安的文化底蕴比较深厚，更适合你。"当然，后来我才知道她支持我来西安有更深的原因。

从 1961 年来到西安，转眼过去了几十年，我有几句话挂在嘴边："儿辈让我放心，孙辈让我温馨。老伴朴实勤俭，老头怎不顺心？"2019 年，我 79 岁了，坊间说 79 岁就可以做 80 岁的寿辰了，我希望能编完我的文集，同时也想全力寻找我父亲的故事，因为我对他知道得太少太少了。父亲在我半岁时就去世了，母亲是一所女中的校长。在我成长的过程中，小的时候跟随外公外婆一起生活，中学开始寄宿，上大学去了北京，工作又分配到西安，很少有大块的时间和母亲在一起，所以没有听母亲过多提及她和父亲的过往。直到前两年，在西安、南昌、广安等地实地考察，我才了解了父亲和母亲的故事。

父亲从四川考入了北京师范大学，母亲从南昌考入了北京师范女子大学，在参加一二·九运动时，两人结识，后来随国立西北联合大学迁到了西安，父亲那时就是中共地下党的负责人。毕业后，两人被分配到了四川。后来陈鹤琴创办我国第一所幼稚师范学校——国立实验幼师时，去重庆向陶行知要师资，他俩受中共南方局领导董必武派遣，又从四川来到了抗战时的江西省会泰和，在国立幼师工作、生活。我父亲依然负责党的地下工作。不久父亲去世于一场席卷当地的传染病——疟疾。可怜他只有 27 岁，就葬在当地的红土坡上。我的老伴后来在撰写这段家族历史时，在文章中伤心地发问："青蒿素啊青蒿素，为什么当时没有青蒿素！"其实我也挺内疚，都 80 岁了，才去完成这样一段家族史。

记者时代：中国记者第一次见到野生大熊猫

孑然一身来到西安，在结婚前，我过了一段挺孤单的日子。每年春节，单位食堂放假，商店也关门，我没地方吃饭，晚上徘徊在东大街，数着从每一户人家门缝里透出的光条。那些日子现在都成了很深刻的回忆。

我个人的职业生涯可以分为四个部分，四部分都和社会的发展变迁挂着钩。

1961 年到 1967 年，我在陕西日报社当记者，目睹了 20 世纪 60 年代陕西的时代生活和文化发展，也目睹了当时人们的贫困。1963 年、1967 年，我几次采访了深陷大旱的陕北，深知群众生活的困苦，也看到了陕西人民内在的精神力量。80 年代初，在秦岭深处的三官庙，我见到了秦岭野生大熊猫，这是中国记者第一次见到野生大熊猫，国内和海外报纸整版整版刊发。记得那天我正在老乡家吃饭，一个小伙气喘吁吁跑来叫我："肖同志，花熊花熊！"我放下碗就跑，最终发现了一只老熊猫，第一次拍到了野生熊猫的生活。我写成稿子，发了报道，当时引发了很大轰动。后来我们又去找朱鹮，见证了濒危的朱鹮从发现第七只到第十只的过程。

我记得自己也采访过铜川矿务局的井下救火英雄冯玉萍，她说过一句话："危急的时候勇于牺牲很容易，而那以后在漫长的岁月中要坚强地活下来很难很难。"那句话我至今印象很深。后来我进入报社文化部，认识了长安城里的"半城神仙"——各类文化名人，这对我以后职业生涯的影响很大。记得我帮农民诗人王老九编过稿子，也找著名作家丁玲、艾青、季羡林、秦牧、柳青、王汶石、杜鹏程等约过稿子。约柳青的稿子时，我骑了辆自行车就跑到长安皇甫村去了，他和爱人马葳住在中宫寺。我太年轻了，又说一口南方普通话，他开始有点戒备，用探究的眼神看我，我感觉他在把我作为笔下的一个人物解剖着，被盯得战战兢兢。3个月后，他以读者来信的方式，寄来了稿件《饲养员管理三字经》。初生牛犊不怕虎，我觉得他是陕北人，韵不太对，直接就在原稿上给他改了，领导让我一定要让柳青看一下稿子。我又骑车到皇甫村，让他看看，他很不高兴，说"你不是陕西人，很多韵改得不对"，又将改动处恢复过来。

后来我慢慢懂了为啥母亲主张我来西安，因为她和我父亲走过这条路，从北京到西安到陕南，这里有他俩的青春与爱情。所以我后来说，我们一家两代都是西迁人，我老伴是山东人、西安交大的教授，我是江西的，我父母从北京过来，都是西迁来的。

评论时代：提出了"形散神不散"的著名论点

刚进陕西日报社那年，我被分在文艺部，后来又被分到了汉中记者站，而结束记者站的工作后又回到了陕西日报社文艺部。调回文艺部后，我做了两件事，第一件事是开辟了陕西日报的文艺评论版，这是全国报纸中最早的文艺评论专版。随后，在这个基础上又跟陕西省作家协会合作，在全国较早成立了笔耕文艺评论组，团结、凝聚了陕西那一代文艺评论家，与陕西那一代的作家形成了鸟之两翼、比翼齐飞的局面。

我还担任过第一届全国优秀中篇小说奖的评委，路遥的中篇《惊心动魄的一幕》就是那年得的全国中篇奖。之后我写了两篇关于中篇小说创作的万字评论，《文艺报》当时是杂志版，这两篇评论用黑体字封面标题发表了。那些年，在自己发表的几百篇文艺评论中，我比较满意的是《路遥的意识世界》。通过他的作品，分析他意识世界的内在矛盾和冲突。路遥内心有两个矛盾，是他成功的动力，也是他的悲剧所在。一个就是他最想离开土地走进城市，但是他精神上却永远离不开土地；另一个是他最想在实践中去改造这个社会，却只能通过文学去表达这个社会。这是路遥没有走出路遥的原因，也是路遥之所以有成就的原因。这篇文章后来在全国有点影响力，作为评论家的肖云儒逐步被人们熟悉了。

人们总要我介绍"形散神不散"这个论点当时是如何提出来的，情况是，这个论点最早发在1961年的《人民日报》上。1960年冬天，我大学三年级，20岁。在来陕西日报社实习之前，正好《人民日报》开辟了"笔谈散文"专栏，我便写了一篇短文投稿。记得自己当时写道"散文贵散，不可太密实，得让它通风。散文也忌散，尤忌散神。确切的说法，应该是形散神不散"。我是以鲁迅的杂文为例来谈的。投稿后，也没太在意，几年后我下放到了农村，陕西日报社转给我一捆信，才知道读者反应很"火"，入选了1982年的高考试题和许多大学、中学教材。真没有想到"形散神不散"的理论会影响到这么多的人。

西部和丝路时代：在西部给自己的精神"补钙"

我说过，作为南方人，我来西部就是为了让自己刚强起来，为了给自己"补钙"。长久以来，我一直有个想法，想研究西部文化、西部文学，这也跟我前面的评论能够衔接起来，因为我在西安生活了这么多年，此前一直研究西部文学、陕西作家。

恰好这个时候，省上正在重新组建陕西文联（陕西省文学艺术界联合会的简称），省委宣传部调我参加筹备工作，这正合我的兴趣，以后便调到了文联，开始负责理论研究部，后来进党组，成了副主席。

到文联后，我很快策划了第一次中国西部文艺研讨会，在新疆伊犁举行，由陕西文联发起，西部各省文联共同主办。那时没有办会经验，会前没有准备主旨报告，后来觉得需要有人在开始集中全面地谈一下西部文化，作为会议的引言，因为研讨会是陕西文联发起的，大家就公推我来讲。这时离开会只有两天了。宾馆人杂，我带上纸笔去公园找到一处安静的树丛，开始拟报告提纲《关于西部文学的若干问题》。

从伊犁回来，我就写了《中国西部文学论》30万字的书稿。中国的西部很有意思，文化交融、文明交融、民族交融，是世界几大文化交汇的旋涡地带。从这个背景看西部文学、西部电影，便有了新的意义。我一度还成为西部电影的发言人。西部有非常优秀的作家群、艺术家群，也有非常得力的作品群。西部电影是那些年获奖最多的，后来因为一些原因开始进入低谷。但西部文化的精神却贯穿到各类新的作品之中。

随着"一带一路"倡议的提出，西部文化也进入了一个新时代。西部文化逐渐向丝路文化拓展、迈进，而我的事业也进入了丝路文化研究时代。

从第一次参与国家新闻出版广电总局主办、陕西电视台具体组织的"丝路影视桥工程"丝路万里行活动，这几年，我随车队三次重走丝路，出了四部散文集，做了六七十个电视采访、百来场报告。很多人说，你都快80岁的人了，为什么还有这么大精神？我说，健康都是锻打出来的。第一次重走丝路，个人最大的收获就是对我的精神、身体各个方面做了一个全面的检验，事实表明我能跑下去，然后就跑了第二趟、第三趟。

记得第一次重走丝路，我在《西安晚报》上开了个专栏，每天都有文章见报，有一次因为版面问题没见报，不少人打电话询问情况，担心我出了什么事。在途中全靠Wi-Fi，Wi-Fi让我感觉到自己背后有几亿人，不会孤独也不会艰难，所以我有篇文章的题目就叫《Wi-Fi就是祖国》。

现在中国发展得太好了，没有一个地方吃不到中国饭，听不到中国话，看不到中国人，买不到中国货。我们在国外有了自信、自尊。

个人感触：见证了西安怎样变成国际大都市

在西安生活了大半生，我切身体会到西安是怎样变成国际大都市的。坦率地讲，西安以前是一个农业文明的古都，后来变成了现代文化都城。我也目睹并切身体会到西安怎样由一个西部的中心城市变成正在提升的国际化大都市。

1961年，我来到陕西日报社，不夸张地说，西安就像是一个大农村一样，出了城墙就是麦地。可以说当时西安是全国乡土味最重的大都市，吃什么用什么都要票，物质生活是十分匮乏的。那时给孩子买肉夹馍，因为他在长身体，想他吃好一些，我们自己都不吃。可有一次拿着刚出炉的肉夹馍，我情不自禁地咬了一口，不好意思拿着咬过的肉夹馍回去，就在阅报窗那里把肉夹馍一口气吃完了，然后再掏钱买一个，假装没事一样。当时我洗脸都是只洗"百慕大三角区"（眼睛、鼻子、嘴巴），因为缺少肥皂，全家人半年才有一块肥皂用。

改革开放以后，西安有了"城上城"，在原有城市上空出现了一片高楼群构成的新城；有了"城外城"，在原有老城圈外面建设了大得多的新城；也有了"城内城"，城圈内的街巷进行古貌新质的改造提升。西安的发展越来越快，很多地方我都不认得了。退休后，我跟老伴制订过每周市内旅游的计划。我们走了曲江，走了浐灞，走了经济技术开发区，也走了高新区，城市的发展让我们既熟悉又陌生。

我感到现代西安有三个生存圈。城墙内外的社区是传统生存圈，肉夹馍与秦腔是它的标志；二环内外是西安的现代生存圈，曲江新区、高新区、经开区，都市白领西装革履，很有现代气氛；而在三环、绕城一带，则是后现代的生态生存圈，青山绿水，都市田园。几类生存样态没有高下之分，只有文化样态的区别，这使得西安的文明呈现出一种复调、和弦。

我想说，我爱这座城市，这座城市已融进我的血脉中，永远永远！

（文 / 张静）

杜瑞清
做大写的外国语言文学教育者

个人简介:

　　杜瑞清,1943 年生,2019 年逝世,陕西扶风人。外国语言文学教育家。原西安外国语学院院长。日本铃鹿大学名誉教授。获美国杨百翰大学杰出校友奖、日本创价大学最高荣誉奖、澳大利亚澳中校友会终身成就奖、中国英语教育特殊贡献奖、中国辞书学会中国辞书事业终身成就奖。毕业于西安外国语学院(现西安外国语大学)英语系英语专业,获得澳大利亚悉尼大学文学硕士、美国杨百翰大学哲学博士学位。

　　板凳甘坐十年冷,功成之际无掌声。虽已古稀之年,但我的初心不改,愿常怀匠心,踏实做事,矢志不渝,无私奉献,做一个大写的外国语言文学教育者和辞书人。

西外一生情，做英语语言文学教育先行人

我出生于1943年，1959—1962年在扶风县上的高中。当时英语课老师空缺，学校就指派了一位懂英语的数学老师周日去农场请教，周内给我们上课。出于对数学老师的感激，我对英语产生了较大的兴趣。

1962年，我考入西安外国语学院（现西安外国语大学，简称西外大）英语系英语专业。当时在学校招收的17名英语专业学生中，我年龄最小，是一个青涩的毛头小伙子。四年学业结束，我毕业留校任教。

20世纪70年代初，我刚开始教书的时候，越教越感觉自己在听、说、读、写、译等方面不能高标准适应教学要求，于是，我就采取了各个击破的策略。比如为了提高听力，我就搬来大而重的录音机，借来大量磁带，一字一句，边听边写录音内容。有志者事竟成，坚持了一段时间后，我的英语听力就有了突飞猛进的提高。练就扎实的英语基本功没有捷径，只有勤学苦练，持之以恒，才能战胜一个个困难，跨越一重重难关。

1978年上半年，国家选拔中青年教师出国进修，这对我来说是一个可遇而不可求的机会。当时，一个学校只给一个名额。包括我和来自北京大学、北京外国语大学等在内的9位老师通过选拔考试，在北京集训后被派往澳大利亚悉尼大学，于1979年初开始了为期两年的留学之旅。

在去澳大利亚之前，我已经算是学校的青年骨干教师，具备一定的英语基本功。但在留学期间，我依然遇到了很多挑战，阅读速度、理解深度、分析批判能力、论文内容、英语行文等方面的问题接踵而至，日显突出。真是不学不知道，一学心猛跳。然而，这些难关也成了我迎难而上的决心和动力。可以说，"学然后知不足"。这也是我一生的学术实践和座右铭。

因为身在国外，我对家国情怀有着更强烈的感受。首先是刻苦攻读，以优异成绩为国争光。同时时刻牢记学校的嘱托，紧密结合学校的学科发展、专业建设、课程设置实际，做到在外学有所长，回校长有所用。按当时规定，政府交换生是不能攻读学位的，但是为了把"文化大革命"期间的损失弥补回来，我们就不断给自己加压，也多次据理力争，与校方交涉，最终以出色的学业水

平说服了校方，征得许可，攻读并获得了悉尼大学文学硕士学位。

1981 年春季学成回校后，我很快开设了英美文学课程，并且根据教学需要，陆续编选了《20 世纪英国小说选读》和《20 世纪美国小说选读》教材。在当时，我是学校第一位用英语开设此类课程的中国教师。

20 世纪 80 年代中期，英语系承前启后，开拓进取，在国际合作与交流方面风生水起，取得了长足的发展。在这个大背景下，1986 年，我代表学校对美国各交流学校进行了访问。我的工作访问得到了美国各交流学校的高度重视和热情、高规格的接待，取得了超乎预料的效果。

在杨百翰大学访问期间，我见到了当时在该校攻读博士学位的苏格和攻读硕士学位的马明潜两位校友。他们极力撺掇我也申请杨百翰大学的博士学位。回校后，我决定第二年赴杨百翰大学攻读博士学位，并向学校正式递交了申请书。记得是星期三上交，星期四获批，速度之快，让我始料未及。这样的大力支持必须要感谢我的恩师孙天义教授，是他的信任和重用增加了我的信心，提高了我的能力；也是在他的举荐和支持之下，我获得了第二次机会，并得以顺利成行，出国攻读学位。

1987 年，我开始在美国杨百翰大学攻读博士学位。当时有一门必修课叫 Scholarly & Academic Writing（学术与学术写作）。我凭着近 15 年的英语语言教学实践和在澳大利亚读书的经历，信心满满，认为这一门课不在话下。可是，第一次作业下发后，我的小论文竟然被老师用红笔标出了一个个问题，甚至包括标点符号的运用。这完全出乎我的意料。这位教授的一瓢冷水浇醒了我，更激励了我。学无止境，在学术道路上没有坦途，只有不断认识自己，特别是充分意识并坦然面对自己存在的问题和不足，不盲目自满，对自己高标准、严要求，才会不断进步，有所作为。写文章如此，做学问更是如此。

1990 年，我获得了博士学位，回国后学业和学术视野都有所提高。我敏锐地感觉到英语教学中跨文化交际的重要性和必要性，很快开设跨文化交际学和西方文化导读课程。这在当时我国英语专业教学中是具有开拓性的。我同时也撰写发表了一些文章，编选出版了教材，其中第二版《跨文化交际学选读》被遴选为普通高等教育"十一五"国家级规划教材。

从 1962 年进英文学院到 1992 年离开，我在英文学院工作了整整 30 个春秋。

弹指一挥间，我从一个懵懂、青涩的小青年不断成长，日益成熟，从普通教师到教研室主任再到系主任，从助教到讲师再到教授，每一个台阶，每一个脚步，每一次机会，每一次历练，都离不开英文学院的滋养和培育。没有英文学院，就没有今天的我。正是有英文学院的培养和历练，我才得到大家的信任和推荐，有机会为学校效力，在学校党委领导和教师干部的支持下，在副院长和院长的岗位上，为学校的改革发展、学科建设、教师队伍建设、人才培养，尽心尽力，开拓进取，做了力所能及的贡献。

经过半个多世纪砥砺前行，几代人殚精竭虑，西安外国语大学英语语言文学专业在学科建设方面已实现了多年的愿望。三个博士学位和硕士学位授权学科源源不断地为国家培养更高层次的人才；94% 以上有国外学习和工作经历的教师正在施展才华，40 余名博士学位获得者正在学术高地潜心搏击。作为教育部一类特色专业建设点、陕西省重点学科和名牌专业，英文学院在我省乃至我国大西北地区无可争议地发挥着领头羊的作用。作为学科带头人之一，我为西安外国语大学英语学科的长足发展感到欣慰和骄傲。

2013 年，教育部高等学校英语专业教学指导分委员会授予我中国英语教育特殊贡献奖。全国获此殊荣的只有 12 位英语教师，除过我均在"211"院校执教。

呕心沥血二十年，词海泛舟重扬帆

20 世纪 80 年代初，我和两位年轻的英语教师一起编纂了《英语文学描写辞典》（陕西人民出版社，1986 年）。20 世纪 90 年代初开始担任副主编，编纂《新世纪汉英大词典》（*New Century Chinese-English Dictionary*）。2008 年底我担任主编，主持《新世纪汉英大词典》（第二版）修订工作。

说起编纂第一版《新世纪汉英大词典》的经历，我要特别提及惠宇教授。他是我的学长、朋友、同事。20 世纪 90 年代初，惠宇教授紧跟"时代的变迁和语言的发展"，提出编纂一部汉英词典的设想，和我一起拟订了切实可行的方案。这一倡议很快得到学校的重视和同事们的响应，50 余名教师和研究生踊跃报名，词典编纂工作很快启动。修订词典是一项非常枯燥又高度严谨的工作，需要过硬的英汉语言功底，更需耗费大量时间和心力。其间，无论春夏秋冬，惠宇教授都是早出晚归、夜以继日地工作。咱们现在讲双休，那个时候，为了这本词典能够早日面世，造福广大英语专业的师生，惠宇教授和团队实实在在是"白加黑，五加二"，没有一天休息日！那年头，词典编辑室狭小憋闷，办公室夏天没有冷气，冬天暖气片不热，楼里没有电梯，条件十分艰苦。

惠宇老师在词典编纂的过程中不虚设主编，而是和团队成员一起"摸爬滚打"，攻克一个个难关。为了一个条目的去留，一个释义的改动，一个词类标注的核实，大家各抒己见，不管师生身份，不顾年岁差别，不留情面，你来我往地争辩。有时候，遇见不该出现的错误或者小问题，惠宇老师会及时指出并严厉批评。当编纂有了初步成果的时候，惠宇老师也会对团队成员给予"吝啬"的鼓励和表扬。

2003年的一天傍晚，我和惠宇两人手捧刚刚收到的词典样本，喜极而泣。从20世纪90年代初开始编纂到2003年底词典面世，漫长的岁月，艰苦的努力，无私无悔的奉献，真是"十年磨一剑"啊！

实用性是词典的灵魂，是词典作为工具书的价值所在。这是一开始编纂词典时我们就遵循的原则。《新世纪汉英大词典》第一版秉持"读者第一，注重实用"的编纂理念，紧密围绕使用者的实际需求，在收词、词类标注、释义、配例及翻译诸方面多有突破创新，面世后受到广泛关注和普遍好评，被学界誉为第四代汉英词典的"开山之作"。2006年，初版荣获中国教育部第四届中国高校人文社会科学研究优秀成果奖二等奖，同年荣获全国高校优秀畅销书一等奖，翌年又荣获陕西省哲学社会科学优秀成果奖一等奖。更值得自豪和骄傲的是，2006年4月29日，在肯尼亚进行国事访问的国家主席胡锦涛将《新世纪汉英大词典》作为国礼，赠予内罗毕大学孔子学院。

从很大程度上讲，一部辞书出版之日，即是开始修订之时。词典是时代的产物，只有周期性修订才能延续其生命。2008年底，当年的几位编纂骨干聚首，为保证、提升词典的时代性、科学性和实用性，应外语教学与研究出版社之约，着手准备，决定对第一版进行修订。第二版修订人员中，既有本校的教师，也有在其他大学执教的西外大校友，他们都是所从事专业的领军人物、辞书编纂的行家里手。对修订任务，大家你争我抢，对作者署名排序却是你谦我让。大家都孜孜不倦，埋头实干，保证了修订工作的顺利进展。

对比初版落后的编纂条件，第二版的修订借助了现代化的词典编纂平台，历时 8 年，守正拓新，秉承原版"读者第一，注重实用"和"语文为主，兼顾百科"的原则，以增补、删改和勘误为重点，一丝不苟，精益求精。2016 年 6 月，《新世纪汉英大词典》第二版出版发行。学术界认为，该版"无论在收词、释义还是例证方面都在原有基础上得到了大幅度提升"。较之第一版，修订版增补语汇 1 万余条，修改释义、例证或词类标注 7 万余处，增加篇幅 168 页。

第二版出版发行之前，我和出版社多次沟通，坚持要在封面写上惠宇教授的名字。如果没有惠宇教授倡议、领衔编纂的第一版做基础，就不可能有我们后来人取得的成就。虽然惠宇老师已经辞世，但我希望他也能看到承载自己毕生心血的《新世纪汉英大词典》仍保持着新鲜的生命力和延续力。

同原版一样，词典第二版得到了广泛好评和欢迎，成为汉英词典品牌标杆。

虽然已经历时 20 余载，修订两版，但是词典依然需要不断更新、与时俱进，所以，现在我又和词典编纂团队一起，既当指挥员，又当战斗员，正在进行《新世纪汉英大词典》第三版修订工作。

《新世纪汉英大词典》是在不同阶段不同程度参与词典编纂的全体人员对西外大的回报，对中国英语教育的奉献，对中国共产党成立 100 周年的献礼。

2018 年 9 月，中国辞书学会为我颁发了辞书事业终身成就奖，此奖项是中国辞书人的最高荣誉，当年只表彰了 11 名学者。颁奖词赞扬我们"成就了一部独具匠心的辞书精品"。这个奖虽然颁发给了我，但是我坚持认为，这是惠宇教授和我们整个辞书编纂团队集体的功劳、共同的荣誉。

光阴荏苒，岁月如梭。我从事英语语言文学专业学习和教学、研究近六十个春秋。在古稀之年，我愿意老骥伏枥，为英语语言和文学教学与研究，为翻译实践，不懈努力，继续奉献。

（文 / 陈泽洲）

注：2019 年 11 月，在本书撰稿阶段，杜瑞清老师因病去世，享年 77 岁。

杜文玉

文炳雕龙，集隋唐史研究之大成

个人简介：

　　杜文玉，男，1951 年生，陕西渭南人。我国著名隋唐史研究专家。现任中国唐史学会会长，陕西省历史学会常务理事，陕西师范大学历史文化学院教授、博士生导师。主要从事隋唐五代史的研究与教学，兼及宋史、历史地理学的研究。

　　西安具有得天独厚的历史、地理、文化资源优势，在文化繁荣复兴的机遇前，应该主动出击，激发人民群众的民族自豪感和凝聚力，培养高水平的研究队伍，追赶超越古已有之的博大与辉煌。

恢复高考，求学陕师大

我于 1951 年 1 月出生，顺利上完小学、中学后，1968 年底正值国家招工，我被安排到林业部下属的白龙江林业管理局公路工程处工作。1969 年初，我到单位报到，当时走的是宝成线，坐火车到四川广元，再坐汽车到达今天的九寨沟县（当时叫南坪县），那里有白龙江林管局下属的南坪林业局。我所在的工程队主要负责架桥，南坪林业局及九寨沟的公路、桥梁都是我们修通、建设的。工程竣工后，我们又到了设在甘肃迭部县的迭部林业局。迭部县是甘南藏族自治州下辖的一个县，也是唐代的迭州，历史悠久。我们过去也是修路。我在林业局干过很多工作，修桥、修路、伐木、装车。

1971 年，联合国大会通过决议，恢复中华人民共和国在联合国的合法席位。作为联合国成员国之一的中国要向联合国相关组织汇报经济数据，人家问中国森林面积有多少公顷，中国代表当时不知道，因为从来没测量过。当时的发达国家如日本、美国等国代表分别拿出了他们的数据，虽然不一定准确，但有总比没有强。从联合国开会回来以后，我国就开始了全国森林普查。当时林业勘测专业人员很少，因为要普查，各个地方开始成立林勘队，抽调一批有一定文化的人去学习，以便从事这个工作。

当时国家在南方、北方各办了一个学习班，然后各省也都办了学习班，甘肃省也是如此，把我抽调过去学习。学习完之后，我就在白龙江林管局林勘队工作，主要调查我们管辖区域内的森林面积。当时普查叫资源普查，属于国家一类调查，还有二类调查叫规划设计，三类调查叫作业设计。这三类工作我都干过，还当了分队长。

1977 年 9 月，国家发布恢复高考的通知，报纸都在宣传。那时候条件艰苦，迭部的许多山沟都不通公路，电话也不通。进山勘测之前，我看到报纸，就给队里的领导说，等开始报名了给我说一声。一天晚上，我都睡下了，当地公社机关派了一个人，走了 30 里路才到达我们队驻扎的山沟。来人告诉我："你们林勘队政工组的组长通知你报考大学。"收到消息后，我就从山沟里出来，在公路旁边拦了辆汽车，到了甘肃岷县。我们队部就驻在岷县，我是在岷县教育局报的名，报考的是陕西师范大学。

那时候，我根本不知道大学什么样，也不知道有什么专业。因为中学毕业参加工作一直干的林业这一行，在林勘队工作的那几年，测树学、数理统计学、高等数学等课程都学过，所以我想报林业相关专业。我们队上有上过大学的老大学生，他们给我说："你的文史知识还不错，为啥不报一个文史类的专业？难道你上山还没上够，还要报林业？"我这才知道，原来大学还有文史类专业，于是我就选择了最喜欢的历史专业。

1978年9月下旬，我进入陕西师范大学历史系念本科。刚上大学的时候，我对什么都感到很新鲜。学校学习的氛围特别浓厚，不像现在的大学，都看不到那种学习的景象。晚上熄灯之后，还有学生在厕所、路灯下看书、背英语；早上起来，草坪上、树林里、教室及宿舍前后都有人在学习英语。上课的时候，大家学习积极性都很高，课堂讨论气氛特别热烈，学生们可以当场和老师辩论。那时候老师也好，学生们在上大学之前的文史功底也好，当年陕西省高考的文科状元就在我们班。学生们敢想敢说，一门心思做学问。课堂上，大家有不同意见也敢于提出来，由老师解释，当然也可以不同意老师的意见。

大学毕业后，我又去云南大学读了研究生，毕业后就一直在高校工作。按工龄算，我有51年工龄了；若按教龄算，我也有38年的教龄。

严谨治学，广泛涉猎唐宋史研究

我为什么选择隋唐史？因为中国历史最辉煌的时期是汉唐时期，但在汉代和唐代之间，我没有选秦汉历史，主要因为研究资料比较少。而我更感兴趣的是唐代历史，西安是唐都，拥有太多隋唐的历史遗迹和典籍资料。相比唐以前的史料缺乏和宋元明清史料的烦冗，唐代的研究资料比较适中，只要下功夫，这些史料是能够穷尽的，所以我选择了隋唐史。当然，现在包括敦煌吐鲁番文书、天一阁发现的《天圣令》以及不断出土的隋唐墓志，研究资料更加丰富，要完全穷尽也是比较困难的，也要下很大的功夫，和当初想象的完全不同。

我研究的思路跟老一辈学者不同，他们都是往前追溯，从隋唐往魏晋南北朝追溯。向上追溯可以了解隋唐文化、制度的渊源，我要是再继续沿着这条老路走下去，就没有什么意思了。我想隋唐制度、文化、经济的发展变化在后世才能显现出来，影响也体现在后世，因此我在研究隋唐史的同时，又开始研究五代史和宋史，以观察其对后世产生了哪些影响，有什么变化。

我对五代十国史的研究比较早，20世纪80年代就已经发表了多篇论文，并且先后出版过5部著作，涉及的方面也比较广泛。我之所以关注五代十国史的研究，除了上面所说的原因外，还因为这一断代史的研究比较薄弱，有不少空白需要填补；此外，五代十国之前的唐史与之后的宋史研究都比较热门，成果也很多，处于这两个历史时期之间的五代十国历史研究的落后状态如果不加以改变，历史发展的链条就不完整了。经过几十年的研究，再加上学界的共同努力，五代十国史研究的落后面貌已经发生了根本的改变。

自20世纪80年代开始，我发表了不少宋史方面的论文，有影响的有《宋太祖誓碑质疑》一文，发表不久就在学界产生了较大的反响，甚至近几年还有学者围绕这篇文章跟我商榷。《宋代马政研究》《南宋军制研究》等论文，也都是开风气之先的研究成果。此外，在宋代纸币研究方面也取得了一定的成果，发表的论文有《宋代纸币的发行、回笼、兑换与买卖》《四川交子的界分与数额》《湖会、淮交的界分与数额》《会子的界分与数额》等。当然还有一些研究成果，就不一一列举了。

我的主要研究方向还是唐史，主要涉及制度、宦官、历史地理、丝绸之路等方面。一个社会、一个国家是否稳定繁荣，制度的好坏在一定程度上起关键性作用。一个好的制度会使社会平稳发展，所以我选择研究制度史。在五代史的研究中，我研究的重点也是制度史，这些年来先后出版了数部专著，发表了数十篇论文。同时我还对职官制度，尤其对吏治的研究特别关注，曾出版过《长安吏治》《五代十国制度研究》等著作。之前我完成了一项国家社科基金支持的课题，结项成果叫《唐宋职官管理制度》，即将正式出版。之所以选择这个课题，是因为一个国家要考虑如何管理官员，如何用制度制约他们，限制他们的权力，用现在的话讲，就是"把权力关进制度的笼子里面"。当然，管理不仅是限制官员的权力，也包括奖惩激励制度，比如政绩突出应该怎么奖励，如何体现在俸禄制度的设计上，还有致仕、假宁制度也要建立起来。另外，官员也有荣誉称号，上古时期官爵不分，在唐代，爵是爵，官是官，爵没有实权，只表示官员的政治地位，比如王、公、侯、伯、子、男等。还有勋官制度，这个制度最初是针对军人设计的，立功之后授予勋官作为奖励。因为不是所有立功的人都有治理国家的能力，但是又不能有功不奖，于是就设计了这一制度。唐代的职官管理制度内容丰富，既有约束性的、监督性的、惩罚性的，也有激励性的相关制度，从而形成了一套完整的制度，因此这部书具有很强的历史鉴戒意义。

宦官问题也是唐史研究的一个热门问题，但是传统的研究主要针对宦官专权与南衙北司之争，我的研究角度不同，主要涉及宦官家族、婚姻、住宅、籍贯分布以及内诸司使等方面。这些研究引起了海内外极大的关注。在历史地理方面，我主要研究了唐代的长安城，这可以划到长安学的范畴内。最重要的是出版了《大明宫研究》一书，此外还发表了不少的学术论文，涉及长安、万年两县所辖乡里及其方位，以及长安贵族官僚的住宅、坟茔等许多问题。除此之外，我还出版了《西北地区历代地缘政治变迁研究》一书。对丝绸之路的研究进行得比较晚，我与几个研究生合写了一部名为《长安与丝绸之路》的书稿，于2009年正式出版。此后，又出版了《古丝路与新西安——西安与丝绸之路经济带》《丝绸之路中国段文化遗产研究》丛书（10部）等书。《丝绸之路中国段文化遗产研究》丛书是国家出版基金资助项目，我写了其中一部，同时承

杜文玉教授正在上课

担了主编的工作，产生了一定的社会影响。

这些年来，我一共发表了 210 多篇学术论文，出版了 18 部专著、30 多部编著作品，还主编了《唐史论丛》（CSSCI，中文社会科学引文索引）学术集刊；主持过国家社科基金重大项目、国家社科基金一般项目、教育部重点研究基地重大研究项目、陕西省社科基金项目、陕西省社科联重大项目以及横向研究项目多项；前后 8 次获得陕西省优秀社会科学成果奖、陕西高等学校人文社会科学研究优秀成果奖和西安市哲学社会科学优秀成果奖的一、二、三等奖；还参加过许多社会工作，如省级、校级的职称评定和研究项目评审，并在国内外多所高校讲过学，与海内外学术界建立了广泛的联系。

理论与实际相结合，唐史研究与国际接轨

从事古代史的研究有一个日积月累的过程。只有看得多了，记得多了，遇见一个题目才知道去哪里查资料，按图索骥。刚入门的时候，有些学生很盲目，不知道怎么查找史料，或者很狂妄，想怎么弄就怎么弄。现在跟过去不一样的地方就是科研条件的极大改善，因为有了计算机网络，有些书可以直接在数据库中检索，这样比过去抄卡片再手工分类要方便得多。但是电脑检索代替不了人工阅读，因为有些史料你必须自己去查、去看，单靠检索是不行的。做学问全靠检索，人就成了机器，学术水平怎么提高？研究能力怎么提高？检索要有检索词，不接触史料就不知道如何检索。

我要求学生必须练习写论文，学文科的研究生不能不会写东西。我对学生在学习方面特别是学术论文写作上十分关心，从最开始的选题就要把关、指导，让他们自由地去选择自己喜欢的题目来做，但是我要看题目和提纲，然后给出切实可行的指导意见，能不能写，提纲怎么列，每一个环节我都要严格把关。文章完成后我还要看，看了再改，不是只有毕业论文才改，博士生们发表论文我也会关注，能推荐或者帮助的我就做一些力所能及的工作。过去我校要求博士生必须发表三篇核心期刊的文章，这对文科学生来说，任务太重了。所以我

在陕西师范大学研究生督导委员会当委员的时候，和其他老师一起，多次呼吁要减轻学生的负担，把三篇的标准降下来，后来终于达到了目的。

我主张学历史不能死读书，要出去考察，把实地调查和史籍记载结合起来。前几年，我还多次带研究生去河西走廊、敦煌、青海、天水等地考察，西安周围去得就更多了。我还和考古部门联系，询问挖掘了什么地方，出土了什么东西，都会带学生去看看，这样对他们成长提高有好处。

我现在是中国唐史学会会长。这个学会成立之后，在中国隋唐史的研究领域发挥了很大的作用。与改革开放初期的情况有所不同，那时国门刚刚打开，国内在研究理论、研究视野、研究方法以及评价体系等许多方面都与国际存在较大的差异，需要学习与借鉴的方面非常之多。日本有一个唐代史研究会，和我们也有联系，经常进行学术交流，交换研究刊物。通过这些年的努力，中国的隋唐史研究可以说与国际学术界同步了，我们在某些方面甚至还超过了他们。目前陕西已经是研究隋唐史的重要阵地，特别是陕西师范大学的隋唐史研究队伍比较整齐，而西北大学历史研究的侧重点则是在秦汉时期，这些都是陕西的优势。

这几年，陕西学界出版了很多与隋唐史相关的著作，也策划了很多宣传隋唐文化的活动。陕西隋唐史学者在社会服务和参与国家建设方面也很积极，比如在大明宫国家遗址公园、大唐芙蓉园、唐城墙遗址公园的规划与筹建，以及其他一些文化活动的策划方面，都能看到我们中国唐史学会的专家学者参与其中。我也多次到省图书馆、陕西历史博物馆、碑林博物馆、省市政府以及各大高校举办讲座。

一个国家、一个民族如果对自己的历史不了解、不研究，就是盲人骑瞎马，就不是具有现代文明的国家与民族。现在应该给人文社会科学研究者们多一些支持，多一些理解与宽容，这样才能多出成果，培养更多的人才。

（文 / 路索）

葛承雍
始终行走在研究文明的新征程上

个人简介：

葛承雍，男，1955 年生，陕西西安人。中国文化遗产研究院教授，中华炎黄文化研究会副会长，中央美术学院、北京师范大学、首都师范大学、陕西师范大学和西北大学等高校特聘教授。1993 年被批准为享受政府特殊津贴专家，1998 年入选国家级"百千万人才工程"。2014 年国家文物局"APEC 丝绸之路展"学术顾问，2017 年国家文物局香港"世界遗产丝绸之路展览"学术总顾问。

我认为大历史的目标就是认识我们生存的世界，认识一个城市、一个国家的变化，赋予我们向往美好生活的力量。一座城市最大的文化内涵是文明，文化传承并记载着历史。未来，西安吸引人们的恐怕还是文化遗产，这个趋势不会衰落，西安本身就是一座充满历史故事和传奇的露天大展馆。文化遗产是城市文化交流的一张新名片，我们大家都应该有一种传承城市文化的使命感。

西安是我的家乡，足够研究一辈子

我是土生土长的西安人，1955 年 7 月出生。我对小时候的饥饿记忆最深，曾半夜到八仙庵排队买凭票供应的白菜帮，曾到北郊自留地拉过分配稀少的萝卜，曾在大众儿童食堂门口被人抢走自己舍不得吃的玉米饼。正因为如此，如今无论是看到关于中东难民、非洲饥民的报道，还是看到我们贫困山区那些贫苦的孩子的图片，我都会心生同情，想要倾力帮助，也不由得感到我们国家从贫困走向脱贫、从脱贫走向富裕的不易。

1962 年我开始上小学，1972 年 4 月通过招工进入西安东郊西北国棉四厂，在织布车间做了 8 年工人，工厂粗重的体力劳动促使我把爱学习的个性释放出来，终于迎来了 1977 年全国高考招生。恢复高考不是简单地恢复一种考试制度，而是社会公平与公正的重建。1979 年，我考上了重点大学西北大学，成为现在人们常说的"新三届"，从此登上了渴望求知也是人生大转折的阶梯。

说 20 世纪 80 年代的西安是"学习之城"恐不为过，新华书店里到处都是络绎不绝的购买新书的人，高校里青年研讨会、辩论会不断，激扬文字的一代确实人才辈出。我从大学二年级开始发表论文，1981 年第一篇论文《王莽的悲剧》就被《光明日报》做了介绍，第二篇《不应一概贬斥东汉宦官》被《新华文摘》全文转载，震动了史坛，从此一篇篇文章见于报刊。这在"新三届"大学生里还是很少见的，因此历史系领导和老师对我格外关注，多次找我谈话，鼓励我报考硕士研究生（当时还没有博士学位）。1983 年我考上了张岂之先生的研究生，因为西北大学是秦汉史研究重镇，但是隋唐史研究较弱，这与西安的唐代首都地位很不相称，所以我将主攻方向确定为隋唐史。恰巧高力士神道碑在蒲城被发现，我闻讯后骑自行车从西安直奔渭北高原抄写碑文，以此撰写了《重评高力士》并发表于 1984 年第 1 期《人文杂志》。第一篇写唐史的论文就被众多报刊转载，引起反响，激励我从此义无反顾地走上了学术道路。

30 多年后，很多人问我为什么总是以西安考古出土文物为导向研究隋唐史，我总是自豪地告诉他们：西安是我的家乡，是公元 6—9 世纪（中古时代）世界"超级大国"的首都，近一个世纪来西安出土的精美文物足够现代学者研究一辈子。可以说，30 多年来我踏遍了西安周边文物古迹之地，从汉阳陵、茂陵到唐代乾陵、昭陵等皇家陵墓，从扶风皇家寺院法门寺到周至大秦寺，从西安北郊安伽墓、史君墓到长安武惠妃墓、韩休墓等新发掘的墓葬，至于陕西历史博物馆、西安博物院，更是频频到访。我对西安碑林博物馆里面的珍贵文物如数家珍，而西安市文物保护考古研究院和陕西省考古研究院就是我研究新课题的基地和源泉。

把千年来凝固了这座城市记忆与感怀的文物一一保存，并呈现给热爱这座城市的人民和外国朋友，这种文化使命感无疑是让人充满敬意的，因为文物是学术新突破无可替代的导向。特别是有一些藏品十分引人注目，碑林的《大秦景教流行中国碑》曾使外国基督徒抱着哭泣，何家村唐代窖藏珍宝使中外宾客叹为观止，法门寺唐代皇帝献给佛教的珍宝让日本友人赞叹不已，如此等等，历经岁月的流逝，这些具有独家性、唯一性、稀缺性的文物愈显珍贵，堪称一部城市文化编年史，从这些文物藏品中可以真切感受到那些与西安息息相关的历史，既有人物的品性、地域的风采，也有种族的气质、咏物的情致。

我通过解读西安的历史和新出土文物成就了自己的学术，我对这片土地的热爱不是一般人所能理解的。要成为一名好的有成就的学者，我认为天赋固然是一方面，更重要的是做有心人，很多大家见怪不怪的史料与文物，如果你也忽视不见，那就不可能在平凡中找出伟大。要善于寻找利用学术资源，不能停止思考与写作，不能停止读书补充自己。一篇有价值的论文需要慢慢酝酿和打磨，需要岁月的冲刷和涤荡。

我做了 15 年大学教师，从助教到教授，现在又在文博系统工作 15 年，左脑是考古文物，右脑是文献史书，两者的结合正是我的研究路径。如果说前半生是历史学者，后半生是文物学者，现在则是丝绸之路中西文化交流和中古艺术史的探索者。研究唐代历史与丝路交流史使我走出了狭小的书斋，幸运地步入广袤的祖国大地；了解过世界几十个国家，切实感受到考古文物带来的真实，促使我去发现一个不一样的中国历史记忆，不仅走进史书记载的原点，而且行走在研究文明的新征程上。

我在奥地利维也纳大学讲"从出土文物看欧亚大陆的文化交流"，在香港城市大学讲"唐代长安与外来文明"，在台湾政治大学讲"唐朝的世界性"，在澳大利亚、新加坡等国，都用陕西考古出土的文物解读中国历史与文化，特别是唐朝的国际性和世界性，得到了学术界的认可和高度评价。我的一些文章也被翻译介绍到欧美发达国家，我用历史研究的学术方式拓展了故乡陕西的影响，是对故乡的一种心理上的报恩和奉献。

西安要成为汉唐时期那样的世界名城

城市和人一样，都有点点滴滴的生活细节记忆，虽然那些带有坐标性的记忆符号渐渐被时光湮没，但文物还在城市毁灭后顽强地存在着。中央电视台纪录频道和陕西电视台都播放了一些介绍陕西或西安历史文物的纪录片，我几乎都看，我自己也参与了一些纪录片的采访拍摄。我的用意就是回眸千年历史沧桑，在怀旧的氛围中带给人们一种久违的心灵感动，使那些跨越时空的文物依然能让观者感受到一种历久弥新的活力，让爱这座城市的人们充满感动。

西安作为丝绸之路起点，前景不可估量，但是我们研究要"求真"与"知用"并重，研究丝绸之路并不是穿越时空回到悠远的历史时期，而是希望眼光望向未来的目的地，让外国人真正叹服，让丝路文化为国家与人类服务。

葛承雍在唐长安明德门遗址

21世纪开始时，我从西安调到北京。1998年国家文物局考察我时，我已经43岁了，在西安生活了40多年，在西北大学工作了15年，离别肯定是不好受的。我总是担心在一个熟悉的环境里待久了，可能故步自封而不自知，我更不愿在死气沉沉的学术环境里闷下去。其实我能被国家文物局作为专业人才引进，既是对西北大学文物历史研究学术水平较高的认可，也是我冲破束缚障碍、力图学术创新愿望的实现。

到北京后，我曾在文物出版社和中国文物研究所（现在的中国文化遗产研究院）做过负责人，两次到中央党校厅局级进修班培训，一次在国家行政学院学习。应该承认，在中央国家部门工作让我开阔了视野，在北京看西安，与以前在西安看北京的感受绝不一样，这就是我曾经说的"双城记"里的"双重感受"。

500年的北京城和千年的西安城都是古都，北京没有城墙了，只留下几座孤立的城门楼，人们的思维似乎也冲破了四方城的桎梏；西安城墙保留着，又重新修葺恢复原貌，人们的思维似乎也被限制了。这样说并不见得正确。北京和西安都是"移民之城"，唐朝全国文化精英汇集到长安，现在全国人才都往北京集中，这两座远隔千年的城市从而都具有了"海纳百川"的魅力。

西安城市面貌近30年来变化很大，但这种变化未必都能得到人们的认可，这不是一般外地游客的感觉，而是基于对文化底蕴的认识。就从西安城市建设来说，到处都有拔地而起的30多层的高楼大厦，密度远远超过了北京，压抑感特别强烈，"千城一面"，看不见天际线。迎宾的南门对面就是一堆火箭炮式的高楼和积木式的大块商业楼，遭到许多外国文化遗产保护者的批评，印象并不美好，古城仅存的一点神韵似乎也消失了。我在西安的几次讲座都曾对城市建设规划布局提出过批评，因为我是西安人，"爱之深，恨之切"，有爱护父母和保护儿女的责任与义务，更有尊重家乡文明的心态。

西安是一个有千年历史底蕴的城市，2018年是唐朝建立1400周年的特殊年份，作为一个当时影响了周边国家和地区的鼎盛大国，唐朝留下的遗产值得我们好好回味。因此我向有关方面提议，西安应举行一次纪念唐朝建立1400周年的国际学术会议，围绕"大唐之国"的崛起、兴盛和衰落，邀请国内外诸多顶尖学者来讨论讲述，从历史考古文物到东亚史、西域史和世界史范围来讨论，不仅讨论制度史、经济史和政治史，而且要讨论雕塑史、美术史、壁画史等艺术领域。但是这次会议的讨论范围遗憾地变成了隋唐史或唐都史，先不说时间对不对，主题围绕都城历史地理，格局一下子变小了，我感到文不对题，同时也认识到西安智库目前还不具备"世界格局"的认识，心胸、心境还与世界眼光差距较大。

2021 年是中国共产党成立百年华诞，作为研究历史文物的学者，我期望能通过"100 年对话 5000 年"来回顾历史，做一条连线来反思过去，展现西安变化来之不易，揭示长安历史演变的内在逻辑，总结西安今后的发展之路。

我对有的人故意抹黑西安很反感，但我自己对西安的批评也很尖锐，我不担心真正为了西安好的人会反感，因为我是西安真正的儿子，60 多岁的老儿子。西安是我的故乡，是我曾经付出血泪的故乡，为了不使久别变成离别，不愿陕味秦腔天籁般的声音慢慢消失，退休后我在北京仍很关注西安的发展，因为我还是期望西安这座不朽之城能感动人们，让纯净美好的心灵回归到这里。

最后，我想到 80 年前诗人艾青曾写下"为什么我的眼里常含泪水？因为我对这土地爱得深沉……"的诗句，我对西安多年来的变化由衷地赞叹，但西安人的忧患意识不够强烈，精神世界不够理性，对此我还有期盼，期待着西安真正能成为汉唐时期那样的世界四大名城之一。

（文／郭知凡）

李玉虎
给文物当医生，让历史焕发新活力

个人简介：

　　李玉虎，男，1958年生，陕西白水人。中共党员，著名文物保护专家，陕西师范大学教授、博士生导师，陕西省档案保护科学研究所所长。几十年如一日，扎根档案、文物保护科学研究一线。先后被评为全国先进工作者、国家级有突出贡献专家、第五届中国十大杰出青年，全国五一劳动奖章获得者。

　　我从事文物修复与保护工作快40年了，经我和团队修复的文物、档案数以万计。每一项文物修复与保护工作都不容马虎，因为对文物的一点点损伤都是难以弥补的。我们是文物的医生，让受到病害侵扰的历史文物重现当年的风采，是文物保护工作者不变的初心。在文物保护与修复领域，每一项突破性的科研成果背后，都有着我和团队难以言说的艰辛与坚守，但只要我们始终对文物保有敬畏之心，守得住寂寞，就一定会有收获。

从农民青年到文物保护专家

　　1958 年，我出生在陕西的白水县，21 岁离开家乡来西安求学、工作，至2021 年已经 42 年了。家乡的水土养育了我，奠定了我的人生基础，磨炼了我的意志。在家乡，我庄严地加入了中国共产党。1979 年，我考取了西北大学，在化学系就读。1979 年到 1983 年的大学期间，我一个农民青年在这种新的环境里如饥似渴，拼尽全力地学习知识。1983 年 7 月，我毕业后被分配到陕西省档案馆技术室，同几位待业青年一起修复破碎档案。我当时认为，我学的是化学专业呀，这份工作不太对口，感到非常失落，但是作为一名共产党员，我必须认真工作。在工作的过程中，我发现修复档案工作是学化学青年的用武之地。

　　当时我馆正在抢救修复延安时期陕甘宁边区的 2 万多卷档案，这是国家级的珍贵文献资料。当时，许多档案文件中的各类字迹发生了严重的褪变现象，有些褪色殆尽，有些模糊不清，特别是在修复过程中，红墨水、蓝墨水等水溶性字迹严重涸化，永远消失。我阅读了当时的档案保护相关书籍，了解到这些问题在国际上也未得到解决。我想，化学是恢复、保护历史记录原貌的有效方法，从此开始了我的档案字迹恢复保护科学研究。当时没有实验室、文献、药品，也没有导师，一切都是从零开始的。馆里领导很支持我们，还拨了万把块钱的经费，我们就把一个旧的照相暗室改造成了修复保护的实验室，就这样开始做研究。从 1983 年到 1998 年，我完成了"褪变档案字迹的恢复与保护"系列科研课题，其中就包括"蓝墨水字迹褪色恢复""圆珠笔扩散原貌恢复"等技术，提出了各种档案字迹褪色、扩散机理和恢复与保护机理，能使严重褪色、模糊扩散、无法辨认的各种档案字迹清晰、恢复原貌并耐久保护。这一系列科研成果恢复抢救了一大批国家珍贵档案，并分别在 1987 年、1990 年、1998 年通过国家档案局鉴定，获得了两项国家发明三等奖和两项部级科技进步一等奖。我还被评为全国先进工作者、中国十大杰出青年。

　　有了党和国家给予的荣誉和媒体的广泛宣传报道，应该说我未来的工作选择和人生发展方向有很多种可能性。站在人生的十字路口，我究竟该如何抉择？当时我就下定了决心，我一个农村青年能上大学很不容易，一定要学以致用，解决更多的关于档案修复的难题，甚至是国际性的难题。就像面对"蓝墨水字迹褪色恢复""圆珠笔扩散原貌恢复"等技术时，美国国会图书馆的图书保护专家在一次国际会议上说的那样："仅纸张脱酸这一项难题，就已经把我们搞得焦头烂额了，恢复字就更难了，在这点上，中国的技术已经走在了我们的前面。"这些技术成果不仅属于中国，也属于全人类。我所从事的工作，该是多么的有意义啊！

就这样，我定下心来，一干就是 30 多年。除了在档案的修复研究技术方面继续推进，我还树立了一个目标，就是在文物方面参与修复和保护研究。比如说秦代的壁画、唐墓壁画、文物彩绘发生严重的褪色、风化、起翘、脱落，有些再不修复保护就永远消失了。陕西还有大量的土遗址，像阿房宫、未央宫、含光门、大唐西市等都存在如何保护的问题。另外，像照片、底片、电影胶片等也需要修复，好多珍贵的影像档案也都在发生褪色、粘连、病变。比如，电影胶片常会出现"醋酸综合征"，导致胶片扭曲变形无法放映，不能进行数字化，甚至完全损毁。全国各地甚至世界其他国家都存在这样的问题，当时也没能解决。以上这些问题后来都在我和团队的努力研究下逐步得到了解决。20 世纪 90 年代初期，我就确定了这几个研究方向并开始着手进行研究。多年来，我在文物修复工作中也碰了不少钉子，但是国家文物局、陕西省文物局的领导、专家从始至终都是非常支持我的，这也让我更加有信心当好"文物医生"，不忘初心，坚定地走在这条路上。

李玉虎在故宫文华殿
修复古代建筑彩画

用初心看护好西安的文化财富

"化腐朽为神奇",大概是我们文物保护工作者的人生注解。我始终记得著名考古学家、"秦俑之父"袁仲一先生写给我的一段话。写这段话的时间是2003年,那年我和团队在做南唐二陵墓室彩画抢救性修复研究。当时每隔10天要乘坐火车去一次南京,说来也奇怪,每次一上火车,我就开始牙疼。针对牙疼,我有一个小窍门,就是在痛点涂抹上牙膏,咬住,慢慢就不疼了,连续5次往返于西安与南京都是这样。后来,我有一次吃东西时牙齿就掉下来了一块儿,随后就赶紧去了医院。医生说:"起初你疼的时候就应该来找我,那样能把你的牙保住,可是现在已经没办法了,只能拔掉坏牙,重新植牙。"我是一个不拘小节的人,尤其是当文物修复工作进入到攻坚克难的关键时期,几乎废寝忘食,进入一种痴迷、上瘾的状态,以至于忽略了自己的健康。在那之后,我就将"风化褪色的古代壁画、文物彩绘显现加固"研究成果向袁仲一先生汇报,袁先生看后写道:"我国各类古代壁画、文物彩绘、图像蕴含着大量丰富多彩的古文化信息,是中华文明的载体,闪耀着博大精深的古老文明的光辉,凝聚着中华民族的聪明才智,是研究中国古代人文学、社会学、美学以及自然科学最可靠的第一手资料。我们眼睁睁地看着它们消失殆尽,非常心痛。因为束手无策而产生了一种对历史的愧疚感,因而大家殷切地盼望这一老大难的彩绘图像显现加固问题早日解决,使彩绘图像所蕴含的文化信息得到保存。你们的项目所取得的科研成果,是考古文物科学的一件大事,对我国历史文化遗产的保护具有重要作用。"得到这位把一生贡献给我国考古事业的专家的肯定,我泣不成声,同时也更加坚定了要做好这份事业的决心。

2004年,我来到陕西师范大学,这里成立了由陕西省档案局、陕西省文物局、陕西师范大学共建的陕西历史文化遗产保护科学研究中心。多年来,我和团队在古代壁画、文物彩绘研究方向上,先后取得了"古代壁画、文物彩绘滋生霉菌与低等植物、黏结土锈的保护性去除""彩绘陶俑、陶马、陶器龟裂、起翘、脱落彩绘层的回位修复"等多项研究成果,解决了文物彩绘病害抢救性保护的许多关键技术难题,完成了唐乾陵永泰公主与章怀太子墓彩绘陶俑与壁画抢救修复、南唐二陵濒危彩画抢救修复、西汉 3000 件彩绘兵马俑抢救修复。

在古遗址保护修复的研究方向上，我们先后完成唐皇城含光门遗址、大唐西市遗址、西安城墙遗址等土遗址与砖石的加固处理。在影像档案修复的研究方向上，我主持、参与的有延安时期纸质文献、日本侵华档案、济南惨案档案、陕西省水利局档案的修复及《浪花》创刊号的字迹还原，南京大屠杀照片、长沙会战照片、辛亥革命照片、5·12 大地震照片修复还原等，先后在"胶片档案醋酸综合征治理""卷曲断裂长幅合影照展平与收藏"等 6 项关键技术上取得了重大突破，达到了国际领先水平。

和 20 世纪八九十年代的行业发展环境不同，现如今，文物保护得到了党和国家的重视、行业的重视，文物保护的重要性在社会上有了广泛的认知和影响，投身到文物保护工作中的人越来越多了。文物保护工作不仅得到了陕西省文物保护研究院、陕西省考古研究院的重视和支持，还有了西安交通大学、陕西师范大学、西北大学等高校和其他科研单位从基层培养的一大批专业人才，这些"大国工匠"既对文物保护工作充满热情，也有着丰富的一线从业经验和技能。可以说，不论从社会发展的角度，还是大众精神需求的角度，人们都已经意识到保护文化遗产的重要性。

我从 20 世纪 90 年代初就开始从事文物保护修复工作，一个青年人能用专业所长保护人类文化遗产，保护档案原貌，保护原始的历史信息，这在当时是不敢想象的。做文物保护工作一定要耐得住寂寞，科学保护文物档案、保护文化遗产原始风貌，我们还有很长的路要走。

众所周知，西安是世界知名的历史文化古都，我在西安生活、工作了近 40 年，对这座城市有着深厚的感情。这几十年，西安的变化是翻天覆地的。作为西安市民，每谈到西安我都很激动。著名文化学者商子雍就曾说过，西安的城墙和众多历史遗迹已经成为和西安市民血肉不可分割的一部分。既要保护好西安的文物古迹，也要保护好这些文物古迹所蕴含的精神财富，这是我作为一个西安人、一个文物保护工作者应该也是必须要做到的。

（文 / 郭知凡，图 / 李嘉欣）

强跃
与时代共成长的陕西历史博物馆"掌门人"

个人简介:

　　强跃,男,字逾之,号阅石斋主。1959 年生,陕西韩城人。中共党员。西安碑林博物馆原党委书记,现任陕西历史博物馆党委书记、馆长,兼任中国博物馆协会区域博物馆专业委员会主任委员。以"保护文物,传承文化"为己任,在 2017 年 11 月带领全馆干部职工成功创建"全国精神文明单位"。

　　随着中央电视台大型节目《国家宝藏》的播出,我成为大家眼中的"网红馆长"。别人说我人如其名,有强大的能量,一路飞跃式地挑战。其实回望自己所作出的每一次抉择,都与祖国发展的关键时刻紧密相连。我本是学物理出身,从农业、工业到文博业,经过在十几个部门工作的历练。在中国传统文化复兴的今天,博物馆被寄予更多厚望,我希望能用创造性思维和科学方法,让陕西历史博物馆在创新中有更好的发展,让陕西历史博物馆离大众近一些,再近一些。

不服输的学生时代造就丰富履历

我生于1959年的韩城，成长于20世纪六七十年代。那个时代人的思想和所受到的教育对我后来的人生影响非常大。在上大学之前，我有5年的时间是在农村劳动锻炼，那段经历也让我对农村有着非常深厚的感情。我人生的第一个转折，是1977年恢复高考。

1976年我高中毕业，刚好第二年就恢复高考。我的小学、初中、高中阶段适逢那特殊的10年，和同龄人一样，我没有机会学到更多的知识。当停滞了10年再恢复高考，那座通往象牙塔的独木桥上的竞争更残酷激烈。我补习了4年，用4年时间把落下的课程都补回来了。虽然如今可以语气平淡地微笑着提起往事，可当时来自社会环境、同学议论、自身家庭以及年龄的压力让我难以忘怀。对于一个生在农村、父亲去世早、家里缺乏劳力的少年，这种年年递增的压力可想而知。我硬着头皮顶住了，暗暗发愿一定要考上大学！

1981年，我终于考入了渭南师范学院，学物理专业。

上大学之前，我经过了时代的分水岭。1977年恢复高考，1978年改革开放，人民的生活越来越好。这段经历让年少的我开始懂得国家决策对平民百姓的影响，对时代进步的重要性。无论是一个国家还是一个部门，决策都至关重要。我后来在担任各种职务时，习惯性站在更高的格局、更远的时间上去看待眼下的事情，再做出判断。

我在1981年到1984年上大学期间，见证了中国女排的崛起。现在回想起在学校看比赛的情景，依然心情激动，女排自强不息的精神让我产生了强烈的共鸣。这其实是一个时代的标识，是中国人以开放的姿态走向世界的标志性事件。

1984年我大学毕业，此后的13年是我人生成长的重要阶段。我干过第一产业的农业工作。我是农民的孩子，在农村工作过。当乡长时，我为乡亲们引水、拉电、修路、建医院和敬老院……乔子玄乡的"大红袍"花椒也是我任乡长的时候鼓励乡亲们种起来的，其中发生了很多有趣的故事。经过历届政府的努力，那里如今已发展成"花果山"。我还干过第二产业的工业。进过工厂，在煤炭局管过矿山，下过矿井，所以知道GDP（国内生产总值）、产值、效益、经营，知道如何提高经济效益。做过城市管理工作，治理城市脏乱差。这些丰富的阅历为我后来进入文博业积攒了丰富的管理经验。1997 年 2 月，我到韩城市文物旅游局，成为第一任局长，就此踏入了第三产业的文博行业。

踏进文博业，开创性思维露锋芒

韩城是司马迁的故乡，历史文化遗存丰富。在担任韩城市文物旅游局局长的 8 年时间里，我探索摸底，整合这里的文物景区资源。在任的时候，我启动编纂出韩城第一本文物志，从普查文物开始，充满艰辛和不易。通过普查，我们发现了更多的珍贵文物，国宝级文物从原来的三四处增加到了 11 处。一个县级市拥有这么多国宝级文物，非常值得骄傲。当然，现在韩城的国宝级文物更多了，已经有 20 多处了。

在我的任期内，韩城有了元代建筑博物馆，大量散落民间的元代建筑被集中搬迁到离党家村不远的普照寺内；司马迁祠北坡护坡工程顺利竣工；党家村文物旅游理念形成；文庙、东营庙、城隍庙三庙贯通……延续至今的韩城市文物旅游格局也在当时形成。我离开时，韩城开始创建优秀旅游城市，并于 2006 年成为陕西唯一一座获得"中国优秀旅游城市"称号的县级城市。那一年我已经成为华山西岳庙文物管理处党支部书记、主任。2004 年到 2007 年，我主要着手进行坍塌城墙的保护、古建筑的修复、环境的整治。当坍塌的城墙恢复如常，每年春节就举办越野赛。

此后 8 年时间里，我在西安碑林博物馆（以下简称"碑林"）任党委书记、副馆长。其间，建馆以来最大的单体项目——石刻艺术馆立项修建，被列入陕西省政府重点文化项目，于 2010 年 5 月 18 日（国际博物馆日）正式对外开放，并摘得年度中国建设工程鲁班奖和全国博物馆十大陈列展览精品奖。2013 年，全国首座文物图书馆——陕西文物图书中心落户碑林博物馆，存书量超过 15 万册，其中包括 4199 种近 5 万册古籍图书。2014 年，碑林联合西安城墙发起创建 5A 景区工作，并在 4 年后成功。

尤其值得一提的是，几代碑林人梦寐以求的北扩工程也正式通过。在碑林工作的 8 年时间里，我一直在呼吁要进行北扩，因为这关系到碑林的未来和周围街区环境的提升。如今北扩工程已经顺利展开，我觉得非常欣慰。

掌管陕西历史博物馆，顺应时代开辟新路径

2015 年 2 月，习近平总书记在西安调研时强调：一个博物馆就是一所大学校。要把凝结着中华民族传统文化的文物保护好、管理好，同时加强研究和利用，让历史说话，让文物说话。在传承祖先的成就和光荣、增强民族自尊和自信的同时，谨记历史的挫折和教训，以少走弯路、更好前进。这个阶段博物馆转型已成为大势所趋。博物馆不再只是一个对文物进行保护、陈列和讲解的地方。

2019 年，由陕西历史博物馆、龙泉市政府主办的"剑瓷龙泉——中国龙泉青瓷、宝剑传承与创新展"在陕西历史博物馆第六展厅开幕

它要变身为一所大学校，在复兴中国传统文化、增强民族自信和文化自信方面承担起更多的责任。

2015年7月，我来到陕西历史博物馆任书记、馆长。陕西历史博物馆近年来的工作重点是与全国、与世界接轨。对一个大型综合性博物馆而言，经营理念非常重要。在这个博物馆进行管理和创新，会对全国博物馆界起到一定的率先垂范作用。如今的博物馆正处在转型期，博物馆前进的步伐首先来自更多功能的体现，要满足人们对博物馆的多样化需求。

从管理角度来看，我觉得现在的陕西历史博物馆就像是一个由"永动机"驱使的陀螺——靠内部机制自转，而不是靠外力推动。在任何时间节点，大家该干什么就主动干什么，而不是领导在就干，不在就不干。我是学物理的，当然知道没有永动机，但是管理上就要借鉴这种思路，确保用机制让它永远转动。我一直认为陕西历史博物馆最大的创新就是内部管理的创新。

同时，博物馆要有开放的姿态。推倒心中"四堵墙"，让博物馆和外部畅通，无限连接。我认为文博人要融入时代潮流，改变人们的固有印象。这也可以解释为何陕西历史博物馆近两年成了"网红博物馆"，有了"网红馆长"和更多的"网红文物"。我们就是要用拥抱时代的姿态来理解外界的评价。

创新也是至关重要的，博物馆要走前人没有走过的路。这可能会颠覆很多人对博物馆的固有理念。我更愿意打破思维惯性，让原有的规矩与方法和时代一同前进，所以要在各个方面创新，让创新无处不在。这种创新，游客最能切实感受到，那就是陕西历史博物馆变得越发体贴、亲近。比如给前区游客设置存包处；设置高大上的"涤尘堂"（卫生间）；等候区有沙发、电视和壁画复制品；2018年推出陕西首本文物日历《陕博日历》，博物馆文创蓬勃发展；2018年春节文物修复展示室开放，游客可通过全透明玻璃墙观看书画修复全过程；10个月完成"陕西古代文明"展览提升改造工作，增加的900件新文物中有300余件是未展过的珍贵展品；2019年1月30日开启全网预约系统，解决旺季游客排长队问题；筹建新馆让更多馆藏面世，满足游客需求……我一直觉得，创新来源于遇到问题绝不回避，按照问题清单想办法一一解决。

这几年，陕西历史博物馆有了不错的成绩。2016年获批国家文物局墓葬壁画保护基地，入选首批"中国20世纪建筑遗产"；2017年获得第五批全国文明单位称号，成为国家文物局文化产业试点单位；2018 年获批设立陕西省博士后创新基地；2019 年被授予陕西省五一劳动奖状……在大家的一起努力下，陕西历史博物馆的未来会更好。

想一想，我们脚下的土地是古代的文化中心，现在也理应成为现代文化中心，陕西历史博物馆当仁不让，应该是文化中心的主要支撑者、弘扬者。所以，我觉得要讲中国的通史就要在陕西讲，在这里讲文化自信才是最有底气的。陕西历史博物馆应该成为中华民族的一个祠堂，成为对世界讲好中国故事的一个平台。新时代赋予了陕西历史博物馆人新的责任，我们还需要继续前进。

（文 / 陈黎）

艺　术　篇

刘文西

半生青山，半生黄土

个人简介：

刘文西，男，1933年生，2019年逝世，浙江嵊州人。曾任西安美术学院院长、教授、博士生导师，第七、八届全国人大代表，全国文艺界联合会委员，中国美术协会副主席，中国画艺委员会委员等。国家级有突出贡献专家，全国首批"百位名师"称号获得者。曾在国内外发表作品千幅以上，出版画集10余册，为第五套人民币创作毛泽东肖像。他的作品有25件被中国美术馆收藏，有9件获国家级大奖。创作了大量陕北风土人情和革命历史题材的作品，在中国画坛形成了以他为代表的"黄土画派"。

创作要熟悉人、严造型、讲笔墨、求创新，根植黄土画人民，表现时代出精品，这是我的艺术主张。

学生时代的艺术成长

1933年农历八月，我出生在浙江嵊州一个叫水竹安的小山村，父亲给我取名"闻樨"，即闻得桂花香之意。上小学后，我写不来笔画繁杂的"闻樨"，于是索性改名"文西"。

家乡的风光很美，有溪、有山、有大松树……这种环境本身有一种美感。浙江的戏特别多，嵊州是越剧的故乡，村村都有戏班，人人都会唱越剧，加上受善于绣花描画的母亲的影响，我从小便喜爱绘画。小的时候乡下没有颜料，我就将各色瓦片磨碎，把多样花朵捣烂，作为颜料，画山村美景，绘田野风光，还常省下零用钱买《水浒传》《三国演义》，临摹其中的插图人像。

1950年，我离开家乡到上海参加军政学校考试。刚到上海时，感觉这个地方太繁华了，在复旦大学任教的舅舅带我到礼堂观看育才学校的演出。育才学校是当时上海首屈一指的新式学堂，有戏剧组、音乐组和美术组。演出结束后，舅舅利用他和复旦大学校长陈望道的关系，介绍我到育才学校美术组学习。

当时没有钱，一个要好的复旦大学老师卖掉了一袋面粉，才为我凑足8块钱的学费。我进入陶行知创办的上海育才学校，拜王琦先生为师。王琦先生在实践创作和理论研究方面都对我有很大的影响。那时我17岁，听王先生讲课时提到毛主席《在延安文艺座谈会上的讲话》（以下简称《讲话》）。《讲话》中毛主席提出的文艺为什么人服务和如何服务这两大问题及其解答，给我心灵以极大震撼。原来只是把学画当作一种兴趣爱好，并不知道文艺是什么；学习《讲话》之后，我才知道画画要与工农兵结合，与工农兵交朋友。十年八年不行，我要一辈子像毛主席说的那样，为人民创作，为人民服务。从此以后，我开始懂得为什么要画画、为什么人作画。这是我学习美术后接触到的正式的理论指导，对我非常重要。

1953年，我被中央美术学院华东分院（1958年，更名为浙江美术学院，今中国美术学院）录取后，进行了严格的美术基本功训练，包括素描、解剖、透视、色彩等，打下了坚实的绘画基础。当时方增先、宋忠元、李震坚、周昌谷、顾生岳等先生都给我们上过课，教我们如何创作和实践。那个时候，我还赚了很多稿费。最终我用攒的 400 块钱给妈妈买了一台缝纫机。学校当时还要求我们到各个地方去实习，这样既进行了专业训练，又提高了思想觉悟，还懂得了艺术创作的规律。

1957 年，我 24 岁，进行毕业创作时，我第一次来到延安。陕北高原深厚的黄土地、高远的蓝天、淳朴的人民、丰富的民间文化深深地打动了我。这里不仅有适合绘画艺术创作的环境和人物，而且是中国革命的摇篮，毛泽东、周恩来、刘少奇、朱德、邓小平、陈云等老一辈无产阶级革命家在这里生活过、战斗过。毕业实习结束时，我怀着激动的心情创作了《毛主席和牧羊人》，反响很大。潘天寿先生看后，欣然为该画题词："延安之晨"。在延安的这一段实习生活，使我真正跟陕北的农民生活在一起，真实地了解毛主席当年的生活，全面考察延安文艺座谈会讲话的背景，这些对我后来创作的影响也很大。也就是从这时起，我萌发了永远把陕北作为创作基地的念头。

刘文西（右）在壶口瀑布采风

扎根黄土，深入陕北

1958 年，我从浙江美术学院毕业，怀揣着当年育才学校发的那本《讲话》，踏上了赴西安美术学院任教的路途，从此，真正开始了以人民生活、革命历史和黄土地为题材的绘画艺术生涯。

从置身陕西起，我就把目光对准了陕北。我去过陕北近 80 次，足迹踏遍陕北 20 多个市县的乡镇，十几次在陕北度过春节，结交了陕北数百个农民朋友。可以说，我有一半的血液来自陕北，我的艺术细胞中绝大部分的营养都是陕北那块土地为我供养的。我对西北的艰苦生活心存感激，我热爱这里的人民，热爱这里的山山水水。这里是我艺术创作的力量和源泉，也是我生命的依托。

我经常去延安，对陕北很熟悉，在那里有很多农民朋友，与很多朋友一直保持着联系，我会经常去看望他们。比如，我在杨家岭时认识一个小伙子叫景聚才，他没有告诉我他所在的村子，只说要翻一座山。几年后，我回到陕北，想去找他，就翻过那座山。冬天山上有雪，翻过山后，我就坐在雪上滑了下去。因为我不知道景聚才在哪个村子，就开始大喊他的名字，正好被他母亲听到了，他母亲说他到别的村子去了，不在家，我就在他家住了一晚上。后来我才知道这个村子叫常沟村。从那时起直到现在，四五十年了，我们一直有联系。他是我最老的朋友之一。他身上的陕北农民味儿特别浓，给我的印象很深。

60 余年来，我把陕北的二十里铺、周家湾和四十里铺等村作为基地，几乎每逢寒暑假便到那里去。在那里，我不是游离于乡亲们之外的看客，而是长辈的儿子、同辈的朋友和孩子们的叔叔。那里的生活时时感染着我，使我涌起创作的冲动和激情。我在画一个人之前，先要熟悉他，跟他交朋友。艺术家跟农民交朋友也是很重要的，不跟农民交朋友，心中就没有活生生的人，就不能真正把深入生活落到实处。《拉家常》《在毛主席身边》《刘志丹》《祖孙四代》《黄土情》等作品都是这样创作的。

"黄土画派"的创立及艺术主张

1988 年，我在新加坡办画展，当地媒体首次称我为陕北画派的创始人。我想，陕北是黄土地的代表，但大西北是一块更大的黄土地，更应该表现，因此，称为"黄土画派"的概括性更强。2004 年，黄土画派在西安市正式成立。

黄土画派是扎根于黄土地，以人物画为主、以西安美术学院为主体的学院式画派。画派的艺术宗旨是"熟悉人、严造型、讲笔墨、求创新"，这也是我在艺术创作实践中得出的经验总结。所谓"熟悉人"，就是深入生活，和人民在一起，深刻地了解人民，决不概念化地画人，无论陕北人或西藏人，都要抓住其鲜明的个性和共性。所以，"熟悉人"应该放在第一位。"严造型"，就是严格地塑造人物形象，主要是现实主义地吸取西画中科学的造型技巧，要求艺术家的专业基础一定要扎实，要有用艺术表现生活的能力，画人就要把人画活，要用艺术表现灵魂，用艺术形象感染人们。"讲笔墨"，就是要继承传统，坚守中国画艺术的学术底线，拓展传统笔墨的表现力，艺术作品要有传统的中国气派、民族精神、中国风格和中国笔墨。我在 20 世纪 80 年代写过一篇文章，就提出"熟悉人、严造型、讲笔墨"的观点。后来，在阐述黄土画派的艺术主张时，又加了一个"求创新"。"求创新"正好也是习近平总书记对文艺界的一个希望，就是艺术要有创造、有发展、有新意，要能与时俱进、跟得上时代的步伐，探索出不重复古人、洋人、前人和自己，在思想内容和艺术形式上卓有新意的国画。

我们创立黄土画派，是为了更好地发挥团体和个人的力量，创造一个互相研究、互相学习、互相探讨的良好环境；更好地贯彻执行"二为"方向（文艺为人民服务、为社会主义服务）和"双百"方针（百花齐放，百家争鸣）；更好地深入生活、深入群众，提高作品的思想内涵，促进艺术的多样完美，倡导创作个性和创新精神，创作出具有大西北黄土地艺术特色的美术作品。

第五套人民币上的毛泽东画像

1997 年，我作为第八届全国人民代表大会代表，到北京参会。当时中国人民银行筹备发行第五套人民币，需要绘制毛泽东主席的肖像。制钞厂的一个工作人员是中央美术学院毕业的，知道我画毛主席最多，就邀请我画一幅。

其实当时我是有一些犹豫的，因为绘画蓝本是毛主席在一次政协会议上的照片，1949 年左右拍摄，当时流行修片，而且用了闪光灯，照得不立体，主席脸部的特征都没有了，对于我们创作来说不太好画。没有办法，我要求他们辗转找到了这张照片的原片。原片只比扑克牌大一点，还是全身的。我就用放大镜反复看，加上自己的积累，历时一个星期创作出了这幅作品。素描画出来后，共有 10 个制钞厂的能手刻了多个刻板。刻板出来后，我选择最好的一版，建议用到 100 元面值的人民币上。这版刻得跟我的那张素描原作最相像，主席的眼睛更大一点，思想家的感觉更强烈一些。其余的用于 50 元、20 元等其他面值的人民币。

1997 年画出来，1999 年、2000 年第五套人民币陆续发行后才面世，我保密了 3 年。

根植黄土画人民，表现时代出精品

在我的艺术生命中，我觉得跟农民交朋友是我最大的感悟和收获。跟农民交朋友才能真正地深入生活，真正地塑造出人民的灵魂。我的艺术思想主要受毛主席文艺思想的启发，我的艺术追求就是去做、去体现、去实践，去创作真正好的、高水平的作品，把人民画活，真正做到为人民服务。

文艺创作要能够反映时代精神和人民生活，要能够讲述中国故事和塑造国家形象。所以，中国的艺术家不仅要熟悉生活、熟悉人民，还要了解世界，观察世界上其他国家在干什么。中国的艺术家要有思想、有国家观念，要知道我们国家的部署和规划。也就是说，一位优秀的艺术家首先要成为一个思想家，要有"先天下之忧而忧，后天下之乐而乐"的意识。当代的艺术家要把持正确的方向，全面提升自己的思想高度，关心国家、关心社会、关心世界，学会思考问题和分析问题的方法，努力创作出能够反映时代特色、彰显民族文化、具有中国气派的好作品。

2019 年，习近平总书记在参加全国政协十三届二次会议文化艺术界、社会科学界委员联组会时讲，如果不把心思和精力放在创作精品上，只想着走捷径、搞速成，是成不了大师、成不了大家的。学问是要老老实实去探求的，是靠扎扎实实学来的。没有踏实学习的风气，浮光掠影去做是不行的。尤其是人物画，画到什么程度就是什么程度，你想骗也骗不了。没有优秀作品，其他事情搞得再热闹、再花哨，那也只是表面文章、过眼烟云。一天不画，浪费时间；精益求精，刻苦钻研。所以一分钟、一秒钟都要计较的，不能随便放纵的。

（文 / 陈泽洲）

注：2019 年 7 月，在本书撰稿阶段，刘文西老先生因病去世，享年 86 岁。

郝彩凤

秦腔表演是一生挚爱

个人简介：

　　郝彩凤，女，1940 年生，2019 年逝世，陕西西安人。国家一级演员，陕西省戏曲研究院秦腔团前团长，中国戏剧家协会会员，中国戏曲表演学会会员，中国国际文化艺术交流中心陕西分会理事，陕西省秦腔艺术研究会副会长。师承韩启民、王安民、杨金凤等老师，主攻青衣、小旦，并受韩盛岫、尚小云、李德富、藏蓝光等京剧老师指导。从艺数十年来，在传统戏和现代戏方面均有建树，深受观众喜爱。

　　在我眼中，秦腔是不可估值的瑰宝，作为秦腔艺术的传承人，我毕生都在为可以传承这门艺术感到自豪。所以，在这 60 多年的演艺生涯中，我始终秉持着"秦腔艺术要为人民服务"的理念，努力把最好的秦腔作品带给观众。

幼年初识戏，圆梦秦腔情

我出生于 1940 年 2 月 5 日。据家里的长辈讲，虽然我出生在农村，但是家里经济条件还算宽裕。我出生之时，父亲已经离开人世，家中情况不复往昔。我长到 4 岁时，母亲又去世了，是我的大妈（父亲的第一个妻子）把我养大的。那时候，虽然没有了亲生父母，但是我性格比较开朗活泼，也没有受太大影响。

中华人民共和国成立以后，我才开始上小学，直接从二年级上，上了 5 年小学。因为家中没有劳动力，我大妈当时年纪也大了，我要经常帮助大妈照顾家里，比如割麦子、收棉花、磨面，隔三岔五请假，重心放在了家里。小学毕业没能考上初中，这是我的一个遗憾。

没有考上初中，我就想出来工作，不愿意像姐姐们一样，结婚生子，过完这一生。我家距离灞桥很近，但是那时候的交通很不方便，我从来没有见过灞桥是什么样的，也不知道西安是什么样的。经常夜幕降临时眺望远方，那时候西安已经通电了，我们老家所在的农村还点着煤油灯。大人们就告诉我远处亮堂的地方就是西安城。我对西安城产生了一种向往。

1953 年，西北戏曲研究院在新筑乡演出眉户戏《梁秋燕》，我当时在台下看，很羡慕那些演员可以在台上表演，想着如果我也可以进剧团上台表演就好了。结果命运就是这么奇妙，一年之后，我竟然顺利地与秦腔结缘。

那是 1954 年，我和同学第一次来西安玩儿。

过去交通很不方便，从新筑乡到西安单程就要半天时间。现在地铁 3 号线都通到家门口了，一个小时就能到，而且沿途经过灞桥，现在那里是西安国际港务区，风景很美。20 世纪 50 年代，要进西安城需要先从新筑到灞桥，再从灞桥进城。从新筑坐硬轱辘车到灞桥，从灞桥坐橡胶轱辘车到西安八仙庵，那时候的灞桥没有桥，过河时要踩着石墩子。

我有个小学同学叫刘宝琴，我比她大，她在低年级，我在高年级。在小学时，她也爱唱歌，老师经常让我俩一块唱。我不知道她啥时到的陕西省秦腔实验剧团，后来剧团招生，她专门让她父亲到我家找我。那天我正好在我姑家，那里靠近临潼，离我家也有七八里路，她父亲不辞辛苦步行到我姑家，然后领我到剧团考试。他是我一生最感激的人，这一段历史我永远不会忘记。1954 年，我进入陕西省秦腔实验剧团学艺，1955 年随团并入陕西省戏曲剧院。没有进入这个行当之前，我认为就是进了剧团唱戏而已，后来才发现，并不只是唱戏，而是要当好"党的喉舌"，通过戏曲形式，通过表演，做好文艺宣传工作，为人民服务。

我生在旧社会，但成长在新时代，我给自己定的目标是做像刘胡兰、卓娅和舒拉那样的人，不仅仅是做一个唱戏的，而是要做表演艺术家。

郝彩凤的戏曲扮相

历经苦难不悔，以戏传递初心

我的从艺生涯还算比较顺利，没有经历什么大的挫折。我的启蒙老师是韩启民，他也是我丈夫的启蒙老师。1956年，我又跟着著名秦腔表演艺术家杨金凤学习戏曲表演，主攻青衣、小旦。

从艺60多年，我的戏路非常广，小旦、闺门旦、青衣行当都演过，正面、反面人物形象都演过，如现代戏的李双双、江姐、阿庆嫂，古典戏的大家闺秀、公主、皇后，贫穷的农妇、村姑也都演过。

我不是科班学生，在剧团只训练了半年，就开始随团演出。因为我质朴、好学、肯下苦功夫练基本功，老师、剧团领导都很喜欢我，就给我创造了很多上台表演的机会。当然，我现在是国家一级演员，演过很多有名的主角，但也不是一步登天地演主角的。从青衣龙套、配角到主角，我是一步一步走过来的。1954年进剧团，1955年在舞台上出演没有词的丫鬟、宫女、举旗的龙套角色，后来慢慢有一两句唱词，再后来给老师傅们搭戏。进剧团后我进步很快，1955年登台，1956年就担任一些戏的主角，受到领导的重视。比如《向阳川》《骆驼岭》这些戏，我师傅不是给我演婆婆就是演母亲。

著名秦腔表演艺术家、秦腔小生流派"任派"创始人任哲中跟我搭过十几台戏。任哲中开始演主角的时候，我在后面给他打旗，后来我们同台演戏，再后来跟他演对手戏，《周仁回府》我不是演他的嫂子就是演妻子。后来，我的很多戏都是跟他一起出演的，而且经常是对立的角色，比如《江姐》一戏中，我演江姐，他演甫志高。

现在很多戏迷说："我五六十年代就看你演戏。"说我是老艺人，但其实，我是跟着老艺人们一点一点在舞台上磨出来的。我最庆幸的是，虽然没有受过科班训练，但是我跟着这些老艺人、师傅们，实践经验比较多。在舞台上跑得多了，对舞台熟悉了，实践经验多了，成长起来就比较快。

戏曲是唱、做、念、打的艺术，以唱腔抒情，以表现情态的"做"叙述事件过程。过去的这些老秦腔艺术家生活在社会底层，在旧社会住过庙堂、牲口棚子，生活经历十分丰富，很质朴，能吃苦，生存和表演的环境条件都十分艰苦，能够通过慷慨激昂、悲壮、优美的声腔将这份情感传递出来，这也造就了秦腔最出名的苦音腔。这与京剧表演有很大的不同。京剧的大部分演出背景和故事几乎都发生在皇宫，而秦腔是扎根现实、扎根底层人民的生活，故事唱给普通人民听，也为劳苦大众演出。所以秦腔表达角色的悲壮、慷慨激昂的情感的苦音唱腔非常好听，是其他剧种达不到的。

这些老艺人历经旧社会的艰难困苦和战火纷飞，在新时代，更能体会到中国共产党的关怀和温暖，他们从来没有因为经历了一些挫折或者不公而怨恨时代和命运。他们也教会了我对我的学生、对社会一直秉承爱与感恩的原则。习近平主席提出"不忘初心，牢记使命"，我觉得再高的技术，没有好的思想基础，忘记了自己的艺德，迷失了自己的初心，都不会做出对党和人民有意义的事情。所以，我对自己的要求一直非常严格，也时刻用党的准则要求自己。

我加入剧团之后，从艺道路走得比较正。进剧团不到两年，就入了共青团（共产主义青年团简称）。20 世纪 70 年代入党，之后又当了十几年的党委委员。我曾经在陕西省戏曲研究院秦腔团做了 23 年的领导工作。

这可能跟我从小受到的培养有关。陕西省戏曲研究院马健翎院长经常教育我们："十年可以培养很多大学生，但是要培养一个优秀的艺术家是很难的。"艺术家首先要有艺德，其次才是演技。我有一个同事说："演员嘛，有什么了不起，只是唱个戏，又不是造出来原子弹，为国家做了多大贡献。"听了这话，我一开始有点接受不了，后来琢磨明白了，演员不仅是唱戏，更要为党和国家做宣传，这也是为国家做贡献。所以我们演员必须拥有良好的思想和深厚的职业功底。回顾我的演艺生涯，从龙套到主角，党和国家、我们的研究院、剧团都为我付出了很多的心血，给我很多支持，我才有了今天的成就。

为理想而牺牲，为艺术而奉献

"要奋斗总会有牺牲。"我始终记得我的理想：要成为一名优秀的秦腔表演艺术家。虽然艺术表演不必抛头颅洒热血，但是从艺者必须要有自己的理想，你想成为什么样的人，你就要为之有所牺牲、有所奉献。

我怀孕时还坚持演出，拿彩绸把肚子勒上，一直到 8 个月才下舞台。产假 56 天，我休了 40 天就随团演出了。我热爱这份事业，我要缩短我离开舞台的时间。我不能因生个小孩就一两年不上台。

个人事再大在大局面前也是小事，要服从工作的需要。我大妈去世的那天，我姐姐带着白孝来剧团，当时我正准备演出《李双双》。《李双双》是喜剧，我却遇见了这么大的一个悲事，我必须克制感情，保持情绪的饱满，不能哭坏嗓子。这就是我说的，要有奉献精神。不能因为自己的私事、自己的情绪影响表演，否则，对不起这个职业，也对不起观众。

20 世纪 90 年代，我在农村演《游西湖》的时候，吹火把自己的脸给燎了。第二天满脸的水泡，歇了 5 天，水泡下去后，伤疤还没好。团长说："戏没演完，还得再去演。"因为伤疤没好，开始仅在皮肤好的地方画油彩，最后索性全脸上妆。结果，演出结束就得了病毒性角膜炎，前后治疗了 4 次。又有一次，在演出场地，我把腿跌伤，内外缝了 17 针，在这种情况下，我也没耽误演出。

我一直认为艺术是血汗浇灌的。戏曲艺术就是神圣的殿堂。要达到艺术的高度，你必须练功，要流血流汗，不管酷暑严寒。

以前，家里没有吃喝的人才来唱戏，谋口饭吃；现在，我们是新文艺工作者。毛泽东同志提出"百花齐放，百家争鸣"，作为文艺工作者，我们担负着任务，要深入贯彻党的文艺方针路线，用戏剧形式传播社会正能量，树立我们的文化自信。

（文 / 路索）

注：2019 年 12 月，在本书撰稿阶段，郝彩凤老师因病去世，享年 80 岁。

贠恩凤
为人民而歌唱的一生

个人简介：

贠恩凤，女，1940年生，陕西西安人，祖籍陕西华阴。我国著名女高音歌唱家，国家一级演员，被誉为"黄土高原上的银铃"。中国音乐家协会理事、中国少数民族声乐学会理事、陕西省广播电视民族乐团名誉团长。曾获得全国五一劳动奖章、中国金唱片奖，并获全国先进工作者及中宣部授予的"时代楷模"等荣誉称号。先后师从郭兰英、王昆，形成"音质饱满清脆、吐字清晰、质朴感人、声情并茂"的独特演唱风格。

我这一生，与歌结缘，唱了一辈子。之前有人问我为什么总穿红衣服上台，我想说，因为红色的衣服明亮，也因为红色的热情，生活一天比一天好，正像我们的日子红红火火。

革命就是为人民服务

在我的印象中，我的母亲声音就非常好听。我七八岁就开始唱歌了，还经常在电台广播里唱歌。因为嗓子好，老师总让我上台带领大家唱歌，学校也经常安排我在校园广播上唱歌。大家都说我声音好，我慢慢也发现自己的声音确实不错。

真正让我开始歌唱生涯的是一位叫丁力的记者。有一年过六一儿童节，我上台唱歌，来采访的丁力听到了，她一回去就给广播文工团的团长余景儒介绍："余团长，东羊市小学有个女娃，唱得可好咧，有机会你留意下。"

1951年6月下旬，西安市举行全市中小学生歌咏比赛，余景儒团长是评委之一。当时，我领唱了《团结起来把账算》，余景儒听了之后就到后台找我，对我的老师说："这个娃娃我们要了。"那个时候我还不到12岁，不太明白"要了"是什么意思。回家后我跟母亲说，有一个地方要我。母亲也没反对，还跟我说："我娃是'瞎雀儿碰到好谷穗'。"半个多月后的一天，我在家门口的树上坐着，看到两个穿着灰布衣服的人走过来。他们问："负恩凤家在哪儿？"我赶紧说"就在这儿"，然后就从树上下来了。我跟着那两位同志走的时候，母亲给我带了一个小箱子，底下放了一个锅盔馍和一个碗。就这样，我加入了西北人民广播电台广播文工团。

到团里以后，团里的同志都比我大。他们看见一个十一二岁的小女孩都很惊讶。大家让我唱歌，我就唱了三四首歌。我的声音穿透力很强，我在前院儿唱，后院儿都能听到。团里当时就十一二个人，大家差不多都是初中或高中毕业生。我那时候还是孩子心性，待了一会儿就想回家，然后团长和其他人说："刚来怎么就想回去呢？你来了不能回的。你已经参加革命了。"我当时不懂什么叫革命，就问革命是个啥？他们说参加革命就是为人民服务。可以这么说，我小学刚毕业就接受了教育，知道了革命就是为人民服务。后来我又问为人民服务是什么意思，他们给我解释："你声音这么好，很多学校比赛就挑选你一个人。你在这儿好好学，你学得好，唱得好，咱们就要到外面去演出。给群众演出，群众一听这么好的声音，然后大家就很高兴，这就是为人民服务。"

受到团里同志们的影响，我终于安定了内心，开始学唱歌。我只有小学文化程度，连字都认不全，又怎么去演唱呢？团里就安排我们去学校学习。那段日子很辛苦。每天早上5：40开始上课，4：30就要起床，上两节课——语文和数学。如果早上没有上课，那就得晚上补上。早上7点一过就差不多要下课了，下课后吃早饭。吃完饭赶紧回团里，8点钟又要开始练声。每周只有星期六才能回家。

这种日子持续了两年。那个时候生活工作都很紧张，但是也都能够适应。不上课的时候，就得早上6：30开始政治学习。每周三的下午是文艺理论学习，就学毛主席《在延安文艺座谈会上的讲话》。这个是非常重要的，没有这个，也没有我的后来。因为"为人民服务"这五个字深深烙在我心里，使我受用终身。

幸得良伴，追随良师

到团里之后，我认识了孙韶，因为大家一起工作生活，我们就渐渐熟悉了。1954年，团里面要求学习戏曲，有四五个人被派去兰州的曲艺训练班，当时孙韶也在其中，他学的是单弦。兰州那个地方冬天很冷，当时又穷，穿得太少了，他在那儿得了气管炎。有一个给他伴奏的同志说："韶，我觉得你应该跟小负好，以后互相有个照应。"后来我们单位有一次大扫除，他拿着钢笔、墨水走进来，盖子没有盖紧，蓝墨水洒在了他的浅灰色衣服上。有一个同志看见了，对我说："小负，你赶紧给孙韶把衣服洗一下。"我给他洗了衣服以后，有一天，在一间办公室里，孙韶突然对我说："我想和你好，你要同意的话就点点头，不同意的话就摇头。"我就点点头，同意了。谈恋爱后，他考上了音乐学院，但是因为气管炎，不能唱了，改学作曲。1957年，我不到20岁，因为当时他的妈妈得了宫颈癌，急着让我们结婚，按习俗有冲喜的意思，我们就结婚了。后来，我婆婆活到了96岁，很多亲戚就说还是恩凤好。

1958年，郭兰英随中国歌剧舞剧院来西安巡回演出。当时西安在举行第一届红五月演唱会，我一般都是压轴独唱。有一天晚上，郭兰英老师没有演出安排，就过来看红五月演唱会。我不知道她在下面坐着，演出结束后，郭兰英老师就跑了上来把我抱住，夸我嗓子怎么这么好。第二天，我就正式拜郭兰英老师为师了。我俩的师生情有 60 多年。随后的几十年里，我在北京、西安的独唱音乐会都会邀请郭老师。我在中央电视台录制《艺术人生》时，已 85 岁高龄的郭老师欣然前来担当现场嘉宾，主持人朱军就问郭老师："您平时中午也不吃，还得睡觉，您今天咋一切都打乱了？"郭兰英老师就说："那是恩凤嘛，恩凤是我最好的学生，恩凤的事我能不管吗？"

1963 年，我又认识了王昆老师，那个时候她随中央文化工作队到渭南演出，我刚好也被派到渭南去学习。她住在一个农民家，我住在另外一个农民家，晚上我就给每一个小队教唱歌，并跟王昆老师学唱歌。

贠恩凤（左）下乡演出

周总理说：我要为人民服务，你要为人民歌唱

1965 年，中央人民广播艺术团民族乐团要出国演出，北京来人直接把我借调过去了。我们先后去了 4 个国家演出，回来后向周总理汇报演出。周总理和我距离很近，当我唱到《信天游唱给毛主席听》里面的"修起水渠打起堰，一群群牛羊满山窜"时，我看到总理手上打着拍子。大家唱完歌后就把凳子撤掉，搞了一个小舞会。我一听要跳舞就很紧张，因为我不太会跳。然后有演员邀请总理跳舞，总政歌舞团有人就问我："你咋不请总理跳舞呢？"我很紧张地说："不敢不敢，万一把总理脚踩了怎么办？"他们鼓励我，把我推到总理面前。我大胆地对总理说："总理，我想请您跳舞。"总理就说："好啊！"然后站起来，他跟我说："你叫贠恩凤，你的名字有一个'恩'字，我的名字也有一个'恩'。我要为人民服务，你要为人民歌唱。刚才你民歌唱得很好，人民是喜欢民歌的，以后你要多唱民歌。"听到总理这一席话，我心里很激动，赶紧就把总理对我说的那几句话记下来。

总理的话对我影响很大，指引了我这一生的工作。我觉得，为人民服务，就是为人民歌唱；为人民歌唱，也就是为人民服务。

改革开放给文艺界带来春天。1980 年，我先后在西安、洛阳、北京、上海的部队、工厂、学校、机关举办独唱音乐会 50 余场次，最多一晚上演唱 38 首歌。1986 年，按照中共中央办公厅安排，我在中南海怀仁堂举办了个人独唱音乐会。我常年到基层演出，群众老远看到我就亲切地打招呼。所以你为群众付出了多少，群众都会牢记。

2006 年，我退休了，但比过去更忙。我主动联系，经常到基层演出，只要群众喜欢、需要，就为他们演唱。对于人民群众，我是非常尊敬的，我跟我的学生说，一定要到农村去，到基层去，一去你就知道，群众是多么的需要文化、需要艺术，我们应该为群众更好地服务，和群众在一起，永远不脱离群众。群众就是我的艺术之根。

（文 / 张静）

李星
做个好人，当个好编辑

个人简介：

　　李星，男，1944 年生，陕西兴平人。1969 年毕业于中国人民大学中文系文艺理论专业。历任《陕西文艺》编辑，《延河》编辑，《小说评论》编辑、主编，茅盾文学奖评委，中国小说学会副会长。著有《读书漫笔》《书海漫笔》《李星文集》等近 200 万字的文艺理论及批评著作。曾获中国当代文学研究优秀成果奖、陕西省作协 505 文学奖、中宣部五个一工程奖等奖项，并获中共陕西省委省政府授予的"德艺双馨文艺工作者"称号。

　　编辑之所以成为我一生的职业和事业，或许是命运的偶然和必然。引以为自豪的是，在几十年的编辑工作中，我从来不曾利欲熏心，从来都不忘公平、正直、认真、负责这些做人之本。

从小就有文学梦，经历退稿仍初心不变

我生于1944年，老家在陕西兴平。幼年时，家境很贫寒，我自己也体弱多病。家族里面上溯五代没有一个念过书的人，父亲也只认识自己的名字。1953年，我9岁，开始上学，当时家里人也没觉得上学这件事有多么重要。记得上一年级时，因为家里穷，到了冬天，我只能穿着母亲做的已经磨破了鞋底的旧鞋去上学，脚后跟因此都冻伤了。所幸，我小时候还是有些小聪明，那些课捎带着就学了。考试时间是一个半小时，我半个小时就答完了，跑到操场上去打板羽球。上小学五年级时，我写的一篇作文获得了当时的班主任兼语文老师淡泊先生很高的评价，老师用红笔批注了"对照鲜明，故事生动"，给我打了5分。因为我作文写得好，老师就很器重我，上课提问时经常叫我回答，尤其是在有外人听讲的示范教学的课堂上。

记得有一次，我感冒发烧，脸色发白，还呕吐，他就把我扶到了他的宿舍休息，他自己在渭河滩挖芦根，给我熬水喝。我看到他的书桌上有一个铁夹子，上面排满了书，其中有一本著名作家杜鹏程写的《保卫延安》。我求他借给我拿回家去看，他慷慨地答应了。这对于当时求知若渴的我，就像禾苗遇上了甘霖。我如饥似渴，当晚就借着煤油灯的光，躺在土坯炕上，头枕着砖头，看了起来。不到3天时间，我就读完了这部20多万字的长篇小说。当我把小说还给老师的时候，他都惊讶了，说："你真的读完啦？"我说："老师，我读完了。不信，我给您背诵一段？"我就背了书中一段很经典的文字——政治委员李诚和主人公周大勇的对话。老师大吃一惊，之后就跟校长汇报了。于是，我勤于阅读又十分聪明的消息就在全校传开了，之后学校开展各类队日活动时，就让我给大家朗读书上的故事。我印象很深刻的一篇童话故事是《大拇指的故事》。

从那时起，在淡泊先生的熏陶下，我喜欢语文课，特别爱上作文课。有点天赋，再加上勤奋，我也想着有朝一日能写小说。那个时候，文学梦想就已经深深种在我的心里。

1959年，我被保送到了兴平市南郊高级中学，这让我的文学梦想有了破土出芽的可能。有一次，我写了一篇作文，语文老师张文捷大加赞赏，让我把它投寄到《延河》杂志。当时杂志社还在西安建国路 71 号。第一次投稿，我诚惶诚恐，心情还是很矛盾和焦虑的。我把我的文章用废报纸卷好，外面再用白纸包起来，在邮局柜台盖了"邮资总付"的邮戳，硬是捏扁塞进了邮筒。当时是春天，等啊等啊，一直等到了暑假。一天晚饭前，我们大队长（我喊叔父的）让人来喊我，说让我去一下。他以为我又胡写东西告谁的状，我到大队部时，信都被他拆开了，我看到了一份铅印的退稿信，尽管有一种失落感，但是我心中的文学梦想却没有因此被浇灭，反而更加坚定了要走这条路的决心。

1964 年 6 月，我在咸阳道北铁中参加了全国统一高考，被中国人民大学录取，在文学系读文艺理论专业。大学毕业后，1971 年被分配到文化系统，工作就是在接待室值班接电话、接待到访来客。1973 年，我调入陕西省文艺创作研究室，开始了真正的文学生涯。当时研究室正在筹办《陕西文艺》杂志，我本想去小说组，这对我的文学创作会有很大的帮助，但是，副主编贺抒玉找我谈话说："咱们评论组缺人，你是文艺理论专业毕业的，就到评论组干着。"这样，我就去了评论组。我不仅看评论稿子，还自己写评论，一步步走进了文学评论行当。我印象深刻的评论有两篇：《评高晓声短篇小说〈李顺大造屋〉》《对王汶石短篇小说思想和艺术成就的再认识》。

真的要感谢共和国，让我有学上；感谢新时代，让文学有了新的发展。1974 年上映的电影《创业》及盛传的毛泽东主席的批示，可以说是文学艺术改革开放报春的燕子，文化艺术事业开始逐步恢复。我正是在这个阶段，走上了文学编辑、评论的工作岗位。

1975 年，我开始担任老文艺评论家胡采任主编的《小说评论》杂志的副主编，并开始了以陕西作家、作品为主要对象的文学评论文章的写作。正是因为评论工作，我结识了路遥、陈忠实、贾平凹、高建群、叶广芩等一批优秀作家，并知道了他们走上文学创作道路的艰难经历。与此同时，我自己也开始了真正的文学评论创作。路遥曾经对我说过，文学编辑不写稿子要被人看不起。20 世纪 80 年代初期的陕西文学界也真正开始重视作家的写作能力和业务水平了，这就进一步促使我写作，不断地钻研业务。写文艺评论的前提是自己必须要大量地、认真地进行文本阅读，在阅读的基础上才能对作品有整体的准确的把握。我爱阅读，一个字一个字地往下"吃"，"吃"的同时还要品味和消化，《华商报》

曾经以"吃"为题发表了对我的专访。

因为我还有点思想，读的书比较多，就引起了单位领导的重视，1978年单位分家，我又破例进入了新恢复的陕西省作家协会。这都是改革开放带给我的机遇。

编辑生涯50载，见证陕西文学发展

回首陕西文学这些年的发展和编辑工作的变化，我觉得创作的路子是越来越宽了，创作的自由程度越来越高。我曾经公开发表过一篇文章《从人的解放到文学的解放》，正因为改革开放解放了人，才解放了人写的文学，要求我们在写作上要有自己的艺术个性和生活、生命体验。新时期以来，我所经历的文学阶段有伤痕文学阶段、反思文学阶段、改革文学阶段，再到20世纪80年代的寻根文学等，越往后越没有特定的阶段要求和定义，文学真正地回归到文学本身，这是社会不断进步和发展的结果。

我已经退休多年了。有一次去陕西省作家协会办事，碰见了迎面走来的女作家周瑄璞，我问她："瑄璞，你干啥？"她说："李老师，我上班呀。"我顿时想起了唐代诗人刘禹锡诗中的一句："玄都观里桃千树，尽是刘郎去后栽。"她是我的一个学生，之前是业余作家，现在调到作协，成了专业作家，而此时的我却成了客人。对我个人来说，当然是很感伤的事情。现在我已经是一个老人了，偶尔挣扎着还能写点东西。世界上谁离开谁都能行，现在，新作家、新编辑，年轻的一代已经上来了，可谓是新人辈出。

回想我的文学生涯，从1973年3月初进入陕西省文艺创作研究室，从登记来稿、写千篇一律的格式化的退稿信到走上文学编辑岗位，职称由编辑、副编审到编审，职务由见习编辑、副主编到主编，直至退休，我对阅读的坚持、对文学的热情从来没有变过。

在做人方面，我始终老老实实，不投机取巧。对待日常工作不好高骛远，踏踏实实，一步一个脚印。比如当编辑，如果我不读书不好好学习，不练习写作不继续进步，就像路遥说的，当编辑就会没有威信，也不会成为文学评论家。对于一般人来说，阅读可以开阔你的眼界，使你了解人生；对于编辑来说，更要阅读，要读丰富自身修养的书和与编辑行业相关的书。只有当你的业务能力上去了，你的个人价值才能提高。我一直都在阅读，在奋斗着，从来没有松懈。看见楼下的老人在悠闲地散步，我羡慕得不得了，心想啥时候我也能不用学习了。尽管现在没有人逼着我，但是阅读已经成为我的一种习惯，从未敢懈怠。

2019年3月15日，我获得了由中国作家出版集团颁发的"致敬·资深编辑"奖，证明我的编辑工作得到了善果。我在获奖感言里这样说："我要感谢主办方，让我这个已经开始走向生命日落时光的老人，迎来了意料之外的事业的收获、职业的光荣、人生的辉煌。"我参与构思并曾经主导的《小说评论》杂志至今仍然在中国文坛屹立不倒。这个杂志犹在的栏目《小说家档案》也是我最得意的构思。我始终认为，在杂志一线主持全面工作的我，知识和能力是不够完整、合格的。在处理稿件、创设栏目甚至把握它的方向方面，我还比较自信，我的弱项在于经营能力不足。因此，有段时期，我曾经一筹莫展，陷入困境。但是我也欣喜地看到，现今社会，尤其是20世纪90年代以来，陕西文化环境的宽松、政策的支持与文学界后辈的努力和拼搏。

作为一个老编辑、文艺评论工作者，在新时代更要有艺术责任和社会担当，不仅要对文学艺术有强烈的使命感，更要对广大读者负有更多的责任感。要发现和鼓励文艺创新，倾听大众，服务大众；要站在新时代文化发展的前沿，为陕西文学的发展不断做出力所能及的贡献！

（文／郭知凡，图／戴吉坤）

王西京
中国画时代复兴的推动者

个人简介：

　　王西京，男，1946 年生，陕西西安人。国家一级美术师，"长安画派"代表人物。现任中国美术家协会理事、陕西省美术家协会主席、西安中国画院院长、西安市美术家协会主席等。我国当代画坛成就卓著、在海内外享有盛誉的艺术家，国家级有突出贡献专家，荣获"中国时代先锋人物""第四届中国改革十大最具影响力新锐人物""陕西省红旗人物""陕西省行业领军人物""陕西省优秀共产党专家""劳动模范"等光荣称号。

　　中国画是一个庞大的艺术体系，以儒释道为哲学基础，以书为骨，以诗为魂，画家对中国的理学、美学、文学都要通。中国画表现出来的是山水、花鸟、人物，而背后是强大的文化根基。中国画到最后，画的是一种修养、一种精神、一种境界。中国画永远会走在世界前列，因为没有一种艺术有如此深厚的文化积淀。

求学之路

我出生于西安一个普通的工人家庭，不是书香门第，也没有家学渊源。幸好，这是在西安，这座拥有千年历史的文化古城将深厚的文化积淀公平地赋予城市里的每一个人，而少年时的我近乎贪婪地吸收着这一切。

我从小就充满对绘画的热爱。西安人杰地灵，画家辈出，我的老师经常带着一群爱画画的孩子到画家工作室，与画家面对面交流。渐渐地，老师发现了我在绘画方面的才华，跟随老师的指引，我也逐渐把爱好变为坚定的志向。

在我十一二岁的时候，一位名叫余正常的画家从中央美术学院毕业，他到西安一个文化馆工作并举办自己的个展。我每天都去看，不仅看，还临摹。展览最后一天，临近闭馆，我还在展厅。余正常走过来拍了拍我的肩膀，问："你知道这个展览是谁的吗？"我吓了一跳，说："我知道，是余老师的。"他当时一边翻看我的一摞画稿，一边说："我就是余正常。我已经观察你一周了，你每天都来，非常有心。"我尽管看了一周展览，却是第一次见到画家本人，我赶紧站起来鞠了一躬。

从那以后，余正常老师经常让我去他的画室，毫无保留地教给我中国画的历史、发展、演变，以及画论和中国画基本的笔墨技法，并带着我拜访西安美术界的前辈。

在那个年代，师生之间是以中国传统的师道维系着纯粹的关系。我家境不好，学画是一件奢侈的事情，单购买笔墨纸砚就是一笔不小的开支。余老师就把他自己的宣纸、笔墨给我，让我每天临摹三张《芥子园画谱》上的东西，这是他给我的作业。

1962年，我16岁，初中毕业。命运的转折可能就在一瞬间，我升学进入西安美术学院附属中学的过程，可谓惊心动魄48小时。

那年暑假，西安美术学院附属中学的招生通知来得很晚。通知到我所在的初中时，学生都已经放假回家了。邮递员把招生通知往学校的信箱里一放就走了。幸好，班上一个同学在一天早上取信时，发现了招生通知。她第一时间就想到了我，因为当时我在学校画画很出名，大家都觉得我不去这个学校太可惜了。

但是，那会儿我在西安的纺织城工地上打工挣学费。那片工地离家 30 多里路，我吃住都在那里，要一个月后才回家。我的这个同学拿着通知一大早找到我家，发现我妈妈也联系不到我，就说："那我骑自行车找他去。"她下午才赶到纺织城。当年纺织城有 5 个厂都在建设中，工地上人山人海，没人会记得一个打工学生的名字，她就只能挨个儿找。找到天黑，终于在四厂的工地上找到了我，当时我正拉着水泥，满身灰。一看通知，第二天就是报名截止日期，我连夜赶回家，准备作品和简历。

当天中午 12 点截止报名，我在 10 点赶到报名点，却发现招生办已经收工。一问，得知只报 400 人，名额已满，招生组已经准备回校。我当时觉得遭遇了人生第一次重大挫折。犹豫片刻，我决定拼一拼，便贸然去找负责招生的老师——胡明。

我见到胡明老师后，深深鞠了一躬，叫了声"老师"，就看见胡老师愣了一下。我便赶紧介绍自己："我是一个考生，刚刚接到通知，连夜准备了作品，可是赶到这里才发现报名已经结束了。我就想让您看看我的画，如果您觉得可以，能不能给我个机会？如果不行，我也就放弃了。"胡明老师看了我一会儿，说："行，打开吧。"然后，我就在马路上摊开了自己的画。他看了一会儿后说："给他拿一张表。"就是这六个字改变了我的人生轨迹。

后来，胡明还成了我的班主任。可以说，我一进附中就"冒了尖"，我的画画得比学校其他的学生都好。

现在想想，这些事仿佛就发生在昨天。我感谢余老师、胡老师，感谢那位给我送通知的同学。

1966 年，我考上西安美术学院，大学录取通知书已经寄到了家中，但"文化大革命"使我学业中断。人生的磨难，有时候会打垮一个人，有时候却像筛选器，能历练出一个大写的人。

报社生涯

　　两年后，我被分配到工厂工作，成为一名最基层的工人，干过水工、电工等各种工种，画画似乎成了遥不可及的梦想。但业余时间，我没有停笔，坚持给《西安日报》投稿，有写有画，一投一个准，这是当时生活中最大的乐趣与慰藉。

　　1968 年，我 22 岁。西安日报社复刊，倡导工人办报，要从基层工人中选拔人才。我从工厂调入报社工作，一干就是 18 年。正是这 18 年的报社工作经历为我创作中国画打下了扎实的基础。那个年代做报纸，没有电脑排版、电脑制图，全是手工，插图也得手绘。排完版面文字，配图就是我的工作。晚上 7 点多才知道版面什么样，11 点就要交稿。只有 3 个多小时的时间，要完成三到四张插图，还不能随便画，因为这是要印 40 万份，第二天撒满全城的。

　　一幅画的创作时间只有 40 分钟，还包括看稿子的时间，就跟考试一样。我一开始还拿着铅笔打草稿，后来熟练了，就能不打草稿直接拿毛笔画。天天如此，这是新闻界对一个画家成长的磨炼。中国画讲究胸有成竹，这个底子我打得非常好。当时还经常要去第一现场画速写，画家当摄影记者用，体育比赛、文艺演出、劳动车间、建设工地，我一边看，一边就画出来了。年年如此，可以说，

王西京 2010 年绘画作品《壶口揽胜》

这样的经历，在画家行业里独我一份。

对于速度和质量的双重要求，严格锻炼了我的造型能力和观察能力，逼着我的眼睛要像照相机一样，"收集"生活的方方面面。工人有电工、锻工、水工，农民有犁地的、播种的、收割的，街上的卡车、轿车、三轮车、自行车……看一眼就记住了，这样，遇到要画什么时，我就能不慌不忙地"默写"出来。

新闻工作异常繁重，但是，当时我有一个信念——不能让自己闲下来，不能让自己产生惰性。年轻人面对的诱惑很多，唱歌、跳舞、打牌、打球……我就想了一个办法，主动给自己加码，接出版社的任务，出版社有截稿日期，不完成不行。我用这种办法给自己压任务，在有限的业余时间创作过 20 多套连环画，还一度在全国都画出了名气，创作了描写东北孩子抓特务的《林中响箭》、表现抗战的《渡口小艄公》、民间故事《牧童阿扎提》、英雄人物《孙天柱》及《毛主席在延安的故事》等。

一方水土

1983 年，我当选为西安市美术家协会的主席，当时，已近不惑之年。我产生了一个困惑，画是画得越来越好，那下一步该怎么走？

1986 年，我做出人生中一个重大的决定——离开干了 18 年的报社，创建西安中国画院。如果以 40 岁为分界，40 岁之前的我只想画好自己的中国画，但是，40 岁以后，我要让陕西画家走向中国，让中国画走向世界。

2012 年，在我担任第四届陕西省美术协会主席期间，主席团策划并组织了"长安精神国际作品巡回展"，由我带领整个创作团队沿着丝绸之路，走遍了 20 多个国家和地区。

从 2016 年起，在我的带领下，从一人参展到率团参展，陕西画家代表团每年都受邀参加巴黎秋季艺术沙龙。巴黎秋季艺术沙龙展始于 20 世纪初，由著名雕塑家罗丹、画家雷诺阿等人倡导创办，代表着法国学院派艺术的优秀传统，以审查严格著称。高更、塞尚、马蒂斯、莫奈、毕加索等载入世界艺术史的著名画家都曾参展。但是，近百年来，中国画家只有赵无极、朱德群、吴冠中等少数人代表东方艺术跻身大展，以团队形式参展的几无先例。我当时想，我要打破西方美术界对中国画几乎等同于"洛阳牡丹"的固有印象，我们要把中国画从精神到技法都不断推向极致，用创新的技法表现贴近性的题材。我和我的团队创作的以"丝路风情"为主题的作品，吸引了来自世界的目光。

2018 年，我获得法国秋季艺术沙龙终身会员成就奖、中法杰出文化使者贡献奖、法国巴黎荣誉市民勋章三大奖项。在巴黎秋季艺术沙龙百年历史上，我是唯一一位同时获此三项殊荣的中国艺术家。2019 年，在我的策划组织下，"巴黎秋季沙龙西安春季展"来到西安，并落户西安。西安和巴黎，两个文化名城第一次以这样的方式相遇。

我虽然现在拥有各种头衔与职务，但一直没有停下过画笔。

中国画分为山水、花鸟、人物，而我从一开始就喜欢画人物。人物画和人的交流是直接的，能直接传达人的情感。中华民族历经几千年生生不息，这个伟大而多难的民族，凭什么将文化一脉相传？我认为，这与民族精神有关。这种精神通过人物的品节、风容、风骨表现出来——人物画传的就是这样一种精神。

我迄今已经画了 400 多位民族精英，有政治家、哲学家、军事家、科学家、艺术家、作家等。画人物画要与不同人物的心灵去沟通，就要用不同的表现手法和不同的情感体验。

比如，同样是诗人，李白和杜甫就是两种性格，一个是自由奔放的浪漫主义，一个是忧国忧民的现实主义，所以前者画得豪放，后者要画出沧桑；同样是女性，李清照和杨玉环不一样，李清照有一种家国忧患的气质，我画的时候往往给她鬓角带点白发，而杨玉环则更多地呈现了盛唐文化的自信与高贵；同样是小说家，蒲松龄和曹雪芹也不一样，二者都在写梦，一个是写梦的达成，一个是写梦的破灭，异曲同工，都表达了对没落封建制度下知识分子命运不济的深切体会与同情。

总之，画人画的是思想，是精神。画一个人，不是画他本身，而是画他所代表的人群，同时也是画自己。

要得其神，我的经验是，要先读懂他的作品。我画得最多的人物之一是清代文人郑板桥。他是一个清官，在潍坊为官时，为老百姓办了不少好事，有名句"衙斋卧听萧萧竹，疑是民间疾苦声"。画他，就不能用太多颜色，因为他为官清廉，两袖清风。画郑板桥，是在画中国的士，是在画中国知识分子的一种风骨精神。而你画他，说明你也崇尚这样一种精神，你在与历史人物对话。

西安这座城市，衡量时间的单位动辄是千年，过于浩大的历史感有时反倒让个人有些不知所措。毕竟，人生短短几个秋。

尽管我早已不是当年那个买不起笔墨纸砚的小男孩了，但对西安的感情、对故土的眷恋，让我从来没想过离开这里。作为本土美术工作者、土生土长的西安人，从学生时代到工作再到现在，我都没有离开过这座城市。一方水土养一方人，一方水土养一方美术家。我的成长离不开这座优秀的古城，离不开我脚下这片黄土地，更离不开长安文化精神的传承。

作为十三朝古都，西安的历史太深厚。我觉得，如果把中华民族比作一棵大树，树冠就是深圳、上海，树身就是北京、南京，而树根就是西安。

人民大会堂"金色大厅"的南墙面上，悬挂着我历时7个月创作的宏构巨制《黄河·母亲河》。当时我接到任务，第一反应就是我要画的是大国的文化气象。后来，在为这幅画举办的学术研讨会上，与会专家说，这样的画只有陕西画家画得出来。

我生长在陕西，我热爱这里。我相信，我深受她的影响。至今，当我漫步在关中的原野上，在那呼啸着的夜风里，在一座座气象恢宏的汉唐帝王陵阙下，历史的力量、历史的辉煌、历史的荣耀，都在强烈地呼唤着我。衷心感激这块神圣的沃土。

（文／王西京）

刘可风
回忆人民艺术家柳青

个人简介：

刘可风，女，1945年生，陕西吴堡人。柳青之女。曾任陕西科学技术出版社编辑，2001年退休后，专心创作《柳青传》。

我永远忘不掉父亲生前绝望地对我说的那句话："我的书是写不完了！"从父亲离开我的那一刻，我就坚定不移地认定我的未来必须完成一件事——把他的遗憾落在纸上。我希望把父亲的一生，包括最后的困惑和不为人知的一面告诉人们！

为弥补父亲的遗憾，决心创作《柳青传》

由于家庭原因，以前我与父亲柳青比较疏远，对父亲的了解也比较少。我对父亲最深刻的记忆是他教我写作。小时候，我对写作一窍不通，他出了题目让我作文，但我并不懂得怎样认真构思就唰唰下笔了。父亲看过后，就逐字逐句耐心给我分析和讲解，他希望我在写作方面快速进步，拳拳之心，溢于言表，真是恨铁不成钢呀！

1970 年，我从北京大学无线电电子学系毕业后，来到父亲身边，陪他度过了生命的最后 9 年。通过 9 年的日夜交谈，我了解了父亲的人生经历、父亲的思想以及那些很少对儿女提及的往事。在与父亲朝夕相伴的岁月里，他也曾略带失望，但更多的是激励式地对我说："女儿呀！你长了我的头脑，血管里流了我的血，但没有我的精神！"他要求我在克服缺点、决心行动时对自己要"狠"。

父亲直到去世前的几个月还在写作。他修改了《创业史》第二部的前 14 章，有的章节还重写了。但是，他知道自己的时间已经不多，无法完成这个作品。一部没能全部完成的文学作品，也不能系统呈现他的完整思想。那一刻，看到病情危重而心愿未尽的父亲，我决心用我的笔，把他的遗憾落在纸上。

1978 年，父亲溘然长逝。他去世后，我就着手搜集资料。1978 年至 1979 年，我把他一生走过的地方都走了一遍，把能采访的人都采访了一遍。我走访了父亲各个时期接触过的人，包括他的同事、上下级，以及陕西米脂县和长安县（今西安市长安区）的各级干部、村民、亲友等，其中，《创业史》主人公梁生宝的原型王家斌是我的重点采访对象。我经常去他家，最长住过一个月，聊过去的事情。他身上有很多普通农民不具备的东西，他不识字，但非常稳重，说话和思考问题细致全面，很有分寸，常让人感动。1990 年 6 月 13 日，王家斌去世。他和我父亲是同一天同一个时辰走的，这样的巧合让人们惊异。

我虽然收集了很多资料，但我觉得当时的主客观条件都不允许我开始写作。因为那时我还年轻，文字水平不高，对父亲一生的认识也不深；又因 20 世纪 80 年代的农业政策变了，我觉得要对一些历史现象进行长期细致的观察，才有可能认识客观规律。此外，我是理科出身，从事科技出版工作，短时间从逻辑思维转变成形象思维比较困难；编辑工作细碎而繁重，而我无论上班时还是下班后常常有工作，抽不出多少时间。

于是，我把写作父亲传记的希望寄托到退休后。虽然我日日夜夜都记挂着这件事，但 2001 年真的退休后，却胆怯得不敢拿起笔，一点自信也没有，焦急和畏惧与日俱增。进入 2003 年，我更担忧岁月催人老，这才下决心拿起了一生都敬畏的笔，开始按时间顺序写有关父亲的往事，很多时候，我流着眼泪彻夜写作。

到 2005 年，虽然断断续续写了一大堆，但这一稿仅仅把记忆召唤回来了。就在不知写作怎样进行下去的时候，我想起父亲曾将在苏联访问时从马马耶夫岗索要的一块第二次世界大战遗留下来的碎弹片送给了我，并且对我说："没有千锤百炼，你就是一块废铁！没有钢铁般的意志，你会一事无成！"

2006 年，我下了狠心，度过了月夜中写作、日出后休息的三年，写出了有章有节的一稿。此后的几年，又系统修改了两三遍。2012 年初，我觉得可以定稿了，同时接受专业人士的建议继续做最后的润色。2015 年，出版社的编辑调整了全书结构，加工了文字，使书稿质量得到显著提高，终于可以奉献给读者了。

为民而作，父亲与他的《创业史》

父亲曾在中国共产党成立 40 周年之际写下三愿："永远不脱离人民，不脱离实际，不脱离生活。用自己亲眼观察的材料做研究社会和创造艺术的基础，间接的材料仅仅作为参考。"

父亲如此想，也如此实践。中华人民共和国成立后，他参加了《中国青年报》的创办，本来可以留在北京，但他的文学实践使他认识到：要搞文学，必须到自己的写作对象中去，同他们一起生活、一起工作，才能深入地了解他们、深刻地反映他们。他要写的是农村题材，当时中国还是个传统的农业大国，反映 1949 年 10 月后农村的巨大变化是他的奋斗目标，所以，他离开了北京，到

刘可风在撰写书稿

陕西省西安市长安县（今西安市长安区）皇甫村安家落户。1952 年到 1954 年，父亲写了 40 多万字的东西，其中包括一部小说，主题是反映农民出身的老干部在新形势下面临的新问题、新心理和新表现。这部小说共 7 万多字，当时没有发表，父亲去世前让我保存，嘱咐如有可能可以发表。而除这部小说外的其余文字，可能就属于他说的艺术表现手法没有明显的提高，都付之一炬了。

父亲的作品人物生动鲜活，事件都来源于真实的生活，用人物形象展现了时代风貌。他的这种能力，主要来自他长年累月地深入生活，这不是去一个地方住三五天就能获得的。他深入农村生活 14 年，当时被认为是很平常的一件事，并没有觉得有什么特别。但现在回过头来看，无论是在当时还是在现在，这种做法的确有一定的社会意义。父亲的农民化源于两个方面：一方面，他出生于农村，一生大部分时间都和农民在一起，写的基本上都是农村题材的作品，所以，融入农民的这种感情和行为是很自然的；另一方面，他的生活经历过巨大变化，进了城，出过国，当他再回到农村时，为了能够和农民融合，使他们和自己相处得亲密无间，什么都愿意和自己交流，又有一个主动转变的过程。14年农村生活，是要吃很多苦的，但父亲坚持下来了。有一次，文化部（今文化和旅游部）的领导问他，老作家对于培养新作家有什么经验可以传授？他说有两方面：一方面要一丝不苟地写好自己的作品，给青年作家提供可以学习借鉴的东西；另一方面，老作家在深入生活上也要给年轻人做出榜样。

父亲曾说："从日常的、实际的生活中和工作中，能体会出伟大的意义，这样的人才能够创造出奇迹。把生活只当作活着的必要条件，把劳动只当作为了吃和穿，这是普通人。能够从日常的、琐细的生活中体会出伟大的意义的人，永远是少数。这样的人，总是时代精神的体现者。"

《创业史》是父亲呕心沥血倾全部精力所作。近60年来，《创业史》在中国文学史中起起落落、经久未沉。从20世纪到21世纪，它更是经历了从一元独尊到多元交互的变革。虽然每个时代的审美标准、评价倾向不尽相同，各种负面评价也曾不绝于耳，但正如美国著名文学理论家韦勒克所说："一件艺术品的全部意义，是不能仅仅以其作者和作者的同时代人的看法来界定的。它是一个累积过程的结果，亦即历代的无数读者对此作品批评过程的结果。"

《创业史》的当代意义和成就，首先在于生动地展示出了中华人民共和国成立初期的历史风貌。其次，《创业史》还塑造了立场鲜明、各具个性特色的人物众生相，展示出中华人民共和国成立之初中国底层民众的思想状况。父亲在写作《创业史》的时候坚持着自己的一贯主张，即"人物是中心，写人的发展，人与人的关系，矛盾斗争"。《创业史》就是按照人物性格的艺术冲突安排情节的，主要以同一时空下几组人物思想意识的交锋来表现主题，人物几乎囊括了农村各个阶级、阶层的典型，情节也由父子矛盾、家庭矛盾、互助组内部矛盾、党内矛盾等多种变换发展着的矛盾冲突逐层推进。最后，父亲在《创业史》写作的艺术手法上也进行了探求。父亲生活的时代留给作家发挥的余地非常有限，要在固定的题材下实现艺术上的突破十分不易，但是，他在时代的夹缝中达到了艺术上的最高水准。惊醒式的独白是《创业史》有别于十七年文学的一个显著特点，它使文本不再只是单纯地讲故事，而是将叙事、抒情、议论有机地结合起来，并且把作者自己变成人物，用人物的心理、思想和感情展示情节，使读者产生强烈的代入感。

父亲的人格魅力

　　写作的时候，父亲是一位严谨、专注的作家；摘了眼镜，父亲又完全是一副农民模样，处处节俭，东西修修补补，他都舍不得扔。父亲每月工资 220 元，要养活在长安的 5 个儿女、在北京读书的两个儿女，要供养岳母、我姨（指柳青的妻子马葳）以及她的两个妹妹和一个弟弟，要供一个本家侄子上学，还请了本村的"二姐"照料日常家务。

　　在家庭经济不是很宽裕的情况下，1960 年 4 月，父亲将《创业史》第一部的稿酬 16065 元全部捐给长安县王曲人民公社做工业基建费用；1961 年开始写《创业史》第二部时，他向中国青年出版社预支 5500 元稿费，为皇甫村支付高压电线、电杆费用；生产队买不起骡子，他给了 800 元；生产队有人来借钱，只要提出来，他没有拒绝过。在抗美援朝时期，他给团中央捐款，这事以前家里人不知道，还是后来广播连播柳青生平，当时帮他把钱送给团中央的人受访，大家才知道的。

　　记得《创业史》稿费捐出时，有人建议父亲给自己留一些，他说："我写书并不是为了自己。农民把收获的粮食交给国家，我也应该把自己的劳动所得交给国家。"有人劝他："你这么一堆娃娃，多少也给娃们留些。"他说："娃们将来要靠自己劳动养活自己，他们大了要给社会做贡献，给国家创造财富。我把钱留下，他们就不想努力工作和学习了，就想靠着先人活着。"

　　父亲的一生伴随着 20 世纪的民族解放斗争和社会主义建设走过，他的生活经历与那个时代紧密相连。他是个职业作家，是个一生研究中国农村、农业和农民的作家，也是名副其实的真正深入农民生活的人民作家。他曾说："这个世界上如果只有享受和奉献，我选择奉献。"他是这么说的，也是这么做的，为了国家的富强、人民的幸福，他奉献了自己的一生。

（文 / 路索）

芦苇
编剧人生见证西影辉煌

个人简介:

  芦苇,男,1950 年生,陕西西安人。1976 年进入西安电影制片厂。现任西部电影集团编剧、导演,中国影协理事,国家一级编剧,见证了西影的辉煌和中国电影的崛起。

  1976 年我进入西安电影制片厂(以下简称"西影厂"),原本做的是美工,但因为时任厂长吴天明鼓励集体创作,我就被机遇一点点推着当了编剧,这可能就是命运的安排。我在西影厂待了 43 个年头,见证过西影厂的辉煌,看到当时还年轻的第五代导演如何被吸引来拍片,大家如何众志成城拍出好电影。我也看到如今的西影厂正秉承吴天明的精神,要开创一个新时代。

书籍是我一生的老师

其实，我小时候学习并不好，但喜欢读书，家里有点好书，很快就被看完了。父亲所在的机关西北局有一个图书馆，是过去西北党校遗留下来的，里面藏书丰富。我真正的学校就是那个图书馆。当时我把所有的精力都集中于从图书馆借书看，但现在想想主要看的是文学经典。我15岁就把《苔丝》《静静的顿河》看完了，也开始读契诃夫的小说。从那时起，书籍成为我一生的老师。后来，得知我成为编剧，老师们都很惊讶，"芦苇不是留级生吗，怎么还能当编剧？"我想我和其他学生不一样，老师们可能也没教过我这样的学生。

阅读经典的好处就是慢慢地读出门道，知道什么是好书，什么是坏书。我没有统计过，但当时我的阅读量是惊人的。我把高尔基所有的书都看完了，包括最难懂的《克里姆·萨姆金的一生》。18岁的时候我迷上了契诃夫，下乡的时候我带了一箱子他的书，那是当时一家出版社出版的最早版本，一套20多本，我有其中的十几本。这套书成为我当时的精神慰藉，苦恼、劳累、饥饿、困顿的时候，我都是通过读契诃夫的书得到心灵的慰藉。

我的爱好非常多，和阅读一起养成的习惯是坚持写日记，你看我屋里成箱成箱的都是日记。每看到一部好小说、一部好电影，我都会写一点读后感和分析。另一个爱好是绘画，我从小画国画、油画，但没有正式老师，都是朋友在教。我还是戏曲发烧友、音乐发烧友。可以说，我最初的梦想是当一名画家，编剧并不在人生目标里面。但当初没有抱功利之心的这些爱好刚好成全了我，在后来的编剧生涯中都用上了。

机缘巧合下成为编剧

进西影厂工作之后我的想法很简单，既然进入这个行业，就要成为一名合格的、称职的专业工作者，于是自然而然就开始阅读大量有关电影的书籍。过去每拍一部好电影会出一个文集，里面有导演、摄影、美术、编剧、表演、录音、音乐等所有环节工作人员参与创作的具体过程，看完这本书就知道这部电影是如何诞生的。我一边看书学习，一边做美工，这个工作的内容就是电影美术。可以说，画面上除了戏的表演范畴之外，空间里的一切都是美工的业务，包括服装、化妆、道具、制景的设计或确定，以及拍摄场景的搭建。那个时候，全国八大电影制片厂大量拍摄都在摄影棚内进行，所以搭建场景非常普遍。

1983 年，吴天明担任西影厂厂长，进行了大刀阔斧的改革。他倡导集体创作，就是整个摄制组主创人员要集体讨论电影如何拍，这是开创性的合作模式。抱着拍好一部电影的共同目标，大家都有话语权了，自然要谈真切的看法。我对剧本提出的意见和修正方案很多都被采纳了。1986 年，我和周晓文合作拍摄了第一部电影《他们正年轻》。吴天明看过之后比较欣赏，觉得在创作上我们有想法。

第二年，我和周晓文有了第二部合作的电影《最后的疯狂》。剧本我重改了一遍，没有署名，当年卖了 300 多个拷贝，市场反响很好。于是我们再接再厉，之后拍的《疯狂的代价》票房口碑一样不错。现在从电影类型来看，这两部电影是警匪商业片，是比较早的类型片尝试。

两部电影成功之后，1989 年，我写了电影剧本《黄河谣》，导演是滕文骥。这部电影在 1990 年获得了蒙特利尔电影节的最佳导演奖，是中国第一部在国际电影节上获导演奖的作品。就这样一部部写下来，到 2019 年，我一共写了 26 个剧本，13 个拍成了电影，其中一些电影获了奖。在我写的剧本中，有几个印象很深。

其中影响最大的就是《霸王别姬》，它于 1993 年获得了第四十六届戛纳电影节最佳影片"金棕榈奖"，这是中国第一部拿戛纳大奖的电影。当时陈凯歌正在拍《边走边唱》，为下一部电影来西影厂做筹备。我俩当时不认识，他看过我发表在报刊上的一篇文章《说说周晓文》之后很喜欢，这次来就专门托人找到了我。见面后陈凯歌问我："有一个关于京剧的题材，你愿意写吗？""京剧当然好啊，我是戏曲发烧友啊。"

他给我《霸王别姬》的小说，让我先看再讨论。改编后我保留了主要人物关系，但故事、情景不一样了，尤其是后半场戏完全不同了。过了很多年我才发现，

《霸王别姬》是我的第一部改编剧本，之前剧本都是原创。改编过程中，我也总结了技巧、经验和心得。在我看来，改编有它的难处，但也有好处。好处就是它有基础，提供了故事背景、框架和人物，它所提供的故事平台，可以让你更加游刃有余。当时这部电影的分工是明确的，我要求陈凯歌不要参与写剧本，他答应了。

另一个比较有感触的是早年写的《星塘的阿芝》，讲述了齐白石的童年经历。我13岁读《齐白石自传》，觉得他的世界非常美丽。1987年《最后的疯狂》拍完后，厂里给了我200元经费去采风写作，我就去了齐白石的老家湖南湘潭。我做了一些案头工作，走访了他的亲戚，到他待过的山山水水走了一遭，感觉很有意思。积累了有20年，写的时候却很快，我不到7天就写完了剧本《星塘的阿芝》。这个剧本获得了第一届夏衍电影文学奖剧本奖二等奖。

等到了45岁左右时我才发现，并不是所有领域的剧本我都可以写，庆幸的是，这一路有意无意避开了那些自己不擅长的领域。我认为自己写正剧、传奇、历史剧还比较擅长。

采访中的编剧芦苇

秉承吴天明精神，期待西影厂开创新时代

1976 年进厂，如今（2019 年）已经 43 年了。我是西影厂最辉煌时期的见证者。这就要提到开创这个时代的人——被誉为"第五代导演教父"的吴天明。我对他的评价有一个关键词：无私。只有唯电影至上的人，才会这样对待年轻的创作者。

从 1983 年到 1989 年，吴天明当西影厂厂长 7 年时间，其间他还拍了《人生》和《老井》。对中国电影史来说，这 7 年创造了一个西影时代。可以说，当时西影厂的电影在艺术品质上引领全国，全国最好的、最有影响力的、最有文化内涵的电影都是西影厂出的。那个阶段最有影响力的电影从《人生》开始，随后是《老井》《红高粱》《黑炮事件》《疯狂的代价》《最后的疯狂》《双旗镇刀客》等，算起来七八部，这些电影获得了太多的国内外电影大奖，开创了一个电影时代。

吴天明是我非常敬仰的兄长，他当时期望西影厂职工都好好干，拍出好电影，于是进行了很多改革创新。比如之前提到的鼓励集体创作，还有他把西影厂的大量职工送出去培训，非常有魄力。他想方设法提供平台、资金、政策上的支持，那时候全国认真做电影的人才都被吸引到西影厂，几乎第五代导演的主将都在西影厂拍过电影。对电影人来说，这样的前辈特别值得尊敬。

他离开西影厂之后，我们的关系更加密切。吴天明去世前想拍的电影是《岁月如织》，让我写的剧本。他对《白鹿原》有很深的情怀，最早这个电影项目是他找我写剧本，只是最后项目落到了另外的电影公司。可以看出，他的电影情怀一直都没有改变过。

我在西影厂这么多年，如今的西影厂是值得期待的。现在新一任领导班子非常有活力，让整个厂区的风貌发生了变化。原本破破烂烂的外观焕然一新，可以说现在西影厂的硬件设施是我历年来见到的最好的。它已经被打造成了一流企业，整个厂区生机勃勃，一看就是个现代企业。尤其是新一任领导建造了吴天明的雕像，策划筹建吴天明纪念馆。这些举措使我深刻感受到，今天的西影厂想要秉承吴天明精神，再开创一个新时代，拍出更多好电影。有这种抱负，

假以时日，西影厂一定会迎来非常美好的明天。

此外，在这几年中国电影发展中，我看到了一些令人欣喜的导演和作品。我比较喜欢的导演是吴京，因为他的电影类型非常清晰、到位和完整；比较喜欢的作品有《我不是药神》。我希望好的类型电影能够更多一点。这么多年，我在电影行业看到，中国电影很长一段时间都是偶尔露峥嵘，但难成气候。我希望今后能够改变这种现状。作为一种文化产品，中国电影在世界的影响力应该和国力匹配，这需要社会各方的一起努力，希望那一天能够早日到来。

（文图 / 陈黎）

陈爱美
从田野跃上荧屏的"秦腔红娘"

个人简介：

陈爱美，1953 年生，陕西阎良人，祖籍山东青州。陕西电视台播音指导、节目主持人，陕西戏曲广播《爱美戏缘》节目主持人，陕西省第九届、第十届政协委员，陕西省慈善协会理事，陕西省电视艺术家协会理事，中国电视艺术家协会主持人委员会副会长。陕西电视台《陕西新闻》的第一任出镜播音员，戏曲专栏《秦之声》群众秦腔大赛的第一任节目主持人。2007 年被省文化厅聘为"秦腔大使"。

从业 30 余载，我把热情投入工作，以为观众带来美的享受为目标。在主持《秦之声》节目时，我尽自己最大的努力把秦腔艺术传播给更多的人，因此与不少戏迷朋友结下戏缘，收获了满满的成就感与幸福感，也愈发让我坚定了毕生宣传秦腔艺术的决心。

勤奋认真是我实现主持梦的阶梯

　　1953 年，我出生在陕西阎良一个温暖和谐的农村家庭里。我的母亲是一位乐观豁达的人，她十分喜欢唱歌，在她的耳濡目染下，我也成了一个爱唱爱跳的人。刚记事的时候，广播站的阿姨就常常抱着我，让我去话筒前唱歌。上小学的时候，学校组织唱歌，老师就夸我唱得好、有热情。有时候在放学路上，我都会忍不住哼哼小曲儿，唱歌总是让我心情愉快。我从小对文艺工作充满着向往，希望未来可以通过自己的声音，把优秀的文化艺术作品展现给别人。可惜由于种种原因，这个梦想一直未能实现。

　　回顾前半生，我在工作前拉过架子车，工作后住过筒子楼，人生百态，可以说是样样尝遍了。

　　1973 年，我高中毕业，在临潼县（今西安市临潼区）第二生产资料公司当临时工，随后被抽调去省展览馆当"农业学大寨先进县"讲解员。1979 年，赶上了改革开放的好时机，因为一个机会，我的梦想终于得到了实现。

　　那一年，我还在陕西省农业展览馆当讲解员。4 月的一天，《西安日报》上刊发了面向全社会公开招聘电视播音员的消息。我的几个好朋友先看到这个消息，几经周转地告诉了我。在他们的鼓励与支持下，我又一次怀着梦想与信心去了西安参加选拔。经过前前后后共计三次选拔考试，1980 年的 5 月，通过政审后，我正式成为陕西电视台的一名主持人。在第一次作为主持人踏入陕西电视台的那个瞬间，我的心情久久不能平复。我知道这次成功并非是偶然的幸运，而是我脚踏实地、坚持不懈的努力和心中对梦想怀有的赤诚之心换取的成果。因此，在我后来的主持人生涯中，我也一直将勤奋和真诚铭记在心。

　　开始工作后，我将前辈视为老师，观众视为朋友，我诚心诚意地从他们的身上获取知识与信息，用心将我的主持工作做好。我也通过各种途径积累知识与经验，以求不断提升自己的专业能力。

　　由于我在进入电视台之前一直没有机会得到正规的培训，所以我深知自己在播音主持的专业知识方面有所欠缺，在参加工作后，我从不放弃寻找机会来提升我的职业能力。1981 年，我怀了女儿嫒嫒，有了一些空暇，于是我毫不犹豫地争取了去北京广播学院播音系进修的机会。在北京的学习中，我获得了良师益友，也学习到了专业的理论知识与实践知识。1984 年，我成为《陕西新闻》节目的第一任出镜播音员，相较于过去，新的工作内容对我的能力又有了新的要求，我很快又感觉到了自己相关知识的匮乏。于是在 1985 年，我又申请了北京广播学院的新闻编采函授专业，系统学习新闻采访、写作等方面的知识，并在 1987 年顺利毕业。

1996 年，我参加了央视的主持人大赛，目的是想通过央视比赛这个更宽广的平台磨炼自己的专业能力。在这次比赛中，我有幸见到了中央电视台的许多优秀前辈和来自全国各地的优秀节目主持人，与他们的沟通交流令我收获颇多。我也尽力在比赛中做到最好，对自己严格要求。在每次导演组开会时，我都会拿一个小型录音机把导演组在会上讲的要求录下来，回去再听一遍，以保证我在比赛录制的过程中不出差错。最终，我获得了比赛综艺类的唯一银奖，成为西北地区首位获此奖项的电视节目主持人。我认为，我的成功与我的勤奋、认真有着很大的关系。

我始终觉得，国家日新月异的发展，主持人的工作内容与要求也随着时代的变化而变化。所以一名优秀的主持人，应该通过不断地加强实践、嵌入知识来提升自己的能力，做到学无止境。同时，在学习过程中需要的勤奋和真诚，应该成为每一位主持人在职业生涯里努力奋进的箴言。

主持人的首要职责是为观众带来美的感受

作为一名主持人，我认为我的职责就是密切、及时地联系观众，倾听他们的声音，为他们带来欢声笑语，所以为观众带来美的感受十分重要。观众只有从节目中欣赏到美，心情才会美，我们电视台的工作才能算是做好了。

我认为让观众感受到亲切与热情，是实现这个"美"的第一步。我们主持人应该用最真挚的笑容来面对观众，用最热烈的情感回应观众对我们的支持，这样才能让观众觉得看节目是一种享受，进而让他们产生美的体验。

　　我是从心底一直把观众视作朋友，我想这是观众们喜欢我的重要原因。我是农民出身，所以我很明白我的节目内容、主持风格怎样才能接地气，才能让观众喜欢。我也常常给别人说我是"人来疯"，喜欢人多的地方，喜欢热闹的氛围。所以，多年来我的这个亲切、热情的形象不是刻意塑造的，而是本色出演。我跟随《秦之声》栏目走过陕西省大大小小的七十多个县，每当看到乡亲们热情的笑脸，我的心情就十分畅快。我最眷恋的时刻，就是在一次次的巡回录制时站在观众中间，和他们交流，给他们唱上一嗓子，让他们与我一起徜徉在戏曲艺术带给我们的愉快氛围中。从业多年，有幸获得了大大小小的各种奖项，其中最令我感动、最珍贵的奖项就是陕西电视台首届"最受观众喜欢的播音主持人"。

陈爱美在主持节目

除了要给观众留下美的感受，塑造好的外形气质也是每一位主持人的必修课。电视台的节目是为广大观众服务的，是为观众们传递消息的。工作的人下了班、学生们下了课，回到家后和家人一起收看电视节目是他们一天中最重要的娱乐方式，是一天中最慵懒、最幸福的时光。所以，我们要全方位地为他们带来美的体验，不仅要在听觉上带给观众美的享受，还要从视觉上让他们感受到美。

我学过秦腔，这成为我在台上体态表现的一大优势。大家都知道，在戏曲表演过程中，是有规定的身段动作的。一名优秀的戏剧表演艺术家，在台上一亮相，那身段绝对是一级棒。身段的训练是每一位秦腔学习者的必修课。因此，在主持节目的时候，我对自己的举手投足都有严格的要求。尤其是一些文艺类节目，主持人需要带动全场的气氛，其中就具有一定的表演成分了，那么我的面部神态、肢体动作就必须要照着镜子反复排演才行。我在练习动作的时候，就会常常想起在唱秦腔的时候，我们的身段是如何的，进而将自己的肢体动作打磨得落落大方、具备美感。

在 20 世纪八九十年代，人们的生活水平还不是太高，为了能够为观众展现出最好的形象，达到最好的节目效果，我在主持节目时的着装上也下了很大的功夫。过去几十年，我主持了许多的电视节目，针对不同节目的不同风格，我的衣着风格也随之变化。比如，《秦之声》是展现陕西传统戏剧的平台，也是在新时代为年轻人展现陕西戏曲魅力的平台，因此，我的服装既要具备传统性，也要具备时尚感，进而才能符合节目本身的目的与特点。

我常常认为，主持人这个职业，有时候锱铢必较反而会成为一种美德。只有对自己高要求、高标准，事无巨细地考虑到方方面面，我们才能够为观众展现出美的一面，让他们喜爱我们的节目，让他们在闲暇时间获得娱乐。

做一名陕西传统艺术的宣传者

我祖籍山东，但是我生在陕西，长在陕西，我从小讲关中话，唱秦腔，可以说陕西的文化早已深深地融入我的血液。

我从心底热爱秦腔，爱听也爱唱，长大后我在生产队自乐班真正地学会了唱秦腔。成为主持人后，我也总是忘不了我对秦腔艺术的热爱。1990年，我开始兼任陕西电视台的戏曲栏目《秦之声》的主持人。这令我非常开心，因为我终于获得了将我热爱的职业与热爱的艺术结合到一起的工作机会。那个时候，港台流传过来的流行文化已经在年轻人中间传播开来，听戏的年轻人越来越少。对此我感到十分惋惜，因此决心要通过自己的努力把《秦之声》节目打造成为老少皆宜的文艺类节目。

我在主持《秦之声》节目时，在每一场节目录制前都要将主持词反复推敲琢磨，做到胸有成竹。在主持过程中，偶尔我也会唱上一段，因为只有把自己与秦腔紧紧结合在一起，才能成为真正的秦腔文化的宣传者，才能引起观众的共鸣。所以，工作之余我也会不断磨炼我的秦腔技艺。我从著名秦腔演员李瑞芳那里学会了眉户戏《梁秋燕》，在一期节目里，我和李老师分别扮演梁秋燕和二嫂，观众们很喜欢，现场气氛很好，我也感到开心。

当然，不仅是艺术本身，老一辈艺术家们的精神也是非常可贵的。通过主持节目，我有了更多的机会去结识一些优秀的秦腔演员。余巧民、李瑞芳、舒曼莉……他们在演艺生涯中不怕吃苦、勤奋努力的精神常常使我感动，这种精神也值得被后人铭记和传承。

2003年和2008年，我有幸当选为第九届和第十届陕西省政协委员。在会议上，我多次提交了挽救陕西传统文化的提案，当然这个陕西传统文化中不仅有秦腔，还有华阴皮影戏、富平阿宫腔、商洛花鼓等地方剧。我记得，后来这些剧种被称为"活文化"，现在已经是"非物质文化遗产"了。2005年，我在陕西省两会上提出"秦腔进校园"建议，倡导让秦腔走入中小学和职业技术学校，最终这个建议被会议采纳立案。这些都算是我在力所能及的范围内，为陕西传统文化做出的一点点贡献吧。我始终认为社会大众对传统文化艺术的热爱，应该从小一辈开始培养，不能让他们忘记这些传统文化的魅力。

到了"知天命"的年纪后，我也一直想要专心打造一台自己的节目来宣传我眼中的陕西文化。2006年，我借调到陕西省戏曲广播站，兼职并创办了热线直播戏曲专栏节目《爱美戏缘》，这对我而言又是一个崭新的平台。我把《爱美戏缘》的宗旨定为"结一个戏缘，还一个戏愿"。从小秦腔就牵动着我的心弦，后来参加工作，我有机会做了《秦之声》的主持人，现在又主持了《爱美戏缘》。我的一生和秦腔在各种机缘巧合之下产生了千丝万缕的联系，我想要通过这个平台让更多的人热爱秦腔这门艺术。在《爱美戏缘》中，我精心打磨主持词，认真与戏迷朋友交流。之前贾平凹老师称我为"秦腔红娘"，后来观众朋友们也这样称呼我，令我非常感动，因为自己多年来为宣传秦腔文化做出的努力受到了认可。

我对易俗社有着一种说不清的情愫，我决定为传承发扬我们秦腔文化的易俗社做些事，是有一个契机的。那是2011年底，著名秦腔表演艺术家全巧民病重，我去探望时忽然有个想法：要把老人的影像资料留下来。他们就像秦腔艺术的活化石，很多秦腔老艺术家都八九十岁了，留下他们的影像资料，也算为秦腔抢救性保护留下点资料。

于是，在易俗社成立百年之际，我和我的"忘年交"姚雅劼就想搜集整理一些老辈秦腔艺术家的资料做一期纪录片。两个人的力量薄弱，所幸后来又有了新闻媒体工作者徐丽莎的加入。我们三个为了纪录片的赞助、素材搜集东奔西走，虽然身体劳累，但内心是充实的。令人高兴的是，我们的努力有了回报。2013年9月，我们策划的纪录片《我们的易俗社》在央视戏曲频道开播，并受到观众的广泛好评。

但我绝不会止步于此，在未来，我依旧会为我所热爱的陕西文化而奔走，毕竟宣传文化是一个长期的工作，生命不止，步履不停，我愿意为秦腔文化的发扬光大继续奉献出我微薄的力量。

（文 / 刘若玉）

汪天稳
皮影匠心与时代唱和

个人简介：

    汪天稳，男，1950年生，陕西华县人。中国工艺美术大师，中华人民共和国成立后唯一的国家级皮影工艺美术大师，国家级非物质文化遗产项目陕西华县皮影戏代表性传承人，中国明清皮影鉴定权威专家，同朝皮影艺术研究院院长，中央美术学院特聘艺术专家，享有国家特殊津贴。他完整继承和掌握了制皮、雕镂、敷色、缀钉等全部24道工序及"推皮走刀法"，对中国皮影雕刻艺术的传承和开拓起到了承前启后、继往开来的作用，是陕西东路皮影乃至整个中国皮影界最为杰出的代表性人物，在行业内被誉为"天下第一刀""活的皮影博物馆"。

    中国是皮影的故乡。距今已有两千多年历史的皮影集绘画、雕刻、文学、音乐、舞台表演于一体，被称为中国民间艺术的"活化石"。我国有26个省、市、自治区都盛行过皮影戏。

做一个踏踏实实干活的手艺人

　　我从事皮影雕刻有 50 多年了。50 多年来，我带出了 30 多位徒弟，弟弟汪天喜和女儿汪海燕跟着我学皮影制作技艺，也都取得了相应的成就，可以说形成了一个以汪氏家族为中心的汪氏皮影雕刻传承体系。

　　我 12 岁拜师学艺，师从著名皮影雕刻艺人李占文先生。李老是剧团职员，而我是个农村娃。当时剧团招人有指标安排，几乎不招农村人，虽然李老愿意收我为徒，但是剧团不接收我。我只能自己背着米，离家去西安学习。

　　投师必受苦中苦，入门要练三年功。"推皮走刀"的基本功是在师傅的严格要求下勤学苦练而成的。每天早、中、晚要各练一次，每次半个小时，一次都不能缺。"推皮走刀"就是将刀尖扎入牛皮，固定在垫板上，用左手的食指、中指和无名指三个指头推着皮子转，逆着刀锋进行切刻，这样才能将皮影刻得精细灵动。那时我个子还没桌子高，站在凳子上，从空手推皮到右手压左手手腕，再到手腕上压砖、腕下悬砖，一练就是三年。我现在珍藏着一把镶着贝壳的刻刀，它是我师傅传给我的，也是我师傅的师傅传给他的。这把刻刀可能已经传了 200 年了，当时师傅把刻刀传给我的时候，还举行了一个特别正式的仪式。

　　3 年后，我出师了。然而那会儿正赶上"文化大革命"，我所学的皮影传统剧自然不能做了。可我无暇哀叹时运不济，只知道自己爱皮影，不能放下手中的刻刀，于是很自然地转做现代皮影。我的想法是，我可以随时代潮流而变，只要始终都在刻，我就满足了。

　　当时皮影戏还是兴盛的，农村的文化娱乐生活基本就是皮影。庆丰收、红白喜事、过年过节都要演皮影戏；今年不下雨，祈雨的时候要演龙王的戏；结婚没有娃，请送子娘娘要演皮影戏。1961 年，整个陕西会做皮影的可能就我和我师傅两个人。陕西所有的戏班子都得到我们这儿定做。皮影剧团演戏需要了，就会给我一个单子，用行话写上需求，比如黑龙袍、红龙袍、黑皮儿、蓝皮儿，做黑龙袍还可以再具体，比如想要包公，就在后面打个括号，里面写上"包公"。

　　到了 20 世纪七八十年代，到西安旅游的人很多，皮影作为旅游纪念品随之火起来。那时我的徒弟非常多，有段时间基本上全村人都是我的学生。

做好一个皮影是有很多讲究的，尤其是皮影要能用竹棍要起来，因此在关节力度上有很多讲究。找平衡点是关键。一般来说，皮影有 9 个点，关键的点有 3 个：前腿、后腿、腰，这三个点要形成平衡。它怎么放，就是那 3 个棍儿，放好了很有精神，平衡找不好，它不是趴下就是滚下，行话就是表演时皮影不乖，你根本没法弄。再一个是配皮，皮配好了，上梁子，就是幕。配皮也很讲究，后腿和腰牛皮要求厚一点，前腿和上身要求薄一点，还有上半截的胳膊要求薄一点，下半截也要求薄。因为上台表演要扭来扭去，皮配好了，操作起来就很轻松。好的皮影操作者就跟魔术师一样，他表演的皮影能哭能笑，甚至还能抽泣。即使一个技艺纯熟的皮影雕刻匠，每月也顶多能制作 7 件作品。加上我的皮影注重个性化设计，一个娃娃一个样，很难高产。由于市场需要，出现了机器制作的皮影。作为手工艺人，我并不排斥机制皮影，因为只有借助机器制造才能满足市场的需求，能让更多的人认识皮影是件好事。

除了热爱本身，我从事皮影制作，多少也是因为一些责任感和使命感。作为国家非物质文化遗产"华县皮影"的传承人，如果放弃，肯定有愧于这个身份，也会辜负师傅当年寄予我的期望。我不是什么大师，我只是个踏踏实实干活的手艺人。既然是个手艺人，那我自然要干一点手艺人该干的事。

汪天稳制作的皮影作品《霸王别姬》

时代赋予皮影新的生命

这些年来，在雕刻技术方面，我将中国画的特点融入皮影设计，开创了一种全新的皮影敷色方式。这得益于我在西安市工艺美术研究所工作的经历。研究所里的康师尧、何海霞都是后来闻名全国的长安画派的中坚力量。我当时制作皮影《断桥》，康师尧亲自帮我画了剧中的三层背景；后来给日本国立历史民俗博物馆设计作品《孙悟空大闹天宫》，是何海霞的弟子侯声凯足足花了两个月时间，专门为我设计了凌霄宝殿。我自己也把中国画的一些特点融入我的皮影设计风格之中。在设计《白蛇传》时，康师尧建议我可以多加一点淡雅的点缀色，只上一种主色，比如只用黑色这一种主色，然后从黑色过渡出各种色，再用红色点缀一下，绿和黄都不要了，最后出来的效果非常好。在传统民艺携手当代艺术的过程中，我也收获了新的制作方式，比如使用拼接手法处理超大尺寸皮影在干湿环境中膨胀度不一的弊病。

我曾经耗时一年，创作了世界上最大的皮影作品《清明上河图》，革新发明80多种刀具和刻法。这在皮影史上没有先例，因此这件作品一经展出，便受到万人瞩目。

然而创新最重要的动力来自市场理念的转变。通过近年的思考，我对产品进行了重新定位——从影戏道具到工艺美术品，把服务对象从皮影剧团和戏班子转移到社会大众。现在许多企业、文化机构、社会团体和个人热衷于皮影工艺美术品的收藏，皮影既可以作为楼堂馆所和家中客厅的装饰，也可以作为艺术礼品馈赠亲友。

在媒介方面的尝试也很有意思。2007年，我负责雕刻了皮影动画片《小藏羚羊的荣耀》，这部动画片在电视台播出后，不仅赢得各界普遍赞誉，还获青海省五个一工程奖。2016年，我为腾讯刻制了国漫IP《狐妖小红娘》，并做了一次网上直播，年轻人说我是"触电动漫"。这个"小红娘"不仅有普通皮影的侧面形象，亦有用整块牛皮雕刻而成的正面形象。这一次，许多人对着电脑屏幕，远隔天边也有了看皮影戏的现场感。我还为百度首页刻了新年小短片《酉鸡的传说》，为悦诗风吟刻了新年宣传片《花田喜事之新年归家》。

　　与此同时，我与其他艺术家始终保持密切合作，这也为皮影带来了更丰富的艺术突破。2017年威尼斯双年展，我与艺术家汤南南合作《逍遥游》，与艺术家邬建安合作《九重天》，在题材和审美上都突破了传统皮影的样式。

　　在2018年5月11日开幕的第五十七届威尼斯双年展上，我和渭曲社6位老艺人一同参展，我们的皮影戏《愚公移山》和《精卫填海》将中国的古老神话带到了这座欧洲水城，陕西渭南的皮影成了中国馆绝对的主角。

　　过去只为戏曲演出服务的皮影，如今用途更广——既是旅游纪念品，也是装饰品、收藏品，还能与声、光、电、影、唱等现代表现形式结合。皮影艺术不是没有市场，就看如何发挥。只有大家一起努力，创新雕刻手法，提高对皮影艺术的认知，寻找新的表演手段，开拓新的艺术展示形式，才能焕发它的生命力。

（文 / 邢美芳）

贾平凹

我的命就是书写家乡和时代

个人简介：

　　贾平凹，男，原名贾平娃，1952 年生，陕西丹凤人。现为全国人大代表、中国作家协会副主席、陕西省作家协会主席、西安市文联主席、《延河》《美文》杂志主编。1974 年开始发表作品，代表作有《高老庄》《废都》《白夜》《怀念狼》《秦腔》《古炉》《老生》《极花》《山本》等。作品曾获得茅盾文学奖、鲁迅文学奖、全国优秀短篇小说奖、全国优秀中篇小说奖、全国优秀散文（集）奖；另获华语传媒文学大奖、施耐庵文学奖等文学奖项 50 余次；并获美国美孚飞马文学奖、法国费米娜文学奖等诸多国外奖项。

　　西安已经变成了我骨血的一部分，我热爱这座城市，在这座城市中散步、聊天、写作，接待来自国内外的友人，带着他们游览西安，这对我来说，是生活里最好的事情。

我是一个胆小谨慎的人

我出生在陕南农村，个子矮，身体弱，家里成分也不好，所以从小就比较自卑内向，对外在环境也比较敏感，就像一个灵醒的小动物，时刻警惕着周围的风吹草动。

1967年，我初中毕业，那年我15岁，细细的脖子上顶着一个大脑袋，脑袋的当旋上有一撮毛儿高翘。我打不过人，常常被人揪了那撮毛儿打，但我能哭，村里人说我是刘备。

1971年，我在水库劳动，听说村里要从工人、农民中推荐一批学生去学习，称为工农兵学员。我也报名了，没想到竟然选上了。开始招生的时候，我被安排到西北工业大学飞机系造飞机。后来三倒腾两倒腾，就倒腾到了西北大学中文系。自此命运就改变了。

上大学后我读的书比较多，四书五经虽没有系统看过，但通读了《古文观止》。20世纪30年代的作家，如鲁迅、茅盾、沈从文的书都看过。相对而言，沈从文对我的影响更大一些，他的作品大气，我觉得我和他的气质投合。我也喜欢张爱玲、三毛的散文，还喜欢略萨的《绿房子》。

我第一篇变成铅印的文章是《一双袜子》，发表在1973年8月的《群众艺术》上。那时不像现在搞创作的，一毕业走上社会，铺天盖地都是中文名著，到处都是文学活动。那时整个陕西只有一本杂志，专门谈革命故事，不发散文小品。全西安只有一份报纸——《西安日报》，里面有个副刊版，报纸小得很。此外，你接触不到外部，不知道世界文学发展是啥样，30年代的作品、中国古典的作品也看不到，就没有那些东西。

我那时起步低，大学时写的东西都不如现在小学五年级学生写的。我就不停地学习，不停地寻找变化，寻找突破，才达到后来的水平。

第一次获得全国奖是在1978年，与我一同获奖的作者现在几乎都不写了。毫不夸张地说，新时期文学我是一步步贯穿过来的。

1993年出版《废都》是我的一个坎儿。当时《废都》出版的前半年轰动得很，好评如潮。后半年，一片批判、倒戈声。那骂得，你不知道，祖宗几代都骂开了，有一个月受了7次批评。后来我压力太大，身体也扛不住，住院了。但《废都》之后，我整个人状态就变了，什么都不想了，就一心想搞小说。

现在想想，我觉得我很幸运，一开始搞创作就受到关注。赞扬和批评其实是我写作的两大动力：一方面是人家说好，自己就会"人来疯"，咱得好好表现；另一方面是人家说不好，自己就又不服，更得好好写。作品受到关注后，

贾平凹在书房练习书法

听取各方面的意见是特别重要的。创作就像炼丹一样，把丹炼成，要阴阳相济、水火相济，对我作品说好的或者说不好的，反正是说得有意思的，能够对创作有启发的，我都非常感谢。我感觉现在自己还有创作激情，还有创作欲望，我觉得自己还能写下去。

我自认为是个农民作家，对自己的家乡和生活在那里的乡亲们一直怀有深厚的感情。虽然在城市里生活了 30 多年，但是我对自己的定位还是农民。我的本性依旧是农民，如乌鸡一样，是乌在了骨头里的。所以要用忧郁的目光观察农村，体味农民的生活，我要用文字给故乡立碑。

人一生都是坎坷的、悲苦的，试想有几个不是这样呢？我做人的原则一是善良，二是宽厚；做事原则一是自信，二是坚持。以后恐怕还是这样，有老话讲："圣贤庸行，大人小心。"圣贤和大人都如此，我能怎样呢？时间真快呀，人的一生干不了几件事，以后只要能写自己想写的东西，努力把它写好，别的什么事都无所谓。

关于中国文学和陕西文学

中华人民共和国成立以来，中国发生了史上未有之大变革，尤其是改革开放使中国的经济有了翻天覆地的变化，同时使中国的社会矛盾更加错综复杂。在这样的转型期，中国的文学也得到了大繁荣。可以说，中国的改革是从经济方面开始，而最早改革的却是中国的文学。当外国的各种思潮涌进来后，我们狂热地解读和吸纳，有了新的观念和思维，这些新思维又通过我们的作品影响到了国人的观念和思维，扩大了他们的眼界和胸襟。中国的作家与这个时代、这个社会已经血肉相连，像皮肤一样，你无法揭下来。

处于发展变动中的中国为文学提供了更大的想象空间和丰富的素材，这就期待着也必然会出现优秀的文学作品。回顾过去，我们有信心大有作为。我们生活在当下的中国，中国当下的社会现实就是我们的命运，这种命运也决定了我们创作这样的文学品种。也就是说，我们是为这个时代、社会而生的，只能以手中的笔来记录、表达这个时代、这个社会，这是我们的使命，也是一种责任。

陕西在历史上是辉煌的，在近代以前它衰弱败落，文学更是荒地。在 20 世纪 30 年代，作家只有个郑伯奇，他还常年在上海。真正的作家产生是在 20 世纪 50 年代前后，有柳青、杜鹏程、王汶石、李若冰等，然后是新时期文学的路遥、陈忠实、高建群、莫伸、王蓬、叶广芩、红柯、冯积岐、冷梦、吴克敬等人。如果说这两个群体是丰收了两茬的庄稼，那么现在就是收获之后又在耕耘播种，期待新的丰收。现在的情况是，第二批作家大部分逐渐年老，接下来年轻的一拨，数量很大，其中也有几位特别出色的作家，创作十分积极，但是和其他省市比较起来，在全国产生重大影响的作家和作品还不够多。有人说："陕西的土地乏了。"这话没有道理。任何土地都是越耕种越长庄稼。人没有吃饭吃厌烦的，地没有长庄稼长厌烦的。耕种耕种，关键是耕，还是我们深耕不够。陕西的土地厚实，而且肥沃，现在需要我们来深耕。

每一代人有每一代人写作的土壤。陕西上两代的作家，大多数都是写乡土题材的，其文学成就也是他们的乡土写作。因为他们要么出生在农村，要么长期生活在农村，这种出身和经历就决定了他们文学的品种。而现在年轻的作家大多出生于城市，生活在城市，他们的生活经历是同转型社会同步的，一方面是社会的物质丰实，一方面矛盾冲突激烈，他们接受的既是现代的、繁荣的、先进的、时尚的东西，又是罪恶的、暴力的、变态的、荒唐的东西。他们应该写他们熟悉的、想要写的东西。他们的品种和上两代品种不同，这需要我们一方面支持老作家和中年作家继续写他们的乡土题材，另一方面对年轻作家要宽容，要开放，要保护，要促进他们写别的题材。

总的来说，我对陕西文学的前景充满信心，因为我们有人，因为这块土地是宜于文学的。基于此，陕西省作家协会在完成了大规模的全省文学普查之后，会举办一系列活动，针对具体人、具体作品进行会诊式研讨。可以说，几年之内，有希望打造出一支素质过硬的陕西文学新军。

今生我离不开西安

我住在西安这座城里已经三四十年了，我不敢说这个城就是我的，或我带给了这个城什么，但三四十年前我还在陕南的乡下时确实做过一个梦，梦见了一棵不高大却很老的树，树上有一个洞。

在现实的生活里，老家有满山的林子，但我没有寻到这样的树，而在初做城里人的那年，于街头却发现了，真的，和梦境里的树丝毫不差。这棵树现在还长着，我总是每年看它一次，死去的枝柯变得僵硬，新生的梢条软如柳。我就常常盯着还趴在树干上的裂着背已去了实质的蝉壳，发许久的迷瞪（方言，发呆），不知道这蝉是蜕了几次壳，生命在如此转换，真的是无生无灭，可那飞来的蝉又始于何时，又该终于何地呢？

我庆幸这座城在中国的西部，在苍茫的关中平原上，其实只能在中国西部的关中平原上才会有这样的城，关于这个地方有一段民谣：

> 八百里秦川黄土飞扬，
>
> 三千万人民吼叫秦腔，
>
> 调一碗黏面喜气洋洋，
>
> 没有辣子嘟嘟囔囔。

这样的民谣，描绘的或许缺乏现代气息，但落后并不等于愚昧，它所透出的一种气势，没有矫情和虚浮，是冷的幽默，是对旧的生存状态的自审。我唱着它的时候，常常想到夸父追日渴死在去往大海的路上的悲壮。

正是这样，数年前南方来的几个城市人，以异常优越的生活待遇招募我去，我谢绝了，我不去，我爱陕西，我爱西安这座城。我生不在此，死却必定在此，当百年之后躯体焚烧于火葬场，我的灵魂随同黑烟爬出高高的烟囱，我也会变成一朵云游荡在这座城市的上空。

当世界的新型城市愈来愈变成了一堆水泥，我该如何述说西安这座城呢？不夸耀曾经是 13 个王朝国都的历史，也不自得八水环绕的地理风水，承认中国的政治、经济、文化的中心已不在这里，对于显赫的汉唐，它只能称为"废都"。但可爱的是，时至今日，气派不倒的，风范犹存的，在全世界范围内最具古都魅力的，也只有西安了。

它的城墙赫然完整，独身站定在护城河的吊桥板上。仰观那城楼、角楼、女墙垛口，再怯懦的人也要豪情长啸了。大街小巷方正对称，排列有序的四合院砖雕门楼下已经黝黑如铁的花石门墩，让我们可以立即坠入古昔里高头大马驾驶了木制的大车"嘎嘎嘎"开过来的境界里去。

如果有机会收集一下全城的数千个街巷名称：贡院门、书院门、竹笆市、琉璃街、教场门、端履门、炭市街、麦苋街、土车巷、油库巷……我们突然感到历史并不遥远，以至眼前飞过一只不卫生的苍蝇，也忍不住怀疑这苍蝇的身上有着汉时的模样或者唐时的标记。

现代的艺术在大型的豪华剧院、影院、歌舞厅日夜上演着，但爬满青苔的如古钱一样的城墙根下，总是有人在观赏着中国最古老的属于这个地方的秦腔，或者皮影木偶。这不是正规的演艺人，他们做的是工作之余的娱乐，有人演，就有人看，演和看宣泄的都是一种自豪，生命里涌动的是一种历史的追忆。所以我们也明白了街头饭馆里的餐具，碗是那么粗的瓷，大的称之为海碗。

西安的科技人才云集，产生了众多的全球著名的数学家、物理学家，但民间却大量涌现着《易经》的研究家，观天象，搞预测，做遥控。我们不敢轻视了静坐于酒馆一角独饮的老翁或巷头鸡皮鹤首的老妪，他们说不定就是身怀绝技的奇人异才。

我常常在闲逛的时候，到清晨的菜市场去，会见到托着豆腐、三个两个的普通市民立在那里谈论着国内的新闻。有时候，在公共厕所蹲坑，我也会听到最及时的关于联合国的一次会议的内容。我就会想，关心国事，放眼全球，似乎对于他们是一种多余，但他们就是有这种古都赋予的秉性。整个西安城，充溢着中国历史的古意，表现的是一种东方的神秘，囫囵囵是一个旧的文物，又鲜活活是一个新的象征。

星期天，我喜欢去嚣声腾浮的鸟市、虫市和狗市，或者赶黎明开张、日出消散的露水市场，去城河沿上看那练习导引吐纳之术的汉子，去古旧书店摊购买几本线装的古籍，去寺院道观里拜访参禅的老僧、高古的道长，去楼房建筑工地的土坑里捡一堆称之为垃圾文物的碎瓷残片，分辨其字画属于汉的海风之格或属于唐的山骨之度，这一切好像都在与历史对话，调整我的时空存在，圆满我的生命状态。

所以，在我的居室里接待了全中国各地来的客人乃至海外的朋友，我送他们的常常是汉瓦当的一个拓片、秦砖自刻的一方砚台，或是陪他们听一段已无弦索的古琴音。

我说，你信步在城里走走吧，钟楼已没钟，晨时你能听见的是天音；鼓楼已没鼓，暮时你能听见的是地声；倘若你是搞政治的，你往城东区去看秦兵马俑；你是搞艺术的，你往城西区去看霍去病墓前的石雕。我一定要带领了客人朋友爬土城墙，指着那城南的大雁塔和曲江池，说："看见那大雁塔吗？那就是一枚印石；看见那曲江池吗？那就是一盒印泥。"

说实话，自 1972 年进入西安城以来，我已经无法离开西安。我赞美过它，也咒骂过它；期望过它，也失望过它。但我可能这辈子不会离开西安了，我感觉得到，我成为西安的一部分，就像城墙上的一块砖，街道上的一块路牌。我最后要说的，仍然是已经说了无数次的话：我爱我的西安。

（文／刘欣）

何志铭

做陕北文化良心，守西部电影初心

个人简介：

何志铭，男，1952年生，陕西榆林人。西安电影制片厂（以下简称"西影厂"）导演。1971年进入西影厂，至2019年参加了14部电影的摄制，是西部电影从崛起到走向辉煌的见证者和同行人。创作了纪录片《大话新西部电影》《永远的西影》等，主编大型图书西影厂志《西影44年》。另因为拍摄的陕北题材众多，且地道真实，被称作"陕北文化的良心"。

陕北就像是一本厚重的书，我不愿它迷失在山沟里，我愿对它忠诚，为它奉献。我在西安电影制片厂度过了40多年的时光，几乎干遍了电影艺术所有的工种，从道具技师、美术设计、导演助理直至国家二级影视导演，这些经历使我深刻领悟到，一个电影工作者需要积累艺术底蕴，纵使困难万千，也要坚信艺术至上。

书本中自有"电影梦"，炊事员也能变导演

　　我出生在 1952 年，和许许多多的陕北娃娃一样，是个调皮淘气的孩子。印象中最困难的时期是 1962 年，粮食紧缺。那年我 10 岁，有一次我们家 3 天都没吃上饭。14 岁那年，因为家里实在缴不起 3 块钱的学费，我就没有上成中学。在中国导演群里，我不知道还有没有像我这样连中学学历都没有的人。当然，在成为导演的这条道路上，我也付出了巨大的努力。

　　榆林钟楼东面原来有一个文化馆，我在很小的时候就是那里面图书阅览室的常客。我记得十一二岁吧，那时我整天被那里的工作人员往外撵，他们总对我说："同志，已经下班了，你赶快走吧。"后来，我利用各种各样的手段、途径，钻进各个图书馆去看书。因为我文化程度低，家里又穷困，就整本整本地抄书。现在回想起来，当时的这段经历对我之后在电影成长之路上的帮助是巨大的。那时，走路看书，吃饭看书，父母怕我伤了眼睛，误了招工，就不让我再看。可是我对书本里的知识已经彻底痴迷了。晚上，在家里没法看了，父母管着，我就一个人站在巷口的路灯下面看。那时电费金贵，我家的两间房子隔墙上有一个小洞，只有一盏 15 瓦的电灯照明。我在自己住的这间房的墙上挂一面镜子，把灯光反射在炕头一小块地方，在一束光影下偷偷看书；实在不行，我就晚上打着手电筒在被窝里看书……总之，只要能看上书就是最大的幸福了。少年时代，对我影响最大的书是《鲁滨孙漂流记》，它让我痴迷，我常常梦想有鲁滨孙式的经历。也正是这本书，几乎改变了我的一生，它教会我在任何困难面前，都应该积极地去探索自我生存的方式和享受自我创造的快乐。

　　1971 年，西安电影制片厂招炊事员，这工作没有人抢，炊事员谁去呀？陕北榆林再穷也没人愿意去。但是我去了，我心想：我绝不会一辈子就干炊事员，人的命运是可以通过自己的勤奋努力而改变的。

　　对我来说，改变命运的方法之一就是好好读书。读书是为了提升自己，也是为从事艺术创作做储备。我特地钻研出了一套方法，将影片中需要汲取的知识牢牢记在脑海里。这得益于小时候的一段经历。那时，我想到榆林电影院去看场电影，可是又买不起票，就钻在大人的大衣底下悄悄往进跑，检票的工作

人员发现了，揪着我的头发，把我从人群里拽了出来。可是我不死心啊，非要进去看，就从榆林电影院那个高墙后面爬上去，墙上面还扎了好多碎玻璃片呢。我们几个小孩子把自己的衣服脱下来，幻想着像降落伞那样，把衣服抖起来往下跳，结果摔得生疼，现在想想小时候胆子也太大了。

进入西影厂以后才算是真正圆了我随时随地看电影的梦想。因为人的记忆力毕竟有限，每次看电影的时候，我就专门拿个小本子边看边不停地记画下电影的画格、台词，回家之后再逐一地分解电影里面的镜头和画面，分解景别、人物表演。这样的记录和研究一直坚持了10多年，最后我还真成了个导演。

在西影厂工作、生活了40多年，我一直觉得自己有做不完的事情，有好多的夙愿到现在也没能完成。但不管遇到任何大风大浪，我还是要把我的电影做好。记得我在拍摄纪录片《李鼎铭先生》的时候，正值腊月过年期间，为了抢拍风雪弥漫的雪景，我带领着剧组的十一二个工作人员一直在寒冷的风雪中硬扛着。那段时间，我们每天都要在繁杂的准备工作中忙碌到深夜，天快亮才发出拍摄通知单，几乎每晚都只能睡三四个小时，基本是在工作间隙悄悄眯一会儿。在拍摄过程中，我们还遇到了资金缺乏的问题。当时这部纪录片投资协议上签的是3集的长度，但我发觉3集很难塑造出李鼎铭先生完整的形象，于是在没有增加费用的条件下，最终完成了8集的制作长度，出品方大为震惊，说我是个自己贴面的厨子。

电影拍摄现场，何志铭（右二）指导演员表演

对我来说，拍出一部优秀的作品才是最重要的，为了能有一部让自己、让大众都满意的好作品，花费多少钱财、精力都是值得的。当然，最终能为大家呈现出这部生动感人的作品，绝对离不开陕北老乡给予我的支持与帮助，每当到了紧要关头，陕北各路"神仙"都会降临支持。比如，当时因为资金问题无法召集足够的群众演员，老乡们自觉地、无偿地在影片里当起了群众演员；再比如，在纪录片中需要一段腰鼓的表演，横山县（今榆林市横山区）就自发组织了一批会打横山老腰鼓的后生来支援。他们的表演太精彩了，鼓手动作矫健有力、威武豪放，"腊花"含嗔带羞、舞步轻盈，极富艺术感染力，他们矫健的身姿、无畏的表情让我难以忘怀。

纪录片《李鼎铭先生》完成后，首先获得了先生后人的称赞，先生在西安和北京的亲属专门寄来锦旗，上书：史料丰富，立意新颖，彰写陕北风貌黄土情怀；呕心沥血，历时三载，奉献陕北革命史诗巨作。

拍摄陕北土地上的纪录片被陕北人当作自己的事，这就是陕北人民的大气和豪气。我感觉就像回到了延安当年的战火岁月，陕北人民星夜出发，千里驰援，一脸尘土，古道热肠！

一时辛苦，艺术却永恒，让影坛刮起西北风

2015 年春节期间，电视剧《平凡的世界》全国热播，片头中作家路遥的原声是我在 1991 年录制的。当时路遥刚获得茅盾文学奖，但在电影和电视上很难见到他的踪影。路遥是典型的陕北人，自尊心特别强，对自己要求很严格，对拍摄他的工作人员要求更严格。当时我就问路遥："你写得最多的是啥？"他说："那肯定就是《平凡的世界》的开头嘛。"他说开始写了 100 种开头，最后定了现在这个，这一段简直就是跟他的骨血化到一块了。于是在拍摄路遥创作状态的场景时，他所写的，正是《平凡的世界》的开头。他写的时候，我说："你能不能一边写一边嘴里念叨一下，干脆给咱们完整地说上一条录音？"他把笔放下，把《平凡的世界》开头、中间、结尾一共录了三段，这个声音最终就完

整地保留了下来。因此我们现在不仅能看到路遥的笑容，还能听到他的声音，这是多么奇妙而有价值啊！

无论身在何处，陕北在我心目中的分量始终是最重的。陕北人的品质和性格很好地融合了汉族与蒙古族以及其他少数民族的优秀特质。在我的影视作品中，主要就是表现陕北人民的伟大。延安时期毛主席对老百姓好，因为他为人民、爱人民，人民群众才对他感恩，陕北人就是这样一个有良心的群体，所以才有了《东方红》这首歌。

2016 年，我导演了一部微电影《东方红》，讲述了佳县农民李有源创作歌曲《东方红》的历程。这部影片先后获得了第三届全国微电影大赛最佳男演员奖、第五届中国国际微电影节最佳导演奖、中国金鸡百花电影节优秀作品奖等奖项。微电影看似短小好拍，实际上对于导演是严酷的考验。它要求你必须在有限的时间里把故事交代清楚、完整，而且拍历史年代的戏，对导演的学识要求是很严格的。有时为了一个取景地，我们要辗转几千公里去寻找，但我觉得很值，辛苦是一时的，艺术却是永恒的。说实话，我从没想过这片子能获奖，歌曲《东方红》的作者是李有源，他的孙子李锦鹏在观看了这部微电影后，眼含热泪地对我说："反映我爷爷创作《东方红》的影视作品挺多，但最真实的还是您拍的这部，我对您的感谢是无以言表的。"所以，我觉得我们电影工作者就是要努力把片子拍好，片子拍好了什么都好。我记得在拍摄微电影《东方红》的时候，我的妻子和儿子都和我在陕北黄河边上拍摄。当时小孙子在西安出生了，我在窑洞的炕头上听说是顺利生下一个男娃，当时就高兴地昏睡过去了，是昏昏沉沉的那种高兴。我想象着以后拉着他的小手，在陕北的沟沟峁峁，在黄河岸边，也给他好好地讲述陕北故事。

我可以算得上是西部电影从崛起到走向辉煌的见证者和同行人了。我见证了吴天明、张艺谋、张子良他们这一代艺术家在发展西部电影时的"求变心理"。正是这种"求变"的心切、夜不能寐的思索，促使他们带着西部电影走向辉煌。20 世纪七八十年代，西影厂的一批年轻人都是苦闷而兴奋的，苦闷的是找不到出路，兴奋的是已经听到了改革开放的足音。这种躁动的情绪，立足于强大的思想动力，对当时中国文艺、文学、艺术思考的高度领悟，促动着西影人开始奋发有为。很快，西影厂的这批年轻人就成为当时中国电影的中坚力量。因此，中国电影走向世界，其实是从中国西部电影开始的。当时的西影厂只是一个名不见经传的小厂，令人称奇的是有这股雄心壮志，在20世纪80年代，《老井》在东京电影节取得成功，《黄河谣》在蒙特利尔电影节引发轰动，《红高粱》《野山》在柏林电影节大放异彩，都让世界影坛感受到了来自中国的西北风。

到了20世纪90年代，中国影坛的主流中似乎缺乏西影人的声音。在如此严峻的现实面前，我们西北汉子并不甘心沉寂，我们赋予了西部电影全新的概念。如今，我们发展的新西部电影就是对20世纪八九十年代西影兴起时的西部电影的继承与创新。新西部电影更加注重电影造型的美感，更有思想性、艺术性，电影内涵变得更加深刻和有力。

现如今，西安作为大西部建设的中坚力量，在影视文化方面的发展提升是大跨步的，涌现出了许多新生的优秀编剧作家、导演制片人，正在为西部电影贡献着自己的力量。

我由衷地希望西安这座城市文化氛围能更加的浓厚。作为成长在这片土地上的影视人，一定要吃得了苦，下得了真功夫，要紧随时代发展，多看、多思、多创新，让影视作品更具活力与魅力。我在创作时始终秉持一个原则：因为艺术是永恒的，即使以艺拼命也是值得的。世上的有钱人太多，而艺术创造经典者有几？我的电影就是要让人们的精神得到美的享受，从而生活得更幸福、更舒适。影视工作者一定要对自己的作品负责，对传播的思想负责，努力为古城西安打造出一张更加绚丽的影视文化名片。

（文／郭知凡）

雷珍民
用笔墨传承文化精髓

个人简介：

    雷珍民，男，1946 年生，陕西合阳人。著名书法家。历任第十二届全国政协委员，陕西省人大常委会委员，中国书法家协会理事，陕西省文联副主席、陕西省书法家协会主席、陕西省国画院院长、陕西省文史馆馆员。出版作品主要有书法集《雷珍民书法选》《雷珍民书古文经典》和诗集《静水流深》等，书丹刻石有上海《重修豫园记》，甘肃天水《兴建龙园记》，江苏常州《淹城赋》，内蒙古《鄂尔多斯赋》，西安大雁塔地宫《唯识二十颂》《心经刻石》《金丝峡赋》等数十种。

    书法是中华民族优秀传统文化的组成部分之一。我真切地希望同道们树立良好的艺术道德，老老实实写字，勤勤恳恳从艺，兢兢业业处事，不断寻找适合自身发展的生存空间。

恩师赵朴初领我入书法之门

　　我的祖父是位老教育者，写得一手好字，我父亲对书画也有一定的研究。受家人的影响，我孩童时期，满目都是书画作品，所以也就小儿涂鸦，在墙上乱写乱画。我祖父看到这个情况以后觉得这是一个很好的迹象，他就鼓励我写字，把纸搞成小小的方块，让我在上面一个一个地写，培养我的兴趣。到 4 岁的时候，我就开始用毛笔写字。6 岁的时候，祖父认为我学书法已经过了兴趣阶段了，应该要有作业了，就每天给我布置作业，从刚开始的每天 20 个字、30 个字逐步往上涨，到最后每天坚持写 100 个字。我 8 岁的时候就能写一般的对联了，这种教育使我对书法的兴趣越来越浓。

　　20 世纪 60 年代，我放羊、喂牛的空闲时间，就用树枝在沙子上练字，只要你想练字，有心练字，处处都有场地。因缘际会，我在 1982 年认识了对我影响深远的恩师赵朴初。

　　1982 年，赵朴老来西安参加鸠摩罗什雕像落成安奉仪式。当时，赵朴老下榻在西安人民大厦，而我恰好是大厦的美工。当时陕西省人民代表大会的李连璧主任陪赵朴老在大厦东楼"凤凰厅"吃饭。赵朴老步入大厅时，抬头看见"凤凰厅"三个字，不禁驻足叹道："这是哪位老先生写的？"他又指着这三个字说："虽然字写得规矩些，没放开，但能写这样的字少见。此字有功力，能守住传统，不易。"当时的大厦经理满恒光说："写字的人不是老先生，而是 30 岁出头的年轻人！"赵朴老高兴地说："哦，是年轻人？能否请来见一面？"我见到赵朴老，心情既激动又紧张。而赵朴老却和蔼可亲地说："你年纪不大，但书法功力不错。学书法，应该从楷书入手，只要发扬水滴石穿的精神，好好练，好好写，到了 50 岁时，中国书坛也会有你的一席之地的。"

　　当时我除了书法之外，也学绘画。赵朴老建议我把绘画暂停下来，专心致志地攻书法，因为我的书法潜力比绘画潜力大。听到赵朴老的一席话，我茅塞顿开，当即表示要拜赵朴老为师，在书法领域发扬水滴石穿的精神，力争有新的突破。打这以后，我多次到北京登门请教，与赵朴老也保持书信来往。赵朴老在书信中多次勉励我多看书，学好文化知识，说这是练好书法的根本。

随着时间的推移，赵朴老与我的师生情谊日益深厚。1987年12月，赵朴老来到法门寺参观，我前去探望，给老师送去御寒的大衣。赵朴老回赠我一条深红色的羊绒围巾，这条围巾我一直珍藏至今。2000年5月，赵朴老病危住院，我得知消息后，立刻赶往北京，在病床前守候了两个多小时。我从北京回西安一周后，赵朴老溘然长逝。我一直记得他鼓励我钻研书法时的语气和样貌，也一直记得他对我说："只要发扬水滴石穿的精神，你就能在书法界有一席之地。"

这些年来，我一直按照赵朴老的教诲习书做人，非人磨墨墨磨人，岁月的磨炼和书艺的研磨，才是走向成功的正道。书品即人品，道德情操高的人受大家尊重，所以大家对其作品也很自然地偏爱、喜好。"老老实实做人，踏踏实实做事"是我为人处世的准则。凡事皆须实实在在去做，才可能做好；凡人更应该诚诚实实去为，才能上可对先辈，下可对同道与朋友。这样路会越走越宽，人气会愈来愈旺，书法事业也会做得更好更大。书法家的一生要以提高书艺、提高素养、追求艺术最高境界为己任，不应贪图眼前利益而放弃了对艺术的终极追求。

写好字要先学会做好人。书法是中华民族优秀传统文化的一个组成部分，要写字就要认识字，要认识字，

雷珍民书法作品

就必须读书。读书会增进我们对事物的理解、对社会的认识，促进思维理念的形成。古人讲："君子不重则不威，学则不固。"一个人只有认认真真做事，正正确确思维，才会做出堂堂正正的事。一切做学问的人，都要潜心做学问，对自己所学的东西认真负责。因为当荣誉压在你身上时，它就变成一种道义，一种担当。与此同时，别人会时刻关注着你的行为，你一点点的不负责任，就很可能造成大家对你的误解。这些思考，使我越来越觉得自己应该在学习上努力，在事业上要大成。

用书法传递社会正能量

什么叫写字？什么叫书法？书法和写字的区别在于，写字是书法艺术使用范畴的一个重要组成部分，它主要是把我们想到的东西用文字写出来，让大家都能看到、看懂就行了。所以写字是自我欣赏的一种实际行为，它不能成为艺术。先写字，当字已经写得非常规范、非常规整，然后读了好多帖、写了好多帖之后，文化思维理念达到相应水平，很自然地就进入书法层面。所以，我经常讲写字是纯粹技术层面的东西。从写字进入书法的阶段，这叫"技近乎艺"，"艺"一定是在融会贯通之后才能达到最高阶段，才能叫"艺近乎道"。"道"是书法的最高阶段，也就是说，从一个书法家进入一个艺术大师的阶段，写字已经脱离书法的本体，就不再叫写字，而是写一个人的思维、理念、阅历、文化修养，是写一个人的人生。通过政府、文化界的大力支持，大家特别是很多年轻人现在都开始练书法，确实是一个莫大的好事。

我经常讲，开始学习就要让他们走入书法的正轨，不要信手涂鸦，要看帖子，要按照书法的发展规律，循序渐进。我希望每一个向我请教的人在书法艺术上都有所成就，这对社会进步有一定的促进作用。我的很多作品都是向上、向善、充满正能量的，我想用书法的形式将这些内容表现出来，供广大群众阅读，使大家在阅读的时候不只是欣赏书法，也能学习到经典语言、经典文献、经典的思维理念，从而对传统文化的普及起到潜移默化的作用。我潜心抄写经典的过程，也是自己在不断学习、不断反省的过程，通过这种方式让自己的灵魂能得到进一步的净化。

我们小小的举动只不过是大海中的一朵浪花，但如果大家都这样做，那么对社会就有极大的意义。我坚守我的信念，即通过对古典经典作品的书写，来弘扬我们中华民族的优秀传统文化，使大家更多地接触我们优良的东西，有教育意义的东西，促进社会和谐安定的东西。我到国外去，发现外国人对我们的传统文化都很重视，但我们自己却忽视了，所以我提倡要大力弘扬传统文化。

我不光说，还带头干这个事情。我从2012年开始筹备写书，想把中国优秀传统文化中的代表作书写出来。具体写什么内容呢？最容易让人理解记忆的就是诗词歌赋，所以我选了唐诗、宋词。最后考虑到国人一直在研究红学，所以我把《红楼梦》中的诗词、楹联、名句摘录出来，辑录成了《红楼梦判词》。我写书的初衷，就是回馈社会、奉献社会。我们这代文化人都是社会的受益者，政府、社会给了我们这么好的机遇条件，我们也要尽自己最大努力回馈社会。我们陕西有的是文化，陕西的发展首先要搞好文化，把文化搞好了，很多问题就都迎刃而解。所以我希望众多的书法爱好者都成为文化人，把中华民族的"仁义礼智信、温良恭俭让"牢牢地刻在思想里。这样，陕西未来一定有很大的发展。

读书不见圣贤，如铅椠佣；居官不爱子民，如衣冠盗；讲学不尚躬行，为口头禅；立业不思种德，为眼前花。我认为自己既有责任又有义务把自己对文化艺术的理解、对民族文化的认知传播出去，自觉做文化的先行者。

（文／马康伟）

孙海鹏

我愿做儿童戏剧发展道路上的铺路石

个人简介：

孙海鹏，女，1948 年生，陕西西安人。1959 年考入西安儿童艺术剧院，1985 年入党。国家一级演员。曾任西安儿童艺术剧院副院长、中国话剧研究会理事、中国儿童戏剧研究会会员、陕西省文联委员、西安市培育儿童协会理事、陕西省剧协"德艺双馨"会员、西安市剧协理事。

我的一生是和儿童分不开的一生。每个人都有童年，每个人的童年都会有难忘的美好的回忆，我从事的儿童戏剧事业就是给人们带来这美好多彩的记忆。我愿做儿童戏剧发展道路上的一块铺路石，为孩子们的茁壮成长和幸福明天搭桥铺路。

从小有个演员梦，心系儿童未了情

　　我生于 1948 年 1 月，1959 年，在 11 岁的时候，我考入了西安儿童艺术剧院。1985 年入了党，我成为一名光荣的共产党员。现如今，当再次回忆起当初选择考西安儿童艺术剧院的那段日子，我还是会格外激动，虽然已经过去 60 多年了。上小学的时候，我在作文里就曾写过："我的理想是要当一名演员"，老师也觉得我有这方面的天赋。在学校的文艺演出里，我基本上都是独唱、报幕，那时还不叫主持人。1959 年，当时的西安市文化局正在筹备成立"儿童歌舞剧训练班"，一批筹备老师来到西安市各个中小学、少年宫挑选人才，我被老师一眼就相中了，听上去还挺幸运，但是选拔过程却是费尽周折。那是要在几千名学生中挑选，光考试就考了二十几次，非常严格。就这样，经过层层选拔，最终我被西安儿童艺术剧院录取了。可是父亲这一关却不好过。他干了一辈子的教育工作，希望自己的女儿能上个大学。他的思想还是很传统的，认为万般皆下品，唯有读书高。每次提起这件事情，家里的气氛就不好了。我的老师也不停地到我家给我父亲做工作。我当时很任性的，就是一门心思地想当演员，要去西安儿童艺术剧院。到头来，父亲还是拗不过我，我是家里最小的一个，他很疼我。记得报到那天，每个孩子都背着行李，父亲把我送上了去剧院的大卡车。那时候的小寨很荒凉，整个剧院的排练厅还在筹备建设中，但对我而言，无论环境再艰苦，训练条件再差，我都心甘情愿，因为我喜欢这里，真的特别高兴。住宿就是小平房，根本没有练功房，练功用的把杆是锉平了的树杆子。路面也没有硬化，都是土，一踢腿，土都能扬到头上。但就是在这样的情况下，我们被选拔来的 50 多个孩子，吃、住、练功、排剧都在一起。我们这批演员，无论是民间舞蹈、戏曲知识、民乐欣赏，还是芭蕾、钢琴、形体训练，以及文化、政治课等，十几门功课都是个顶个的好，能唱能跳，能翻能打，很全面。这一系列的训练，让我们在儿童剧的角色塑造上受益很大。比如，当我演个小动物，它可不像人一样站在舞台上，它得翻滚、跳跃，快速地在舞台上移动。再比如，我们演样板戏《红色娘子军》《白毛女》，那还得有芭蕾舞的基本功，没有条件买好的芭蕾舞鞋，我们都是用布一层一层地把脚缠起来，跳完一场脚上都是血，指甲盖都掉了。这些苦我们都受过，最终都克服困难挺过来了，我非常感谢老领导、老师们对我们的培养。无论在教育上、思想上还是生活上，剧院的管理都非常严格，我们的目标是要打造中国顶级的儿童艺术剧院。

西安儿童艺术剧院是全国成立最早的四个儿童剧院之一。60 多年来，我们一直活跃在国内外戏剧舞台上，创作了大量中外优秀儿童剧目。从最开始的《英雄小八路》《初升的太阳》《小足球队》，再到后来的《月儿皎皎》《丑小鸭》《小小阿凡提》等，都深受孩子们的喜爱。跨入 20 世纪 90 年代后，在市场经济的迅猛发展中，我们主动出击，打开了江、浙、沪的演出市场，参加了 1993 年"上海优秀儿童剧展演"等一系列演出活动。那时候，在江、浙、沪一带只要听说西安儿艺来演出，都是争着要抢着接，不仅让我们的演出市场得到了保障，也让我们的知名度出去了，影响力扩大了。

我从一个小演员到班长，从班长到队长、业务科长，再到业务院长，我是跟西安儿艺一同成长起来的。我们始终都把孩子放在第一位，我认为只有小演员，没有小角色。我常说自己是笨鸟先飞。1994 年，西安市举办了第一届艺术节，我在儿童剧《奇特的比赛》中，扮演一只鼹鼠。有个动画片叫《鼹鼠的故事》，我就去参考它里面鼹鼠的形体和生活依据。除了这种拟人化的动物表演很难，舞台造型也不好设计，光是设计鼹鼠那个厚厚的"大肚皮"的服装，我和服装设计师郁青就往服装厂跑了 6 次。最终一个惟妙惟肖的鼹鼠形象活灵活现地展现在了小观众的眼前，赢得了阵阵掌声。脱下"鼹鼠服"后，我的内衣都能拧出水来。但我觉得值得，孩子们看得开心，我心里也高兴，一点都不累。

"丑小鸭"变美天鹅，儿童艺术将青春永驻

1985 年 6 月，我得到了党组织的肯定，成了一名光荣的中共党员。说实在的，我从单纯地喜爱儿童剧到意识到自己是在从事着一份光荣、有着重要使命的事业，经历了一个思想升华的过程。当年，组织派我去北京学习儿童剧《报童》，这让我在思想上产生了很大的触动。当我身临其境地感受到老一辈艺术家任德

孙海鸥演出剧照

耀、方鞠芬是那样一丝不苟地对待艺术创作，而他们表演的《报童》将会在广大儿童身上产生长远的积极影响时，我的眼眶都湿润了，很感动。老一辈文艺工作者如此执着地对待党的文艺事业，使我备受启迪。我又想到那时我们到瑞士、德国演出时，我国驻瑞士大使的话，他说："你们的演出起到了大使馆起不到的作用，我要向你们表示感谢。"我的思想境界得到了升华，我知道我在做着一份有意义的事业。

1998年，我经由西安儿童艺术剧院群众推荐，由西安市文化局任命为西安儿童艺术剧院副院长。20世纪90年代以后，面对市场大潮的猛烈冲击，西安儿童艺术剧院遇到了前所未有的挑战。全国的儿童剧团由原来的不到10家发展到20多家，许多戏曲、歌舞、话剧艺术表演团体也纷纷创作、排演起儿童题材的戏剧、歌舞，各种形式的童话剧、小戏、儿童歌舞像潮水一样涌向演出市场，争抢观众，我们剧院"等米下锅"的经营方式受到极大冲击。此时，如果不抓经济收入，就很难维持我们的生存和发展。要生存，就得自己出去"找米"。我们很快组织剧院的精锐力量排演了一台集歌曲、舞蹈、话剧等多种表演形式为一体的综合演出，以及《皇帝的新装》《快乐的汉斯》《三个和尚》等形式轻松活泼、孩子们喜闻乐见的校园剧。我们老说，当时就是拉着板车闯市场。戏有了，上哪儿演？现在，当我回想起当年"找米下锅"四处跑票的日子，我就觉得很心酸，很想哭。我这个人，个头不高，那时候每天骑着自行车从城南跑到城东，从北郊"窜"到西郊，到小学、幼儿园联系演出。人家常常是连门都不让我们进，隔着门一问，听说是来演儿童剧的，就不耐烦地让走。好几次我都忍不住站在学校门口委屈地哭，哭完，抹一把脸，又上另一个学校去。不光是我，当时剧院不论领导、编导，还是演员，都有过这样的"难忘"经历，说起来，就一个字——苦！但我始终认为，一部好电影、一本好书能让孩子们受益无穷，一台优秀的儿童剧同样可以影响人的一生。为了孩子们，也为了我们剧院的发展，我们只能在市场上奋力拼一把。这种不放弃的精神，来源于我塑造的一个角色，也是它让我从心灵深处得到了成长和蜕变，这就是儿童剧《丑小鸭》中的丑小鸭。

童话剧《丑小鸭》在带给我荣誉和欢乐的同时，也给我带来了痛苦和眼泪，但更多的是带给我拼搏的勇气和毅力，还有使我能够经受磨炼、追求事业的信念。我有机会扮演《丑小鸭》这个角色，是由于当时演丑小鸭的演员因为种种原因不能排练，于是我就主动请缨。时间紧迫，要在一周内排出来。同时，我也担心年龄的问题、体能的问题，能不能塑造好这个形象。但是，我已经暗下决心，一定得演好这个寓意深刻的童话剧。我反复思考，究竟怎么样体现出童话剧拟人化的表演，又怎样揭示出丑小鸭纯真善良的性格和它面对歧视一次次搏斗抗争的不屈的奋斗精神。我全身心地投入到角色创造上，甚至会到动物园去观察鸭子的形体神态，找一找舞台上角色的艺术特征，比如鸭子走路时，脖颈向前，鸭腿、脚掌支撑着屁股，左右一晃一摆，这些都必须经过艺术加工使其形象化而不能是单纯的模仿。我把枕头绑在屁股上，加重下身重量，然后采用芭蕾舞中的二位半蹲，两只手半张就像是鸭子的翅膀。形体动作准确了，还需要更进一步融进角色的内心感情，体现出一个受到孤立、百般无奈的小鸭子的形象。我一遍遍地琢磨，一次次地练，翻、滚、磨、爬、芭蕾、戏曲对打都用上了，只为更好地塑造丑小鸭坚强的个性美。最终，我们用了五天时间就排好了这个剧。第一场演出完，我发现身上有 20 多处淤青、擦伤。但是我觉得，最好的疗愈就是观众们看戏时的喜悦，那些声浪能熨平我的身体伤痛，这是对我最好的激励和回报。

之后，我一口气连续演出了 120 场。这么多年，我就是喜欢和孩子们在一起，哪怕剧里只有一句台词，我都要把它说好。我一走上舞台，就会忘掉一切，一心只想把角色演好，让观看演出的孩子们在欢乐中有收获、有成长。

其实，我很羡慕现在的文艺工作者们，尤其是儿童剧演员们。2009 年 8 月，西安儿童艺术剧院改制为西安儿童艺术剧院有限责任公司，隶属于西安曲江新区管委会西安演艺集团。无论是从团队管理上，还是演出环境上，都有了很大的变化。尤其是和我们当时的演出条件相比，现在的大剧院、演出舞台、舞美灯光都太棒了，我都想再次站上去好好感受一下，听听孩子们欢乐的笑声。近些年，西安的文化事业得到了蓬勃的发展，儿童戏剧艺术的创新和新剧目的推出方面取得了很大的突破。比如《我们是秦俑》《拇指姑娘》《二十四个奶奶》等儿童剧，都深受孩子们的喜爱，这让我们从事这份播种纯洁和美好、培育童真的工作的艺术工作者很欣慰，很感动。我也期待着我们的儿童戏剧艺术事业能不忘初心、青春永驻。

（文 / 郭知凡）

李向红

长相思，在长安

个人简介：

李向红，女，1961年生，陕西西安人。1984年毕业于郑州大学，先后在青海日报社、陕西日报社做编辑记者，现为陕西日报社主任记者。1999年开始从事影视创作，担任监制、总策划的电影《郎在对门唱山歌》（2011年）和担任监制、制片人的电影《她们的名字叫红》（2013年）分别获得第十四届、第十六届上海国际电影节金爵奖、评委会特别大奖，陕西省五个一工程奖等奖项。2017年担任电影《你就像一朵花》制片人，参与《美人厨房》《南八仙》等电影创作。

做记者让我有积累、有发现，关注社会热点，反映民生民情，以新闻人的头脑思考问题。我和我的团队，立志要将陕西的优秀文化展示给更多的人，做有文化根脉、人文情怀的高品质电影。

张铁山
在西安开宗立派创秦派内画

个人简介：

张铁山，男，1963 年生，陕西西安人。中国工艺美术大师，秦派内画艺术创始人，西安市人民政府文化顾问，陕西省政协委员，西安市政协委员。匠心匠艺 40 余载，继承了陕地特有的周、秦、汉、唐之国韵，创立了以润、透、精、雅为特点的秦派内画艺术，其内画作品在国内外艺术大展中斩获 33 项大奖。创办的陕西铁山内画艺术研究院被评为"陕西省文化产业示范单位"。

内画被誉为鬼斧神工的技艺，如今已是国家级非遗项目。它兴盛于清代，从京派起源开枝散叶，再创冀、鲁、粤、秦四派，秦派是最年轻的。当时代疾行，不少传统技艺流派缩减，内画艺术在三秦大地却诞生了新的流派——秦派，内画发展脉络由此生出了新枝。回想我当初的那份误打误撞的坚持，今天看来是非常值得的。

徐杰
用话筒讲好大美陕西的故事

个人简介：

徐杰，男，1974年生，陕西西安人。国家一级播音员。陕西广播电视台播音指导，《陕西新闻联播》资深主播。2016年，代表陕西主持中央电视台春节联欢晚会陕西分会场和元宵晚会陕西分会场；2017年党的十九大前夕，代表陕西在中央电视台直播《还看今朝·陕西篇》；2018年，摘取全国（电视）十佳"金牌主播"大奖。

主持人要主持好一档节目，不是一两天的功夫。陕西是我成长的地方，每天播报新闻，就像每天体验它的心灵，触摸它发展的脉动一样。要播报得好，我只有让自己深深地扎根于这一片土壤之中，不断地汲取和领会它的精髓与独特韵味，再尽可能完美地展现它的魅力，这是我的责任与义务。

范燕燕

以丝绸为媒，用艺术连接"一带一路"

个人简介：

范燕燕，女，1978 年生，陕西西安人。毕业于西安美术学院国画系，"范燕燕"品牌创始人，范燕燕丝绸艺术中心总设计师。第一位连续两届荣获全球妇女论坛阿尔忒弥斯女神奖的中国女性，被誉为"中国丝绸艺术第一人"。其作品被美国前总统贝拉克·奥巴马、联合国前秘书长潘基文、斯里兰卡前总统马欣达·拉贾帕克萨等政要名流收藏。

一切就跟做梦一样，我站在丝绸之路起点，以丝绸为媒，将丝路文化传播到世界各地。更让我高兴的是，当我的艺术审美被国内外认可的同时，丝绸之路历史文化也因此"活"了起来……我用自己的艺术事业见证了古今交融的历史、时代进阶的脚步。

科 技 篇

周尧和

中国铸造界的一面旗帜

个人简介：

周尧和，男，1927 年生，2018 年逝世，山东人。著名物理冶金学家、材料科学与工程专家、教育家，中国科学院院士，西北工业大学材料学院教授，上海交通大学材料科学与工程学院教授、博士生导师。中国凝固科学与技术的开拓者、奠基人和领军者。首届中国铸造终身成就奖获得者，中华人民共和国成立以来首次颁发的航空工业个人最高荣誉奖航空金奖获得者之一。

我希望以敏锐的眼光关注社会发展对科学技术提出的新需求，做对国家经济建设意义重大的课题，并始终保持着与时俱进、创造求新的能力。

勇攀铸造的珠穆朗玛峰

我出生于 1927 年，我家是当时渤海之滨的名门。受到父母的影响，我从小就喜欢学习，成绩一直很好。20 世纪 40 年代，我考取了清华大学机械系，在清华大学读书的那几年，是我对学术产生兴趣的开始。

记得我在清华读书的时候，那时清华园有一大批知名教授，每位教授的讲课风格都不一样，印象最深的是钱伟长先生。他刚从美国回来，讲力学，全是英文讲课，板书写得很快，而且非常整齐漂亮。他有一个特点，讲课时眼睛不看学生，给人有点高傲的感觉，但他对学生抓得很严，每两周就要小考一次。那年，我感染上疟疾，被隔离一个月，两次小考没参加。回到学校后，功课跟不上了，结果钱老师的课我的分数最低，所以印象最深。

1950 年，我从清华大学机械系毕业，来到天津南开大学任教。1953 年国家遴选留苏学者，我有幸中选，进入当时的苏联莫斯科钢铁学院冶金系攻读研究生，一读就是 3 年，其间没有回过家。

莫斯科的冬天漫长又寒冷，令人难以忍受，但我每天早起，经过一个小时的车程赶到学校学习、研究。作为铸造专业的研究生，我需要自己混砂造型、化钢浇铸、测温剖样，在莫斯科的寒冷天气中，完成这些工作极其辛苦。在这样的环境中，我学习了 3 年，顺利完成了学业，并以一篇关于铸钢件热裂的研究论文获得苏联副博士学位。论文的研究成果后来成为苏联铸造专业教科书的经典内容。

1957 年，我回国之后响应国家号召，离开久违的故土天津来到西安，成为西北工业大学铸造专业的一名老师。当时在大学以教学为主的大环境下，我和几位同事在西北工业大学算是开了铸造技术科学研究的先河。20 世纪 50 年代，物质资源十分匮乏，科研经费不足，科研条件和设备简陋，但就是在这样极其简陋的条件下，我和同事进行着国际先进水平的研究工作。

20 世纪 80 年代初，西北工业大学的铸造专业在全国抛出了几个重量级的研究成果。这是我们一个团队的功劳。1986 年，我在研究一个"保温冒口"的课题，后来有了成果，我就把这个成果应用到实践中。可以说，这一研究成果推动了铸造现代化的步伐，然后迅速地在全国推广应用，产生了巨大的经济效益，还获得了国家科学技术进步奖。这一篇关于"保温冒口"的研究论文被作为 1979 年中国铸造学会推荐的官方论文，在国际铸造会议上宣读，这对我们做学术的人来说，是很大的肯定。

创造了中国铸造界的多项第一

我做科研历来重视科学与技术的结合，并力求把技术应用于解决实际生产问题。

20 世纪 80 年代，我发明的"调压成型精铸法"实现了轻合金超薄壁复杂构件的高质量铸造成型，攻克了航空航天领域的关键技术难题。这个成果在 1990 年获得国家技术发明奖，1991 年获得航空金奖。那一时期，我还主持了一项"六五"国家科技攻关项目"大型铸钢件凝固控制"，项目组成功解决了葛洲坝大型水轮机叶片及 30 万千瓦发电机组高压外缸铸件的质量问题。这项成果获得 1986 年辽宁省科技进步一等奖。

20 世纪 90 年代初，我又开辟了"生态材料学"研究的新领域，并迅速将研究成果转化为诸多大型冶金企业的先进生产力，为更加注重环保、节能的现代工业生产提供了先进的技术保障。

回首做科研的几十年，我们团队还是取得了很多研究成果的，也完成了多项重要理论课题及国家重点科技攻关项目，取得了多项重大突破。我当选铸造领域的第一位中国科学院院士，成为担任国际铸造学会主席的第一个中国人，是中国首次参加国际铸造会议的中国官方论文作者，领导建立了铸造领域的第一个国家重点实验室，培养了中华人民共和国第一位铸造学科博士和院士。其实，这里有些授予我个人的荣誉也离不开各位同事和我的学生的努力和帮助。

我曾 6 次以中国代表团团长身份参加国际铸造会议，1988 年当选为国际铸造学会执行委员，1993 年任主席。国际铸造研究的交流参加得多了，就越来越感觉到我们国家的实力在逐步增强，在国际上的地位越来越高。中国科学家用自己的努力，为中国的科研事业做出了贡献，使得中国的科研成果，特别是材料科学研究这一块，如今也能在国际上排得上名，占据一席之地。

20 世纪 70 年代，在实验室里做研究的周尧和院士

在凝固科学领域永怀教育初心

1963 年，我主要教授铸造原理这门课。我讲课喜欢深入浅出地讲述，把概念都尽量阐释得准确清晰，铸造专业也要讲究推理和逻辑性，我就尽量展示一步一步推理出结果的过程。作为一名教书育人的老师，板书不好，很影响学生接受知识的程度，所以，我也尽量把板书写得工整美观，方便学生抄下来，进行课后复习。在课堂上，我还喜欢提问。很多学生觉得爱提问的老师不好，但是，我对学生的要求就是"平庸在我这里是通不过的"。我要求我的学生在课堂上专心听讲，积极思考，跟上老师的思维和步伐，这样才能最大程度地学到真正的知识。可能是我教的课比较受学生认可，这门课后来被树立为原国防科工委高等院校的样板示范课。后来，大概是 1981 年，我又被国务院学位委员会评定为首批博士生导师。这是国家对我的信任，是对我教学工作的极大肯定和鼓励。

我们西北工业大学人才培养的目标，就是要培养一流的、德才兼备的创新型人才。为了达到这个目标，就必须坚持教学和科研两条腿走路，共同服务于人才培养这个核心任务。

在学校里，我是出了名的"严师"。在研究生培养过程中，我认为要"育人立德"，同时还要"激励创新"。老师的言传身教很重要。我的一些学生毕业的时候开玩笑说"怕"我，可能因为平时我也不爱说笑，在治学上对他们要求严格。我始终认为做学问要一丝不苟、精益求精。每次批阅学生的论文时，我会连错别字和标点符号都批注出来。有时候，一个小小的错误习惯都会导致一场实验的失败。我希望我的学生认识到：做学术研究，甚至在以后工作中，不能有丝毫懈怠和侥幸，要严以律己，要近乎苛刻地自律，要怀揣对科研的敬畏之心，对自己高标准严要求。

我认为，学生做得不好时，老师肯定要指出来；当学生做得好的时候，我会提出更高的目标要求。我总是让学生做得更好，也希望他能够做得更好。

我带的学生，现在还值得夸一夸。我带出了中华人民共和国第一位铸造博士；还有一大批弟子都成了独当一面的学术带头人和总工程师，其中 1 人获中国科学院院士称号，7 人入选教育部长江学者奖励计划特聘教授，8 人获国家杰出青年科学基金，2人入选教育部长江学者奖励计划讲座教授，40余人在国内外大学和科研机构任教授。在教育岗位上干了这么多年，这是我引以为傲的成绩。我希望用自己的力量为我国凝固科学领域培养一支强大的学术力量，把我国凝固科学做得好一点，再好一点。

我对中国高等教育有着深深的渴望和期待，更对党的教育事业怀揣着无限的热爱。

（文／张潇、李心如、吴秀青）

注：2018年7月，在本书撰稿阶段，周尧和院士因病去世，享年92岁。

鞠躬
一生鞠躬尽瘁为科研

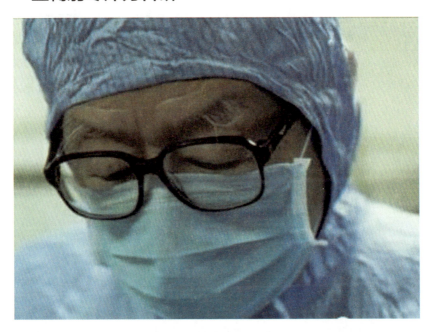

个人简介：

　　鞠躬，男，1929 年生，安徽绩溪人。神经科学家，中国科学院院士，我国现代神经解剖学奠基人之一。曾任第四军医大学神经生物学教研室主任，全军神经科学研究所所长。先后担任过国家自然科学奖评审委员会委员，"973 计划"专家组成员，何梁何利基金专业评审组成员，陈嘉庚科学奖医学组评奖委员会委员。共发表国际论文 117 篇，截至 2007 年年底，其第一作者或通讯作者论文他引次数达 3500 次。自 1987 年起任 *Neuroscience*（《神经科学》）编委，是目前唯一一位中国编委。2002 年应邀赴瑞典出席诺贝尔奖颁奖典礼。

　　60 年前，我曾说过一句话，"Each day a step nearer to my grave."（活一天就离我的坟墓近一天。）同事问我为什么这么悲观，我说："我的意思是活一天少一天，应该珍惜每一天。"

父亲希望我鞠躬尽瘁

　　很多人对我的名字很好奇，这也不足为怪。说起我的名字，要先讲一讲我的家世。我的祖父姓周，安徽人，是位茶叶商；父亲当然也姓周，但因为深感中国历来氏族观念太强，经常有氏族间的冤仇世代相传以致械斗不断，于是父亲自己起名索非，废弃了姓。我不知道父亲为什么取名索非，直到许多年后才悟出来，"索非"和"求是"是一枚硬币的两面，"不索非何以求是？"父亲给我起名鞠躬，大概是希望我能"鞠躬尽瘁，死而后已"。鞠躬只是一个没有姓的名字，待到我要给儿女报户口时就出问题了。他们姓什么？如果不姓鞠，那他们是谁生的？领养的？不得已，我的儿孙一律姓鞠了，好在百家姓中有"鞠"姓。

　　我出生在书香世家，我的舅公是胡适先生。我家跟巴金先生、钱钟书先生都有来往。记得有一次，我看见巴金先生下楼，边走边背诵正在看的书。但我分辨不出是什么语言，就问他是什么书，他说是但丁的《神曲》。当时我家就像孤岛（上海）上唯一的一个文化沙龙，我坐在一边听他们谈论。巴金先生的朋友很多，我能想起的有郑振铎、靳以、陆蠡、曹禺、钱钟书和杨绛等。

　　在这样的文化熏陶中，我渐渐懂得了多国语言，尤其精通英文。我的很多医学笔记都是用外文来记录的。平时没事的话，我比较爱听古典音乐，直到今日，喝咖啡、听古典乐依然是我闲暇时最爱的享受。

　　80 岁时，我写了一本自传体的书《八十春秋回首》，本来已写不了东西了，但是出于热爱吧，还是想回顾一下自己这些年的经历。

　　我学医是受父亲的影响。父亲没有系统学过医，全靠自学，我在家中看到过父亲的日文医学藏书，他后来通过考试获得了上海工部局的医师执照。其后，他还在德文晚上业余班学习。他在开明书店午休时，到附近的欧洲大药房内很小的诊所，免费给穷困老百姓看病，有时还送他们一些药。他曾带我到他的诊所去过，诊所只有上海的亭子间那样大小。

　　后来，我以优异的成绩考上湘雅医学院，由于成绩比较好，我又升入协和医院的素质班，后分配至西安工作。当时西安的条件艰苦，刚来到西安的我有点难以想象，但是我的性格就是这样乐观，来了就来了。用现在的话说就是："撸起袖子加油干！"我被分配到解剖教研室，因为有我喜爱的神经解剖学，我一有空就泡图书馆。坐硬板凳，泡图书馆，泡得我坐骨结节下的皮都磨破了。可是这值！磨破了屁股，脑袋里长了知识。

大概读了 10 多年的书，我终于可以做独立研究了。我和团队一起做了一个课题，叫"听觉束路追踪研究"，当时震动了医学界。这是我们一起取得的很优秀的成绩，现在想起来也值得说一说。

然而，紧接着进入特殊年代，受特殊环境影响，我们在医学研究方面连番遭遇阻挠；直到 1985 年，我们在神经学领域的研究才有了转机。那一年，我56 岁。忆起往事，我总觉得做人要诚实，在那个年代，我只填了对自己不利的家庭关系，有利的都不提，所以导致我的研究一度受阻。虽然比较倒霉，但我一点也不后悔。

不是"泰斗"，是"好漏斗"

2013 年，第四军医大学把首次设立的教学终身成就奖颁发给我。我对自己这一生的评价是没有什么伟大的业绩，只不过点燃了一支蜡烛而已。这是我的真心话，比起很多大师名家，我只能是一支蜡烛。

从前，有人写了一幅"大家风范"的字送我，我回应说应该写"小家弊玉"，哈哈，弊病的弊。大家都称我为"泰斗"，实际上我从来不接受"泰斗"的称号，更不是"大师"。我认为能当一个"好漏斗"就不错了，能滤掉糟粕，留些精华给后世就不错了。

医学方面的研究从来都是迎难而上的。在当时，脊髓损伤是战场和军事训练中常见多发伤，轻者运动受限，重者瘫痪，历来是各国军事医学研究的重点和难点课题。我的研究目的就是要攻克这一难题。在传统手术的基础上，我当时做了一个大胆创新，率先提出了"硬膜外减压治疗法"。这一治疗方案一经发表，便在国际上引起广泛的关注。2002 年，我依托解放军昆明总医院脊髓损伤科，对 30 例最严重的全瘫患者实施了脊髓挫伤早期神经外科手术。按传统理念，他们已经无法再用双腿站立，可术后 3 个月，他们中 80% 的人都可以独立拄拐行走了。

1985 年，我建立了全国首个神经生物学教研室。此后的几十年里，这里不仅创造出有世界影响力的科研成果，更为祖国培养了许多高层次医学人才。这是我至今想起都觉得骄傲的事情。祖国需要更优秀的医学人才为人民服务。

"钱学森之问" 让我一生实践创新教育

钱学森有个世纪之问，很多人问我是不是知道。这个我知道。好的老师，一定要培养学生的创新思维，这是我的责任。照本宣科，学生们没有兴趣，所以我的课堂上，着重剖析医学成就的发现过程，还原创作者的发现思路，一点点启发学生。

比如，我上课的时候要讲"胃的运动功能"，我就一屁股坐到桌子上，用身体模仿一个"胃"的运动，来给学生们讲述。这种方式很受欢迎。我喜欢做些创新教学，这一直很受学生喜欢。

1983 年，我还是副教授，可能是研究做得比较好吧，被教育部特批为博士研究生导师。既然要带博士生，而且是医学方面，在关乎千万人生命的大事上，我肯定不能马虎，所以我在对学生的培养上，始终要求非常严格，甚至给研究生立下规矩：凡违背科研道德的学生一律开除。我给我的学生说，抄袭是万万要不得的。曾有个学生抄袭，本来要开除的，后来考虑到学生的前途，我让他自己退学了。

我经常鼓励学生要"与真理为友"，要时刻保持创新思维。樊洪是我在 2010 年招收的研究生，在他博士毕业那年，我希望他能在脊髓损伤治疗上进一步创新，要在病人脊柱完全断裂的情况下恢复神经功能。后来，他就做了一个大胆的创新，通过特殊的技术，给已经断裂的脊柱两端架上一座桥梁，让营养和神经通过，这一创新手段填补了国内神经解剖学的空白。最终，他的论文发表在了英国的《脊髓》杂志上，在医学界引起了广泛关注。樊洪本人也成了我很器重的助手。

现在，医学研究条件比过去，特别是中华人民共和国成立那会儿好太多了，国家对这块也比较重视，给予大力的资金支持。所以，我还是想在有生之年，能为国家多尽一份力。我虽然九十多岁了，但还是每天去上班。我目前研究的重点是免疫系统对神经系统的调节作用。每天做完研究回到家，听听我的小孙子弹钢琴，就是最好的放松和享受。我有架钢琴，是70岁生日时买的，可是实在太忙了，没有时间学习，竟然闲置了20多年。如今，我只好抚琴叹气，这一辈子我跟钢琴就没缘分了。好在孙子有着难得的"完美音准"，学琴进步非常快，让我倍感宽慰。

（文／张潇）

杨士莪

四海为家赤子情

个人简介：

杨士莪，男，1931 年生，祖籍河南南阳。中国水声工程学科奠基人、水声学科带头人之一，中国工程院院士。1951 年毕业于清华大学物理系，曾任哈尔滨船舶工程学院副院长、中国声学学会副理事长。2001 年起被聘为西北工业大学外聘院士、博士生导师。现任中国声学学会名誉理事长。从教 60 余年，毕生从事水声学科研究，崇文重教，一心向学。

我在祖国的东海、南海、黄海诸多海域上"倾听大海的声音"，经历了中国水声科学曲折前行的发展之路，我的毕生研究领域与"水"密不可分。

结缘水声，四海为家

我属羊，是狮子座。我的原籍在河南，生在天津，童年在北京，少年在重庆，青年在大连，后来到哈尔滨工程大学，再后来在西北工业大学做兼职教授。60多年来，我的一半时间都在全国各地，时间大致是这样分配的：1/3可能在做海上实验和参加一些会议，1/3在西安或者青岛，另外1/3在哈尔滨，可以说是四海为家。

1931年8月9日，我出生于天津市马场道。我出生的年代正是家国动荡时期，也是中国人民饱受艰难困苦与颠沛流离的时期。

我是家族"士"字辈长孙。我的祖父杨鹤汀一生致力于教育救国，他反复考虑后，给我挑选了一个"莪"字，取名"士莪"，语出《诗经·小雅》中的《菁菁者莪》："菁菁者莪，在彼中阿。既见君子，乐且有仪。""莪"是一种生长在水边的多年生草本植物，生命力顽强。诗中"莪"之茂盛，生长在水边，指人才的成长。《诗经》有注本说："菁菁者莪，乐育才也。君子能长育人才，则天下喜乐之矣。"后世用"菁莪"指育才，是对培育人才的赞美。"士莪"二字，也是祖父对我的殷切期望。

1940年秋天，我插班进入重庆歌乐山下的高店镇中心小学五年级学习。这所六年制小学始建于1925年，整个学校有二三百人。学校没有校钟，上下课由学生摇铃为号。当时，冰心的儿子吴平、国民党高级将领王耀武的儿子王志林等跟我是同学。所以，我那时候还去吴平家——冰心在歌乐山的寓所"潜庐"做过客。小学时候的我虽有点淘气，但每次考试都稳居第一。

1941年秋，我提前一年结束了小学的学习，以同等学力顺利考入重庆南开中学初中部。在这里，我接受了严格的教育，学习科学，认识人生，由懵懂孩童成长为具有爱国意识、集体生活习惯与服务社会能力的蓬勃少年，并奠定了我一生进修的基础。

那时候，我家姐弟五人先后就读于重庆南开中学，家庭负担很重。为了补贴家用，我家在房前屋后养鸡种菜。我父亲工作繁忙，就常在嘉陵江畔卖红薯的那里买两块红薯充饥，有时能吃上两三块热烧饼就算不错了。但即便再清苦，我的父母都一直非常关心我们的学习，经常在寒暑假时邀请学校的老师和一位同住在歌乐山上的马来西亚华侨为我们姐弟补习数学、英语等课程。

我中学毕业后，该考大学了。父母希望我考中央大学，就在南京家门口；但是我希望上大学可以远行独立，过不在父母眼皮底下的自由生活，最后还是选了清华大学。1947年，直到仲秋的一天，我才接到大学录取通知书，赶到学校时已经很晚了。我所在的院系位于北京西北郊的"故园"，我就在清华学堂北面带有外廊的平房——"二院"找了个栖身之处，与20余位同学挤住在一间有上下铺的宿舍里。在这里，我遇到了诸多中学时代的同窗好友，有一同考入理学院物理系的周光召、陈遂等。那时候，我正年轻气盛，意气风发，对清华园处处觉得新奇，也渴望多学点知识。20世纪50年代初，我大学毕业了，我的很多同窗选择了深造或者服从分配参加工作；而我也许是天生对海有种向往，就选择了投身海军。

我在大连海军学校学习了两年，最大的收获是从一个普通百姓转变为一名真正的军人。上课备课、队列点名、出操训练、内务卫生……两年军队生活的锻造，把我从曾经的文弱书生打造成了具备坚强勇敢内心的海军战士。

1952年9月，中央军委向全军下达了《关于调查登记大学、专科学校学生及各种技术人才的指示》，要求各单位在一个月内将登记情况上报中央军委。同年冬天，大连海军学校等院校接到由中央军委下达的指示——"抽调300名助教及1000名学员到军事工程学院任教和学习"。在这个指示中，国家决定从全军抽调具有大学学历的知识分子，筹建中国人民解放军军事工程学院。我运气好，正赶上这个机遇。中央军委点名抽调大连海军学校40多名教员，我就在其中。

我结缘水声是1956年的事情。当时国家制定了《1956—1967年全国科学技术发展远景规划》，我也因为赶上政策机遇，获得赴苏进修的机会，开始了研究水声科学的科研生涯。

将一生的选择和国家需要相连

从在莫斯科学习水声理论到在苏呼米水声实验站参观获得感性认识，再到参与组织、亲力亲为地介入真正的水声考察，我算是完成了转行的"三级跳"。当时是很兴奋的，但是我也开始思考，我们能不能有自己的水声科研力量？最开始在苏联学习水声科学时，我就一直想这个问题。后来，我用了大概35年时间来回答这个问题。直到1994年，我以首席科学家和考察队队长的身份，主导了中国人自己对南海的水声考察，使中国人掌握了自己国家典型海域的水声环境特点及主要参数规律。

东海、南海、黄海……直到现在，只要有海上实验，我都要亲力亲为。每一项实验的具体情况不同，我自己不到实验一线去，就掌握不了第一手研究数据。在海上做实验，短则一两天，长则一两个月，最忙的时候三四天都是24小时连轴转，中途休息几个小时而已。但是无论多忙，"有规律"就是最好的作息安排。在忙于科研、忙于教学的同时，我也会尽量挤出一点时间享受生活。

简单来说，水声工程就是对水下声学特性的研究。在水中，光波、电磁波等都望而却步，只有声波可远距离传播而不衰减。通过声波，我们可以探测水下物质的各种参数，并根据这些参数综合判断该物质的属性。

1960年夏天，完成南海考察的后续工作，我得到中国科学院电子学研究所水声研究室领导的同意，返回哈尔滨。当时正赶上国内刚刚掀起"水声热"，水声工作的规划布局开始逐渐落实，我就在哈尔滨军事工程学院创建了我国第一个理工结合、为国防建设服务的综合性水声工程专业。留学经历让我清楚，自力更生在高科技领域从来不是一句口号，而是无可选择的必由之路。当时，我国水声教育正处于摸索阶段，而专业的筹建几乎与招生、授课同步进行。从谋划专业设置到培养青年教师，从白手起家编写教材到招收学生，每一天的工作强度都很大。建立相关的学科时要"招兵买马"，我们就在毕业生中选拔出政治和专业水平双高的学生，从水声的专业基础给学生讲起。用了大概一年多的时间，才初步建立起相关的学科。

我就在那段时间写出了国际上最早集中论述水下噪声机理的著作《水下噪

声原理》，出版了国内最早的声学理论著作《声学原理》，讲授并指导编写了《水声传播原理》《统计传播》《水声学》等一系列课程和教材。现在，我创建的中国第一个水声专业已成为国内著名的水声科研基地和最大的水声人才培养基地。

不管国与国之间怎么样，关系能够好到什么程度，真正要命的东西得你自己去看、拼命去干才行。

我从 1951 年开始教学，现在算起来，教龄已经 60 多年了。学生们都叫我"一站到底院士"，其实，就是我上课习惯站着讲课。现在我虽然年龄大了，但还教授少量的本科生课程。我希望后来的年轻人能够超过我们，把我们的国家推向更高的境界。为祖国培养后备的水声研究人才是我们这些搞研究、搞教育的老师应该毕生去做的事情。

2001 年，我受聘于西北工业大学，与西安结缘。在此后的十多年里，我一年中有 1/4 的时间待在西安，也目睹了西安的巨大变化。西安这座千年古都，现在因为科研技术和成果不断更新、创新，显示出了新的活力，这是我们更愿意看到的发展前景。老骥伏枥，志在千里。我还是愿意一心扑到科研中，继续研究水声科技。

（文／任娜）

王戍堂

创立"王氏定理"，耄耋之年仍教学

个人简介：

王戍堂，男，1933 年生，2021 年逝世，陕西西安人。1955 年毕业于西北大学数学系，是我国著名的数学家。以中国人姓氏命名的 20 项现代科技成果之一"王氏定理"的创立者，西北大学数学系教授，国家有突出贡献专家，全国五一劳动奖章获得者，享受国务院政府特殊津贴，省级教学名师。曾任陕西省数学学会副理事长，美国数学学会会员，美国《数学评论》（MR）评论员。

数学在于思维、思想、创造，数学研究者要学会独立思考，不断交流，反复摸索，才会有所收获。科学研究一定要喜爱，只有喜爱，才会用各种方法挖掘自身的潜力，忠心于事业，醉心于学业。而要取得长远的发展，不仅要关注现在，还要关注未来。

"王氏定理"享誉国际

我 6 岁丧母，父亲在西安市社会路一个戏园子拉胡琴。小时候，社会地位低下，我抬不起头，说不起话。中华人民共和国成立后，我才有机会考上大学，那时主要靠自学。有一次我在省图书馆看到一本《科学家奋斗史话》，这是对我影响最大的一本书，书中牛顿执着的治学态度和伽利略细致严谨的治学精神深深影响了我。因此，我少年时以牛顿、伽利略、开普勒为榜样，自学数学。进入西北大学后，我得到数学家杨永芳教授的指导。杨永芳教授的课算是讲活了，他讲的是灵魂，教育我们"做人要透明，做学问要透明"，他的治学态度和为人处世的精神至今影响着我。

中华人民共和国初期，全国迎来和平稳定的社会环境，我得以静下心来研习数学知识。当时，我真可以说是求知若渴，基本每天钻在图书馆或是书店，常常一待就是一整天，直到街道路灯亮起才会离开。

正是得益于这段时间持之以恒的刻苦钻研，我对于数学的思索已不只是停留在对知识的单纯学习，而是探索出了一套自主的学习和思考方式。1950 年，我 17 岁，就已经用一年时间自学完成了当时大学的专业课程。1955 年，我从西北大学数学系毕业，之后留校任教。

1962 年，我看到一篇发表在波兰数学界权威刊物《数学基础》上的拓扑学论文，这个课题在当时很新，于是，我就利用两个月的假期时间，潜心探究其中未解决的度量化问题，终于提出了"$\omega\mu$ 一度量化定理"并写成论文。1964 年，这篇论文发表后在国际数学界引起强烈反响，得到了美国、匈牙利、日本等国数学家的盛赞，被称为"王氏定理"。

在数学的发展中，无理数的发现、微积分的发展、罗素悖论等有趣的数学故事，都生动地说明了数学有多么优美。数学发展的动力源于人们认识客观物质世界运动的需要。现代物理已呈多层次发展，但数学还限于单层次，因此产生了一些不能解释的矛盾。数学应该根据实际需要向多层次发展，我提出的广义数正是这方面的一个探索和尝试。

我是 2003 年退休的。退休当年，我提出开办一个义务性质的讨论班：授课对象没有限制，只要是想来学习的，都可以参与这个课堂。我就这么教了有10多年，想想也才10多年而已。虽然我现在已经80多岁了，但是我希望通过教学，把自己的学习经验和我们那一代年轻人的精神状态传递给如今的学生。

科学就是奉献，长期坚持免费课堂

我始终坚持"科学就是奉献"。公益课堂讨论班从2003年开始一直延续至今。2019年我摔了一跤后，膝盖不行了，上不了楼梯，以前每周三与周日的下午2点至4点，我在西北大学太白校区思想所二层的数学室里，跟一批又一批年轻的面孔共同探讨数学科学，是很有趣的事。现在不到学校开讨论班了，学生可以来我家里上课，现在主要讨论的是与物理结合的"广义数"。

人常说以文会友，我开讨论班就是和年轻人讨论，对我来说，和年轻人交流讨论是我生活中唯一的乐趣。我做这个讨论班就是为了搞研究，退休生活也都在搞学术。来讨论班没有要求，只要想来都可以，来的多是大二、大三的本科生，也有周边高校、研究所的博士生与教师来参加，有时两三个，多的时候十来个。上课就是按需授课，如果有人说需要讲泛函数，我们就讲泛函数；也可以这次布置一个问题，下次一起来讨论。上课时在座学生轮流上黑板讲题，每个人都有表现和表达的机会，我会在一旁评论、补充。

平时上课，老师注重知识的授予，但在讨论班上，我更注重培养学生的思考方式。我喜欢在讲定理或是定义的时候，抽丝剥茧，看到最核心的地方，从最核心的地方讲起，也给学生培养一种适合自己的思维方式。只有练习出了自我的思维方式，才能让学习变得更有效率、更灵活。时间充裕的时候，我还喜欢给学生讲讲科学家的故事，比如钱学森、华罗庚，因为我比较欣赏这些为治学奉献牺牲的人。

面对新科学问题要坚持攻坚

我家住五楼，虽然我现在身子还算硬朗，但爬五楼还是有些吃力。以前"咻"就上去了，现在老要歇一会儿。所以平时我多思考，就是怕脑袋哪天也生锈了。

我这几天在研究一本教材。这本书跟我年纪差不多大了，是一名权威物理学家写的，但是我最近发现了一些小问题，一直研究，一定要找机会反映这个纰漏。别看我已经80多岁了，但对于物理学科依然有着浓厚的兴趣。物理学科是多层次、多面性的，能够解释一些在数学领域讲不通的问题。我虽然不是专业的物理学家，但我发现用研究数学的方法去研究物理，都能研究得通。每次发现一个新的科学问题，就能燃起我攻坚的欲望，这是一种享受。现在有些年轻人怕学新东西，怕挑战权威，这不应该。

我对自己目前的生活状态用一个词概括，就是思考。最近我主要在思考物理与数学的关系，比如老教材上出现的错误，我是要揪出来的。至于生活方面的问题，就交给我夫人了！科学研究很不容易，生活同样很不容易。她每天研究做饭，有时候爬上爬下做家务，都很麻烦。我们牙口不大好，她便琢磨着怎么在馍里捣馅，方便进食。有时候，除了去课堂，我也会在学校操场走上七八圈，别小看走路，走路的时候思考问题反而更为清明。只是我夫人担心我独自出行会有不便，所以有时她也会因此责怪我不注意安全。我的治学之路之所以能走得这么顺畅，也少不了我夫人作为家庭后盾给予的支持和付出。

（文 / 张潇、张玮、马骞）

注：2021年7月，在本书出版前夕，王戍堂教授因病去世，享年88岁。

林宗虎
一心为国的热能工程专家

个人简介:

　　林宗虎,男,1933 年生,2019 年逝世,浙江湖州人。我国蒸汽工程专家。曾任美国迈阿密大学访问教授,西安交通大学热能工程系教授等。1988 年被评为国家级有突出贡献中青年科技专家,1989 年被评为陕西优秀科技工作者,1995 年当选为中国工程院院士。

　　爱国奉献、不畏艰苦、勇敢奋斗是每个时代都需要具备的精神。不管是什么时代,一句话,就是周总理身上别着的那个徽章:为人民服务。你真的做到了为人民服务,你就是一个优秀的共产党员,就是一个完美的人。

无所畏惧奔赴西部

我在上海交通大学读完了本科、研究生。研究生是在 1957 年完成的，同年下半年我就随教研室迁到西安，所以我的工作是在西安开始的。因为我们这一代人是在中国实力最弱的时候出生的，所以大家都非常爱国，都有复兴中国的愿望。那时候从小孩到大人都有这种心理，中国知识分子是很爱国的，我们受到的是血的事实的教训。现在年轻人是通过另外一种方式了解那段历史，传媒呀，口述呀，讲故事呀，感受就没有我们深刻。

我 3 岁时随家人从湖州逃难到上海，那时候家里经济状况还好，在上海买了一栋楼，住在上海的法租界。中华人民共和国成立以后，大家都很兴奋，由于中国共产党的领导，我们看到了腐败到极点的中国有了希望。所以当国家发出西迁的号召时，我们这样年轻的一代当然义无反顾地响应了。建设国家的事业总归是要由我们来承担的。当时一般知识分子的心理就是听党的话，到祖国最需要的地方去建功立业。所以在发出西迁号召的时候，我们并不留恋上海，而是自愿到东北、西北去，觉得越艰苦的地方越光荣。还有像抗美援朝、支援解放军南下，大家都是坚决地去的。对于西迁，大家在思想上没有什么特别的顾虑，这是交大师生对党的无比信任与热爱，是我们渴望建设祖国的迫切愿望，这是当时一种现实的反映。

60 多年前的西安发展得还很不好，各种物质条件和上海相比也有很大的差距。但我觉得很容易适应，男同志可能比女同志适应性强一点，都是 20 多岁的小伙子，到哪里去都能适应。我们那时候没有现在孩子这么娇生惯养，虽然我家里条件也挺好，离交大（西安交通大学）也很近，都在华山路上。当时年轻人都有一股热血沸腾的向往上进的劲儿，有一个向往建设中国的目标。到西安以后，西安市领导和学校对我们很照顾，大米要多一点，还定时给我们送鱼，倒也没怎么感到不适应。

"林氏公式"，实践出真知

现在的很多学生时常抱怨科研压力大，业余时间太少，个性发展受阻碍，殊不知我们那一辈的交大人既承担着校园建设的任务，又要专注科研，更是把学习与科研当作乐趣。刚到西安的时候，我所在的锅炉教研室是我的老师陈学俊院士创办的，人手比较缺乏，当时只有 4 位苏联专家的研究生，我们作为新生力量留在这里，除了教学任务，还有学科建设任务。我们学校非常强调理论联系实际，所以还有和校外锅炉单位的科研合作和开发项目。这些重担一个接一个压在我们身上，这样也好，担子压得越重，成长得也越快，在工作中我们学会了多开拓、多实践。

当时上海锅炉厂为了配 30 千瓦的发电机组，要造一个大的锅炉，每小时产生 935 吨蒸汽。这是我们国家第一个大型的锅炉，里面有一个关键部件——汽水分配器。只有蒸汽和水分得均匀，这个炉子才安全，分得不均匀，这个管子就烧了。上海锅炉厂邀请我去参加其中一项工作，测量流过来的水和水蒸气混合物有多少流量，它里面有多少气、多少水。当时国际上通用的办法就是用两相流孔板来测量，但现有的这些公式适用的压力和组分范围很小，超出一定压力便无法计算，很不方便。因此我就下决心研究一个通用公式，就是各种压力均可适用。我们大概是 1974 年去做实验的，回来经过了大约 5 年的研究。我的研究方式大概是这样：要做那么多实验是不可能的，所以我把全世界三十几个学者之前做过的实验数据都收集回来，那么我就有很多不同压力的实验数据，缺少的我就自己做实验填充进去，然后把这些实验数据用理论公式再加上经验数据，建成一个半理论半经验的公式。这个公式在国际上发表以后，大家反应很热烈，因为这是第一次看到收集了那么多的数据，他们认为这是国际上同类设计里面最好的一个计算式，称之为"林氏公式"。这个公式是一个新的建设方程式的思路，如果这个公式不对，那么三十几位学者（的研究成果）就全错了，我对这个很有把握。现在的年轻人在做学问上，也要探索科学的研究方法，勤思考，多锻炼，既要敬畏权威，又应该有敢于质疑和探索的精神。

我的研究生论文是围绕直流锅炉主题写的，这是当时国际上一个新式的锅炉，我们国家没人知道怎么设计，只有苏联专家带过来的相关资料。因为我要指导几个毕业班的学生完成毕业设计，所以带着他们一起到上海去研发这个产品。在那边我们和上海锅炉厂合作设计，完成了我国第一台用在电站上的高压直流锅炉。

我们一共开发了4种新产品，他们给了我们36000元的设计费。36000元现在不稀奇，但当时大家工资只有五六十元，36000元相当于现在的五六百万，这是我们教研室拿到的第一笔巨款，也算是我带着学生去勤工俭学。说到西迁，我们动力系本来是不迁的，因为我们在西安没有动力方面的结合点，但是动力系的几位老先生坚决要迁，迁过来以后，我们实力还是很强的，锅炉教研室培养出来的学生相当优秀，比如我们原来的校长徐通模就是我们这个专业毕业的，陶文铨院士、郭烈锦院士都是我们锅炉专业的，都代表我们毕业生

林宗虎教授在书房

的质量。我们在全国的评比中一直名列前茅，比清华的排名还靠前。一直到现在，毕业生到企业去都是提前被预定的，这就说明我们的毕业生质量很高。

拒绝留任美国，只为投身祖国建设

我曾 3 次前往美国迈阿密大学访学，但我拒绝了当地请我留任的邀请，一直想着坚决回国就业。当时，我们是第一批公派到欧美的访问学者，是在十一届三中全会派知识分子到欧美学习和访问的背景下前往的，这要通过很严格的考试。通知到我的时候，只有一个空缺名额，而那时仅剩 10 天就要考试了，我决定去试试。相比于念了两年的同学，我只准备了 10 天，考试成绩英语口语是全省第一名，文法是全省第二名，所以很顺利地到了美国迈阿密大学。

我们出去时正是国家生产很落后、经济很困难、外汇很紧张的时期。当时中国的驻美大使柴泽民每个月的津贴是 80 美金，我们出去以后一个月的生活费是 400 美金，国家在外汇那么紧张的时候派我们出去就是要我们学好了回来建设祖国。我们学好了就应该马上回国，我们不回国建设，谁来建设？有一些人因为各种原因滞留在美国不回国，而我们是党员，不是党员也不应该这样做，你说是不是？所以当时虽然我在那边做得很顺心，但还是按时回国，把学到的知识应用到祖国建设中。做人就应该这样，这就是西迁精神，第一个是爱国，第二个是奉献，不能为了个人生活好一点就把国家忘了，这是不应该的。

（文 / 路索）

注：2019 年 12 月，在本书撰稿阶段，林宗虎教授因病去世，享年 87 岁。

王立鼎

"精密齿轮王"拼搏三跨越

个人简介：

王立鼎，1934年生，辽宁辽阳人。中国科学院院士，精密机械和微纳机械专家。1960年毕业于吉林工业大学机械系。中国科学院长春光学精密机械研究所研究员，大连理工大学教授，西安交通大学外聘教授，国家MEMS（微电子机械系统）发展战略规划专家，国家中长期科学与技术发展规划专家，中国仪器仪表学会常务理事。长期从事超精密齿轮工艺与测试研究，建立了相关精度理论与"正弦消减法"等误差补偿方法。荣获中国计量测试学会科学技术进步奖一等奖等多项荣誉。

童年的我生活在日军统治下的东北，自小目睹日军对老百姓的压迫和歧视，也亲历了东北解放；后因党的免费入学等政策得以继续求学，走上科学研究的道路。青年时代，我树立了科技报国的信仰和志向，并一生践行。

凝聚汗水和心血的"齿轮岁月"

1934 年，我出生在辽阳市一个普通的市民家庭。我的幼年是在日军统治下的社会环境里度过的。由于家庭经济困难，我在小学时中途休学，家庭情况稍有好转后，才继续读初中。

1952 年秋天，我升入中专学习，选择了长春机器制造学校金属切削专业。我很热爱所学的专业，更珍惜来之不易的求学机会，在学校的每一天我都加倍努力学习每一门科目，因此学习成绩拔尖。毕业前，有一次选拔优秀学生考大学的机会，由于我学习功底好，64 位报名高考的同学中只有我一个人考取了吉林工业大学机械制造工艺及设备专业。大学读书期间，我当了 5 年的班长，学习上一直名列前茅，在这 5 年的全部课程中，只有一科为 4 分，其余均为 5 分。于是，1960 年大学毕业时，我被分配到中国科学院长春光学精密机械研究所从事研究工作。此后近 40 年，除去对光盘刻录母机的研制和微系统科学的研究，我花费更多的精力耕耘在精密及超精密齿轮加工和测试领域。

在近半个世纪的齿轮研究生涯中，我几乎是废寝忘食地做研究工作。因为我热爱所研究的事业，所以也不觉得辛苦。我常说，世上无难事，只怕有心人。20 世纪 60 年代，科研条件差，在磨削高精度齿轮时，为了解决机床的稳定性问题，我灵活运用哲学中"变中有不变"的道理，选择凌晨时开机床，利用相邻几天对应时间温度大致相同的事实，来达到降噪和恒温的目的。因为当时没有老师指导，所以全凭自己的实践摸索。我每天夜里 12 点下班，早晨 5 点起床，起床后的第一件事就是跑步去单位，把机床打开预热，然后回家做饭，吃完早饭赶在 7：30 按时上班，上班后就围着机床不停地忙。中午吃饭时，因为机床砂轮不停，我没有太多的休息时间，就吃完饭继续干。一直到我 40 多岁，我每天都只睡 5 个小时。因为物质生活条件差，工作时间长，以及长期营养不足，我患上了贫血症。

我常说，只要用心，就没有解决不了的困难。我的办公桌就设在实验室里，坐在机床边操作，思考，做研究，进行精度检测，每一项科研成果的实物加工都要亲自动手，可以说，花在操作上的时间占去了我科研生涯的一半还多。我认为自己是"知识分子加高级大工匠"。在做科研工作的时候一定要始终坚持理论和实践的统一。

20世纪60年代初，我创立"正弦消减法"提高了齿轮磨床的分度精度，建立图表法分析磨齿工艺误差，研制出了四级精度标准齿轮；1965年，我采用"易位法"磨齿工艺等研制成国际一流的超精密齿轮；我主持研究的超精密齿轮工艺技术和光盘伺服槽及预制格式刻划机项目，均获得了国家二等奖，高精度渐开线样板获国家三等奖。我所研发的应用于精密测角装备的超精密齿轮，是世界上最高精度的齿轮，它的分度精度比DIN（德国标准化学会）1级精度还要高。超精密齿轮的另外一个作用是在制造领域中作为计量齿轮使用，被称为基准标准齿轮。20世纪70年代，世界普遍应用的是2级精度齿轮，并且当时只有德国能制造这种齿轮，十几年来，我们研制出的1级精度标准齿轮，居国际领先水平。一般都是用仪器检测零件，没有用零件检测仪器的，但是这种1~2级精度标准的齿轮却能够校对齿轮量仪，它在20世纪80年代就校对过德国马尔公司生产的齿轮量仪。这种齿轮的意义就在于精度传递，这对中国整个齿轮制造业精度的提高都有重要价值。我制造的基准标准齿轮作为中国计量科学研究院的齿轮精度实体基准，向全国各省市传递精度。此外，我主持研制的高精度渐开线样板精度和德国联邦国家物理技术研究院（PTB）研制出的样板精度是一样的，居世界最高水平。这个渐开线样板作为齿轮渐开线检查仪的基准，也在进行精度传递。

"刻划机" 刻出探索者的勇气

可以说，我用了几十年的时间将中国的基准标准齿轮精度提高到国际领先地位。

20世纪80年代，激光光盘刚刚问世。当时，光盘的存储量大约是磁盘的100倍，且没有退磁现象，因此发展势头强劲，人们期盼它能够在未来取代磁盘技术。当时国家科技部组织了一个有关激光光盘的重大研究项目，其中一个重点攻关课题是"光盘伺服槽及预制格式刻划机"，我有幸成为这个课题的第一位负责人。

启动研制时，我并没有出过国，当时国外对中国采取了禁运政策，因此，中国人不可能拿到与这套光盘的母版设备相关的资料和图纸。面对重重困难，我没有退缩，当时心中只有一个信念：中国科技人员是有志气的，外国人能做到的，我们照样能做到，而且还要比他们做得更好。我当时是副教授，组织了一个包括教授级别在内的百名科技人员攻关队伍，经过4年的努力，终于研制出了中国第一台光盘伺服槽及预制格式刻划机，这是集精密机械、光学、电子学和计算机等多种学科于一身的尖端综合性科研项目。该套设备有近10项技术指标达到世界先进水平，在单元技术上有不少突破和创新，机械传动的分辨力达到5个纳米，已经是一台纳米量级的机械，而且总精度也达到国际先进水平。

后来，我又把目光投向微机电系统领域。1987年，在美国召开了半导体国际会议，会议上有位美籍华人展示了会动的半导体器件。他在美国用半导体工艺，也就是微电子技术，制作出一个非常小巧的静电式电机，这对微电子或半导体技术而言是一个重大的突破，既有电子流在导体内流动，又是一个机械式的结构。会动的半导体器件是个小马达，虽然小，但用放大镜观察就会发现它会动，这是机械系统质的变化。这件事情引起全世界的关注，由此诞生了新兴学科——微电子机械系统（MEMS）。

创新不是为了创新而创新。创新首先要对当今的科学发展现状，尤其是你所从事的科学研究领域有深刻的了解，要有敏锐的洞察力。其次，要对从事的科学领域潜心研究。创新是对国内外现有的研究方法、研究方案、研究思路有不同感受，并提出全新的设想，最后验证其可行性。因此，创新就是源于肯钻研、肯下功夫，用科学的头脑有哲理地总结前者，大胆地设想后者。

凭着多年研究的经验和对学科前沿的了解，我敏锐地意识到微电子机械系统是一个新兴的科学领域，这项节材节能又能实现批量制造的技术应该是一个很好的研究方向。作为一名具有爱国情怀和使命感、责任感的科研工作者，我向所在单位建议开始此项研究工作。于是，在肩负齿轮和激光光盘研制工作的同时，我开始介入MEMS领域，并于1992年在中国科学院长春光学精密机械研究所建立了中国第一个微机械工程研究室，编译了《微机械》，并散发给一些对此感兴趣的人。

现在的微系统也研究纳米与微米的结合，称为微纳米系统。1999 年起，我调到大连理工大学工作，想把微纳米系统研究做得更大些。微纳米系统的研究主要是应用基础研究，受到国家自然科学重点基金、"863 计划"、"973 重大基础研究"等项目的支持，其中 50 万元以上的重点项目有 10 项。现今，在微纳米系统的研究成果中，微型化传感器和微流控芯片在国内影响比较大，是用于生化、检测的一种手段。在国内的微流控芯片领域，我们是唯一的批量制造单位，制造的芯片质量高，一致性好。目前，我们这个一体化设备可以说是世界首创。

以平静之心对待荣誉

现在回想起来，我和我的团队还是获得了很多荣誉的。1965 年获得了由当时的中国科学院院长郭沫若亲自签发的中科院优秀科研成果奖，研制的"高精度小模数标准齿轮"荣获中科院重大科技成果奖、全国科学大会奖，"中模数基准标准齿轮"荣获中科院科技进步一等奖，"超精密齿轮工艺技术"则于1985 年荣获首届国家科技进步二等奖；1987 年至 1989 年末组织完成的"渐开线的误差形成规律和最佳成型方案的研究"荣获中科院 1991 年自然科学三等奖，该项成果根据渐开线误差形成规律，科学论证了渐开线齿形的最佳成型方案和最佳测量原理；"高精度渐开线样板"获得国家科技进步二等奖；参与完成的"××轴角数据传递齿轮箱和钢带箱"和"精密谐波传动"两项课题荣获中科院重大科技成果奖和吉林省科学大会奖；承担了大量精密、超精密齿轮研制工作的两项课题"现代国防试验中的动态光学观测及测量系统"和"导弹、卫星无线电测控系统"荣获 1985 年国家科技进步特等奖。

我始终认为，荣誉代表着更多的责任。当你知道这一切荣誉和鲜花都是用自己的汗水和心血换来的，也许就会有这样平和的心情吧。

我现在已经 80 多岁了，仍保持着全天工作的习惯。我指导所带团队的科研工作，包括部署团队项目申请和实施等工作，并给团队的具体建设和管理提出建议。此外，每次单位里的老师有什么难题，他们都喜欢到我的办公室来"取经"。

我身上有一种精神，那就是："别人能做到的，我也能做到；外国人能做到的，中国人也应该能做到，而且有决心超越他们！"通过这几十年的工作经历，我悟出了一个道理：执着与实干是成才、成功的重要基础。天才出于勤奋，务实才能成功。我之所以能够这么思考，又持久地奋力工作，是源于青年时代矢志实现毛泽东同志为全国科技人员提出的一个响亮而又宏伟的目标："中国人民有志气、有能力，一定要在不远的将来赶超世界先进水平。"

（文／西安交通大学提供）

孙九林

我国数据科学领域的奠基人

个人简介：

孙九林，男，1937年生，上海人。曾任中国科学院自然资源综合考察委员会副主任、研究员、博士生导师，现为西安交通大学人居环境与建筑工程学院院长、教授、博士生导师，中国工程院院士。我国著名资源学家、农业与资源环境信息工程学术带头人，国家级有突出贡献专家，为信息科学在资源环境中的应用做出了开拓性贡献。

我一直有这么一个理念，一个科研工作者不要做别人做过的事情，重复走别人的老路，而是要急国家所急，勇于啃硬骨头，在实践中学习提升，把不懂变成精通，把没有把握变成优异的成果，这样我们才不会辜负党的培养和人民的期望。

为国奉献即是初心

　　1937 年，我出生于上海市的一个贫苦家庭，兄弟姐妹中我排行第八。我的父亲是从江苏逃荒到上海的黄包车夫，母亲是个文盲。在我出生后的几天，日本侵略者开始轰炸上海，父亲只好带领全家迁回苏北老家。由于生活负担过重，我的两个姐姐被送给人家当童养媳，四个哥哥也送人当了义子，家中仅剩下我和一个哥哥以及后来出生的弟弟。直到 1951 年，我的父亲有幸成为人民教师，每个月能领到 34 元的工资，几个哥哥也参加了人民解放军并与家里人取得联系。于是，我的父亲决定让一直因贫困而无法上学的我开始读书。但那个时候，我已经 15 岁了，老师在了解情况后，将一字不识的我安插到小学四年级就读。

　　我知道上学的机会来之不易，几乎每天都学习十几个小时。在老师的帮助下，我用两年半时间学完了小学 6 年的课程，并在 1953 年顺利进入江苏省重点中学——盐城中学，3 年后又以优异的成绩被保送进高中部学习。在高中毕业选择未来人生方向的关键时刻，我最初的梦想是成为一名将军，可以指挥千军万马、保家卫国。但由于以前条件不好，我又经常在晚上熬夜读书，初二就戴上了眼镜，因此几次当兵体检都未能通过。不能当兵了，我就希望自己能成为一名科学家，为国效力。当时，我的老师认为我搞工程技术可以为国家做出更大的贡献，于是我听从老师的建议，报考了西安交通大学电机工程系电力网及电力系统专业。5 年大学生涯结束后，学校又根据我个人的实际情况推荐我报考了清华大学电力系统自动化的研究生，进一步学习深造。但是，在拿到准考证之后，我犹豫了，考虑到自己本来就入学晚，读完研究生都 30 岁了，这样何时才能为国家做点事情呢？带着这样的顾虑，我最后放弃了研究生考试，决定走上工作岗位，在工作中进一步锻炼和提高自己。

哪里有需要就在哪里开疆拓土

　　1964年，我从西安交通大学毕业后进入中国科学院综合考察委员会动能（能源）研究室，研究方向是水能资源开发与农村电气化研究。1969年底，应地方政府的请求，学校派我到潜江县主持引进国家高压电网电源工程。当时县里一没有完整的技术资料，二没有一个技术人员，三没有材料设备，完全是白手起家，其难度可想而知。但当亲眼看到县城的人们每天晚上点着煤油灯照明的场景，再大的困难都不是理由了。于是我就带着两名大学生和20多个仅有小学文化水平的年轻人开始了设计、现场勘探等工作。

　　在安装变电站控制系统时，我们遇到了一个棘手的问题——以前在学校只学过原理图，而现在的施工工程图过于复杂，一时无从下手。县里领导了解情况后，决定请专业安装团队来完成安装工作，但我考虑到电网后期的运行和维护都需要专业人员，为了带领出一支技术维修队伍，我还是主动承担起了这个任务。当时的压力是非常大的，县里投入了150多万元，整个工程已经干了两年多，如果控制系统一个线头接错，通电后整个电网都会烧毁，后果不堪设想。所以我3个月的时间吃住都在工地，通过施工图对原理图进行反复推演，最终圆满完成了控制系统的安装，还为当地留下了一支维修队伍。当听到电力部门验收通过的消息时，我们团队都不敢相信大家竟然完成了这么高难度的项目。在通电运行一年后，这项工程在全省评比中还获得了质量与安全运行一等奖的荣誉。

　　期间，很多同事通过各种途径离开，我哥哥也在洛阳帮我找了新工作。但我认为国家要发展，肯定需要科学研究，所以我就没有离开。1972年，我回到中国科学院地理研究所参加了地图自动化项目，负责为设备制作电源，这对于我来说又是一个全新的挑战。任务来了，大家都不大懂，怎么办？面对种种难题，我认为这是国家需要，就得做。记得在制作电源设备期间，我接触到了从国外引进的计算机，但当时的设备说明都是英文，而我完全看不懂英文，对新的技术也无从学起。当时我已经35岁了，但我深知不攻克语言障碍，就没办法学习到最先进的电源设备的使用。所以，那个时候不管是研究所开办的英文培训班，还是电视台举行的英文教育，我都会去参与学习，最终顺利克服了语言障碍，对计算机软硬件系统也有了深入的了解。

1978 年，研究所为探索计算机在资源研究中的应用，花费 100 多万元从上海购进一台计算机，但厂家多次现场调试都无法使计算机正常运转。当时，组里有几位老同志，也有插队回来的年轻人，但大家都不懂计算机。虽然我也只懂点皮毛，但单位领导还是委以重任，令我担任计算机组长解决这一难题。后来，我带领大家到计算机生产厂家分工学习输入设备、内存、控制系统相关知识，最终不但将计算机调试好使其顺利运转，还为单位培养了一批计算机技术人才。我们是国内较早开始进行计算机与资源环境科学的交叉研究的一支团队。

20 世纪 80 年代初，国家开展土地规划工作，希望用计算机管理大量的资料、数据和文档，但当时用计算机管理资源环境数据还是一个全新的研究领域，许多人怕做不好担责任因此望而却步。我在了解了美国用计算机管理银行账户后，认为既然银行账户是数据，资源环境数据也是数据，能用计算机来管理银行账户，那么用计算机管理资源环境数据肯定能行，就大胆答应先调研一下。此后，我带领团队调研了不到一年时间，提出了建立我国国土资源数据库的总体方案，并在 1985 年建成了我国第一个国土资源数据库。其试点经验和技术被当时的国家计划委员会大力向全国推广，从而推动了我国国土行业数据库的建设。在此基础上，80 年代末，我们又完成了我国区域性国土资源信息系统，为建设国家国土资源信息系统奠定了基础。

20 世纪 90 年代初，我们国家又提出利用遥感技术进行粮食作物长势监测和产量预测的任务。当时，无论是我还是课题组其他成员，对于遥感技术都知之甚少，更别说对遥感技术实际应用的把握，但我还是主动承担了这个任务。数据库、信息系统，我们都是从不懂做起来的。在与全国近 500 多位科技人员的共同努力下，我们历时 5 年建成了我国首个突破多项关键技术的遥感估产实用系统，为我国后期估产系统的建设提供了经验和技术基础。该系统还获得了国家"八五"科技攻关重大成果奖和国家科技进步二等奖。在我看来，这些科研经历就是人生不断挑战、不断成长、不断创新、不断超越的过程。

在数据科学前沿领域不懈探索

我认为作为一名科技人员，除了做好本职工作，还必须把握科研领域的前沿发展方向。我在 20 世纪 80 年代初接触数据库技术后，就不断追踪信息科学、资源环境及农业等学科的交叉发展方向，提出并参与了一系列全新的前沿研究领域。在这个基础上，我和我的团队在后期建立了中国自然资源科学数据库、自然资源综合开发决策信息系统和全国农业资源信息系统，出版了《信息化农业总论》一书。党和国家信任我，让我以农业信息工程专业当选为中国工程院院士，这个身份更加坚定了我继续在学术道路上探索的信心，也为我更专心地投入到国家科学数据共享的科研领域创造了便利。

2002 年，我主持完成国家科学数据共享工程规划，并开始探索地球系统科学数据共享平台研究与建设。2008 年，我们启动了"973"计划资源环境领域项目数据汇交工作，促使我国在数据资源共享领域取得了重大进展。我们创建的"国家地球系统科学数据共享平台"也是首批经科技部、财政部认定的 23 家国家科技基础条件平台之一，入选国家"十一五"重大科技成就展和"十二五"科技创新成就展，并于 2014 年获得国家科技进步二等奖，2019 年被国家认定为国家地球系统科学数据中心。2014 年，我主持了首届丝绸之路经济带生态环境与可持续发展国际研讨会，启动了"一带一路"信息化网络平台建设，提出"科技支撑'一带一路'"建设的理念，得到了科技界的广泛认同，并当选为"一带一路"国家科学家联盟主席。2015 年，我开始主持国家地理资源与生态专业知识服务系统的研究与建设，推动了从数据共享到知识共享服务的进程。

现在我退休了，但是对于祖国的大数据科研，我的内心依然充满热爱和期待。我特别关心咱们国家数据资源的有效管理和有序开放共享问题，可喜的是 2018 年国家发布了《科学数据管理办法》，使我国的科学数据管理与开放共享进入了有法可依的阶段，今后我将为《科学数据管理办法》的全面落实做出自己的贡献。

老实做人，扎实做学问

我觉得，一个人的知识是有限的，特别是像我这样的进入科学领域比一般人晚了好几年、在科研道路上又不断改变自己研究方向的人，如何在自己不熟悉的领域有所贡献，一度让我困惑不已。但是，我在不断摸索中找到了一套秘密法宝。其一，始终以服务国家为己任，正如习近平总书记提出的"不忘初心，牢记使命"，时刻以国家利益为重，用科学研究服务祖国建设。其二，要学会做学生。这并不是说要去学校的课堂听课学习，而是要在社会这个大课堂里做一名老老实实的小学生，多向前辈、专家请教，向周围同事学习，要有一股求知精神、不怕困难精神、团结协作精神，还要有一种尊重别人的品德和谦让的心态。我不喜欢别人称我为"孙院士"，叫我"孙老师"就可以了，我觉得这样大家是平等的，并且水平比院士高的人有的是，"院士"这个称号没什么了不起的。我特别佩服任何有知识的人，比如院里（中科院）司机懂得都很多，我就很佩服他们。其三，勇于担当老师的职责。几十年来我通过各种方式为祖国培养出了诸多人才，在担任中科院地理研究所主任时，我通过办培训班使近10位插队的初高中知识青年有机会学习外语，他们中部分人后来成为我的研究团队成员，部分人成为联合国官员、国外知名大学教授及公司老板。我对学生的要求是"粗中有细"。他们的研究方向我不做过多限制，允许自由选题，但对博士毕业论文我现在仍会一个字一个字地看，出差时都会带着，一定要做到仔细把关。我还鼓励学生多参加国际会议，多出国进修。

历史在前进，社会在发展，科技队伍中的新生力量不断涌现，未来属于青年一代。我一直希望青年一代老老实实地做人，扎扎实实地做学问，为国家的科学和技术发展贡献才华。

（文 / 西安交通大学提供）

张立同
"巾帼院士"立志航天报国

个人简介:

张立同，女，1938年生，重庆人。中国工程院院士，航空航天材料专家，西北工业大学航空航天材料学方向研究专家。曾在美国NASA（美国国家航空航天局）空间结构材料商业发展中心做高级访问学者。创建了超高温结构复合材料国防科技重点实验室。先后被评为全国三八红旗手、航空部先进工作者、国家级有突出贡献专家、全国杰出专业技术人才、陕西省优秀共产党员，荣获国防光华科技基金、陕西省最高科技奖、何梁何利基金科学与技术进步奖，部级优秀研究生导师，所领导团队被评为首个国防科技工业优秀科技创新团队。

由"一代发动机，一代材料"到"一代材料，一代发动机"认识的转变，我见证了中国航空材料领域研究的飞跃式发展。在科研路上，要一步一个脚印，只有坚持不懈的精神和坚如磐石的决心，才能推动科研事业一步步走向深入。

航空报国梦，科研新视野

我出生于 1938 年的重庆。出生后一个月，日本就在重庆开始了狂轰滥炸，也就是著名的"重庆大轰炸"事件。在我 6 岁之前，几乎每天耳边都充斥着警报声、飞机轰鸣声、炸弹爆炸声……在日本对重庆市长达 5 年的狂轰滥炸中成长起来的我深深体会到"没有国哪有家"的道理。那个时候，看着大片大片的城市废墟，我经常问爸爸："中国为什么没有飞机？"也是在那个时候，在我幼小的心灵中就萌发了一个想法：我要研究飞机，为中国航天事业奋斗。

1956 年，18 岁的我以第一志愿考入北京航空学院热力加工系，开启了我航空报国的梦想。20 世纪 70 年代到 80 年代中后期，我主要从事航空无余量熔模精密铸造技术及其相关基础研究。

在 20 世纪 70 年代以前，航空发动机用的涡轮叶片都是锻造叶片。70 年代初期，英国 RB211 发动机锻造叶片发生断裂事故后，熔模铸造涡轮叶片技术开始被重视，这是国际航空发动机叶片制造史的一个转折点，也说明先进发动机的发展越来越依赖于新材料、新技术的不断突破。熔模铸造叶片具有一系列优点，而这一切新技术发展的前提是必须实现叶片的无余量熔模铸造，即熔模铸造叶片的铸造尺寸精度和表面粗糙度都能达到机械抛光后的水平。

20 世纪 70 年代初期，国际上一些国家已实现无余量叶片的产业化。可由于当时的中国还处于封闭状态，叶片铸造水平很低，因变形、裂纹等缺陷报废的叶片很多，成品率只有 30%~40%。其中变形报废占很大比例。当时整个叶片的尺寸精度和表面粗糙度是打磨出来的。加工时，需要靠人工在砂轮机上打磨抛光，粗抛去除 0.5 毫米左右，粗抛后还要精抛，才能达到叶片尺寸精度和粗糙度要求。这样的技术状态，严重制约了叶片铸造新技术的发展。如空心叶片壁厚只有 0.5 毫米，怎能允许打磨 0.5 毫米呢？因此，无余量叶片制备技术是发展气冷空心叶片、表面晶粒细化、定向和单晶叶片等新技术的基础。

1965 年，我开始从事熔模铸造研究，后来中断了，直到 1973 年，教研室又让我继续进行熔模铸造研究工作。我走遍了国内航空发动机制造厂，在调研中发现熔模铸造叶片的变形报废情况极其普遍，原因却搞不清，而且缺乏国外相关资料。国内工厂普遍认为变形无规律可循，铸造叶片不经抛光就达到机械加工的精度和粗糙度只是梦想。我当时真是初生牛犊不怕虎，不相信叶片变形无规律可循，于是与西安航空发动机厂16车间合作，开始进行叶片变形规律及其机理的研究，得到工厂的大力支持，成立了由我负责的攻关组。熔模铸造工序很多，关键工序有：熔模模具设计、模料配制、熔模（蜡模）压制、陶瓷型壳制备（在熔模外部逐层涂挂陶瓷浆料，经过干燥硬化，制备成陶瓷型壳）、脱模（通过加热，将熔模从陶瓷型壳中脱出）、焙烧（将熔模残留物烧除，型壳具有一定烧结强度）、浇注和冷却（将1450~1650℃的熔融高温合金浇入陶瓷型壳，然后冷却至室温）、脱壳（将陶瓷型壳和陶瓷型心从金属叶片中去除）、喷砂（去除残留型壳）、热处理、打磨抛光等，每一道工序都可能导致叶片变形。那么从何入手呢？只能跟踪叶片生产全过程，掌握叶片尺寸变化的第一手资料。当时，样板、卡尺和塞尺是测量叶片尺寸变化的基本工具。为了避免人为因素对测量结果的影响，我亲自跟踪测量了3批100多片叶片在每道工序中的变化情况。经过近3个月的跟班测试，通过数据分析，终于掌握了叶片变形规律。我们将叶片的变形分为必然的和非必然的两种情况：必然的情况，如叶片在浇注后变形最大，这是由铸造应力和刚玉陶瓷型壳高温软化变形所致；非必然的情况，如蜡模和型壳变形，往往是因为受到由特定季节或天气突变所引起的室温和湿度变化以及人为因素的影响。为了证明上述规律，必须搞清叶片变形机理。这需要进行相关测试研究，如浇注后叶片和型壳典型部位的温度场是如何变化的，需要进行在线测量；刚玉陶瓷型壳高温性能是如何变化的，需要测试型壳的高温性能。当时的科研条件极其简陋，只能自己动手制造一些简易测试设备，西北工业大学（以下简称"西工大"）自行设计和制造了型壳高温强度和热膨胀测试仪等。我们在工厂对浇注后金属叶片的典型部位和陶瓷型壳的相应部位在不同冷却条件下的温度场变化进行了在线测定，这些基础工作当时在国内是首次。从上千个数据中，我们终于获得了叶片热应力变形和刚玉陶瓷型壳高温软化变形的依据，并据此发表了《关于叶片变形规律的研究》一文，在国内产生了极大影响。

1987年，我国开始实施国家高技术研究发展计划，需要研究航天飞机隔热瓦用高纯超细石英陶瓷纤维。我认为，做科研一定要独辟蹊径，走别人走过的路是出不来成果的。于是我带着我的团队，努力钻研了半年，终于突破了高纯超细石英陶瓷纤维的核心技术。这项技术的成功也为我打开了高温陶瓷材料领域的大门。

美国 NASA 空间结构材料商业发展中心唯一的中国大陆学者

在 20 世纪 80 年代中期，国内外都兴起"高温陶瓷热"。陶瓷的耐高温（比高温合金的使用温度高 300~500℃）和低密度（是高温合金的 1/3~1/4）特性对航空发动机极具诱惑力，对用高温结构陶瓷做航空发动机叶片和汽车发动机构件的研究很多，中国也组织全国力量，成功制造出了汽车用陶瓷发动机。当时我想，脆性陶瓷用在航空发动机上可靠吗？飞机发动机构件可靠性必须是第一位的。如何解决陶瓷脆性，我感到茫然。正在一筹莫展时，学校让我出国看看，于是我开始与美国联系，很快有两所学校愿意接受我作为高级访问学者。成立不久的美国 NASA 空间结构材料商业发展中心来函邀请我到该中心做陶瓷材料研究，我喜出望外，立即答应。1989 年 3 月 31 日来到美国 NASA 空间结构材料商业发展中心，我是唯一进入该中心的中国大陆学者。

NASA 空间结构材料商业发展中心针对美国大型空间站计划的需要，进行了相关结构材料研究，其中包括树脂基复合材料和陶瓷基复合材料。但是，该中心在陶瓷基复合材料方面的工作基础很薄弱，几乎从零开始。我在感到压力的同时，想到这是难得的学习与实践机遇。在我之前，有位美国研究生研究陶瓷基体近两年，没有任何结果。我很快就发现了问题所在。由于空间站温度低，我选择了玻璃陶瓷基体，很快取得突破，也让这位研究生得以毕业。

1990 年初，我提出要继续搞连续纤维增强陶瓷基复合材料（Continuous Fiber Ceramic Composites，简称 CFCC，也称 CMC）研究，立即得到中心主任支持。我开始指导另外一名美国研究生分别选择 Nicalon SiC（尼卡纶碳化硅）纤维和碳纤维作增强纤维，采用浆料浸渍—缠绕—切片—叠层—热压的技术路线，很快研制出陶瓷基复合材料。测试该复合材料的弯曲性能时，我发现其断裂曲线与金属类似，材料被弯曲到 90°，还连在一起不会断开。这个现象太让我兴奋了，终于看到了有希望用于航空发动机上的韧性好、可靠性高的陶瓷，这就是连续纤维增强陶瓷基复合材料。但是，我研究的 CMC 难以满足航空发动机高温、大型薄壁复杂构件的制备要求。当时，我得知美国正在实施针对航空发动机高温材料研究的"HI-TEMP"计划，其中包括 CMC。这个计划中国人是绝对不能参加的，我决心回国搞航空发动机用陶瓷基复合材料的研究。

为此，我谢绝了 NASA 空间结构材料商业发展中心的挽留，于 1991 年 1 月 15 日回到西工大。如果那时中国开始进行航空发动机用陶瓷基复合材料研究，与美国的差距将只有几年。但当时国内赞同我这个观点的人很少，大多数人认为发动机没有这方面的需求，而且几乎没有人相信我能做成这件事，所以搞不到经费。我们课题组于是自找出路，靠"打工"挣到的 20 万元开始了 CMC 的研究。我们在反复论证后，确定以高温性能优良的 SiC（碳化硅）作为复合材料的基体材料。

团队是我永远的牵挂和骄傲

要做出科研成果，必须具备科研视野。经过这么多年在航天材料方面的研究实验，我认准 CMC 是未来航空发动机不可缺少的低密度、高强韧陶瓷材料。但是这属于绝密技术，要掌握核心技术还得靠自主研发。

1995 年，耐高温、长寿命、抗氧化陶瓷基复合材料项目被国家批准为"九五"预研项目，要求 5 年拿出在试验台上通过考核的试件和模拟构件。科研的道路是曲折的，我带领课题组先后发展了四代 CVI（化学气相渗透法）设备，试验了 400 余炉次。1998 年底，我和我的团队终于研制出第一批性能合格的试样，这批性能合格的试样研究出来以后，碳化硅陶瓷基复合材料制造工艺与设备的一系列核心技术进展得就很顺利了，这些核心技术只用了短短一年时间，陆续被全面突破，研制的构件成功通过航空航天环境考核，团队也因此获得国家授权发明专利 10 项，形成了具有自主知识产权的制造工艺及设备体系。2004 年，我们团队的成果获得国家技术发明一等奖，填补了该奖项在全国连续6年的空缺，在国内外均引发强烈反响。我们国家也一跃成为继法国之后，第二个自主掌握化学气相沉积碳化硅陶瓷基复合材料制造技术及其设备的国家。

获奖只是对我们过去取得的成果的肯定，航天材料技术的科研道路还很漫长。我始终认为要与时俱进，不断研发新的产品，光有技术是不够的，还要将技术转化为实用的产品。对此，我们有了新目标：建立陶瓷基复合材料工程中心，将材料技术转化为产品，以满足国家需求。

2005年工程化关键技术攻关项目获得国家批准；2008年在阎良建成西北工业大学陶瓷基复合材料工程中心；2011年成立西安鑫垚陶瓷复合材料有限公司，开始走向以企业为主体、产学研结合的发展之路，团队与航空、航天、核能和民用数十家企业合作，产品被广泛应用；2013年获国家发展和改革委员会批准建立陶瓷基复合材料制备技术国家工程中心，并获得国家产业化项目支持。

科研之路是复杂又纯粹、枯燥又有趣的，它带给我的成就感是在别的方面无法比拟的。2016年，我主导研究的"碳陶飞机刹车功能复合材料的研制与应用"获得了国家技术发明二等奖，对我进行科技成果转化的尝试来说，这是最大的肯定和褒奖。

作为学术带头人和导师，我求实创新、治学严谨；作为院士和重大科研项目的主持人，我注重引导团队的创新意识与精诚合作。我常说，要学会做事，更要做成事。在科研工作中，我喜欢用实践论和矛盾论的哲学思维指导科研工作，逐渐形成了局部思维与战略思维相结合的习惯。我也将这个思维方法传给学生，教导学生只有善于抓住主要矛盾才能找准研究切入点，才能出亮点、做成事。

在教育学生方面，我非常注重研究生创新意识和研究能力的培养。

材料系专业一般涉及铸锻焊、热处理，乍一听，让人发怵，对于女生尤其如此。当我的学生特别是女学生感叹我取得的成绩时，我总是告诉她们，科学研究是不拒绝女性的，关键要有执着的精神和忘我的劳动，年轻人应该坚信，没有跨不过的高山，没有做不成的事。不论男人还是女人，一定要活得有价值，价值不在于高低贵贱，而在于对别人、对社会的贡献。

（文 / 西北工业大学提供）

张国伟
探索中国大陆的脊梁

个人简介：

　　张国伟，男，1939 年生，河南南阳人。构造地质学家，前寒武纪地质学家，中国科学院院士。1961 年毕业于西北大学地质学系并留校任教，现任西北大学学术委员会主任和学位评定委员会主席，曾任国务院学位委员会学科评议组成员和教育部高等院校地球科学教学指导委员会主任等。长期从事地质科学的教学和科研工作，专长于大陆构造与动力学和造山带与前寒武纪地质研究。获国家有突出贡献专家、全国优秀教师、陕西省科技战线劳动模范、全国先进工作者、全国师德先进个人、陕西省师德标兵、全国教书育人楷模及陕西省首届基础研究重大贡献奖等荣誉。

　　2019 年我恰好 80 岁整，80 年生命历程中，童年、少年历波折，在中华人民共和国成立之后，我接受党的教育，与共和国共同成长，怀揣美好的期望，用自己和团队的实际行动，认知地球和大自然，服务国家和社会。

终生的志愿与追求

1939 年，我出生于河南南阳，童年和少年的记忆刻骨铭心，五六岁时，日寇侵略家乡，举家逃难。至今我还记着父亲常常用独轮木车推着奶奶，妈妈抱着妹妹，拉着我，一家人胆战心惊，为躲避日本兵而钻进玉米、高粱地里。记得有一次，母亲和我们跑不快，被日本人抓进了一间屋子。屋里全是被日本兵抓来的妇女，为了不受日本兵的羞辱，她们抓起地上的泥土往自己脸上抹。那种惊恐、受欺辱的情形，在我幼小的心灵中留下了深深的烙印。后来日本战败，我们回到南阳，但情况并无好转，国民党惨败前夕大发金圆券，导致严重的通货膨胀，民不聊生，我亲眼看见老百姓悲惨痛苦的景象，再次经历了一种可怕的社会状态。

中华人民共和国成立之前的这一切情景，使我在童年和少年时期就形成一种不可泯灭的愿望：中国人太惨太可怜了，中国一定要强大起来，不受欺负，中国人要过上平安的好日子。这些都奠定了我终生志愿与追求的基础。

中华人民共和国成立后，社会环境发生了根本性变化，新的社会环境和教育环境，使我看到童年和少年以来的志愿和追求有了实现的希望。中小学到大学时期，我的求知欲特别强烈，幸好当时父亲是新华书店的职员，使得我有机会接触大量的书籍。20 世纪 50 年代，全国蓬勃大发展，提出了"百花齐放、百家争鸣""向科技进军"的口号，大量的中外图书出版发行，书店的书堆积如山，种类多样，令人目不暇接。我如鱼得水，开始大量读书。由于家贫不能买书，我就想办法把书店的书用牛皮纸包好，躲到角落里，如饥似渴地阅读，看后的书崭新如初，还可放进书架销售。我当时看的书很杂，中外政治、经济、历史、哲学、文学、艺术和自然科学等方面都有涉猎。广泛的阅读不但使我获得认知社会的能力，产生对文学艺术的浓厚兴趣，还培养了我对探索自然奥秘的强烈志趣，带给我寄情山水的强烈向往。这两种热爱与情感纠结在一起，让我在 1957 年考大学时选择了地质科学，因为这样既能探索宇宙、地球的奥秘，又能亲近大自然，游历名山大川，并认识社会，进入社会文学艺术世界。更重要的是，这符合我儿时以来的志愿与追求：通过认知自然世界，通过为祖国找矿，让中国富强起来，让中国昂首立于世界。

我深深体会到人类有两大知识领域，自然科学使人懂得做人的道理，社会科学使人知道做人的价值。力求做一个明理、知世、通达有为的明白人，平实地生活，勤奋踏实地工作，用专业的真知服务于国家、人类：综合这一切就是我从小到大至今仍在坚守的志愿和追求。

多次战胜生命灾难，坚守科研与生活信念

在野外工作和长期超负荷的紧张科研过程中，我遭受了多次严重灾难，其中有三次生命灾难，人们都下了"这人不行了""即使能治，也是终身残废"等论断，但我还是一次次战胜了灾难，仍活跃在科研一线，奔波于深山峡谷之中。可以说是已经到天上报到了，而上帝没接受，又把我送回了人间。我深刻体会

张国伟（右二）在加拿大科勒拉造山带考察

到人是有顽强生命力的，也因此一直坚守科研与生活的信念。

1983 年 4 月，在野外工作时出了车祸，我被抛出车窗，一块尖玻璃扎进了我的喉头。被送到当地县医院时，人已昏迷，血把身上的毛衣都浸透了。事后听说当时县医院没有消毒药物与设备，也无麻醉药，主治医生急中生智，让医生护士站两排压住我，用极浓的盐水冲洗伤口消毒，再动手术。手术中大夫说："这人命大，很幸运，3 厘米长的尖玻璃刚好扎在主动脉、气管和食道之间，若扎破任何一个管子，人就不行了。"后来输血又产生了反应，身体不由自主地上下跳，医生大胆地用被子盖住我的身体，又让两个人坐上去压住，结果还真的止住了输血反应。生命又闯过了一关，但因严重失血和脑震荡，整整 8 个月，我只能平身躺卧，头部不能动，稍微一动就会血压剧升，并产生严重的眩晕感，时时处于危险之中。那时，我常常感觉自己在高速旋转中掉进了无底的深渊，处于极大的恐惧和痛苦之中，所以经常紧紧抓着照顾我的朋友和家人的手臂，把他们身上抓得青一块紫一块。但我仍坚持不能这样倒下去，无论如何要扛过这一长期极度难以承受的灾难痛苦，要站起来做事，活在人间！

生命是顽强的，但要靠坚强的意志和信念去支撑。在 8 个月躺卧不能动的日子中，我忍受着不可想象的痛苦，一年半后，我奇迹般地出席了国际地科联（"国际地质科学联合会"的简称）在北京组织召开的国际前寒武纪构造演化学术会议，并在会议上作了学术报告，提出登封岩群为花岗－绿岩区，太华群为高级片麻岩区，并以推覆叠置关系构成统一克拉通陆块，代表了华北地块早期陆壳非板块构造的小绿岩带模式的形成演化，成为中国早期大陆地壳的基本组成部分。在当时，早期地壳花岗－绿岩带研究在国际上正是热点，而在国内还没有确定发现真正的花岗－绿岩区，中国有无这种绿岩区还有争议。会后，会议组织者邀我带领与会的各国地质学家到登封实地考察，研究成果得到了他们的完全肯定和高度评价。当时国际地科联构造委员会秘书长、德国著名地质构造学家 A.Kroener 教授把我的学术报告投给国际著名刊物 *Precambrian Research*（《前寒武纪研究》），并在 1985 年第一期首篇发表。

此后，在长期野外考察中，我多次遭遇车祸并受伤，还亲眼看到身边的同事为地质事业献出了生命。此外，我还因长期超负荷科研，几次突发心脏病，我靠着与医疗配合和坚强意志，一次次与死神顽强抗争并取得胜利，这不能不说是惊心动魄。经历了这些事，我自然在心中形成了两个坚定的信念：生命是顽强的，但人的生命力要靠坚强的意志和信念去支撑，不畏任何艰险困苦；生命是宝贵的，但要靠你的作为和对社会、自然的作用与贡献去体现它的价值。因此，我常说，人生最大的价值，莫过于把自己的聪明才智最大限度地贡献给祖国与人类！

科研道路上的三个阶段

在人类、社会、国家发展与需求的大背景下，我依据志愿、志趣与追求，选择了地球科学中的地质科学研究作为终生的事业，实现了自己的志愿追求和人生价值。

回顾我近 60 年的地质科学教学与科研生涯，从选择专业领域、广泛奠定基础，到集中目标大量实践与理论探索，取得国际前沿的标志性成果，再到聚焦研究方向，确定核心目标，探索创造，占领科学前沿高地，一步步攀登走来，每个阶段既有趣又有意义，引人入胜的同时又异常艰辛，但我始终坚持育人和研究，一切从国家根本需求和科学发展前沿、探索未知世界出发，在前人的基础上，不畏任何艰险，坚定探索前行，为人类知识长河增添新认知，助推社会的发展，从而真正体验到了探索研究的甘甜与苦涩，求知的急切与困惑，得知的喜悦与满足，以及品味人生的享受和幸福欢乐。

回顾过去，我的科研道路大概经历了三个持续深化发展的阶段。

第一个阶段是选择研究方向，广泛探索实践，奠定坚实基础，取得早前寒武纪地质与构造研究的国际前沿成果。20 世纪 50 年代中期到 70 年代，我从大学学习、留校任教到开始带领团队承担项目研究，这是在组织安排下，摸索选择专业领域，广泛实践，奠定坚实研究基础的阶段。

大学毕业后我留校做了教师，被安排从事第四纪地质教学研究，我先后从事了第四纪地质学、水文地质学、普通地质学、构造地质学、地质力学、材料力学与固体力学等课程的教学，进行了渭河第四纪地质研究、西北黄土调查研究，并作为技术负责人带领学生进行野外区域地质填图调查。20 世纪 70 年代，我开始带领西大（"西北大学"的简称）百余名师生参加全国"富铁会战"，加入中国科学院河南许昌科研队并任副队长，率领团队连续 5 年开展前寒武纪地质与构造研究，取得突出创新成果。这一系列涵盖地质科学各主要学科专业方向的广泛教学与科学研究，为我选择前寒武纪地质和大地构造的主要科研方向打下了坚实的基础，并在华北地块南部前寒武纪地质与构造研究上取得了国际前沿成果。

第二个阶段是 20 世纪八九十年代，随着板块构造的深度应用，我和我的团队适时地在已有基础上，精炼聚焦研究方向和目标，确定重点解剖研究具有世界典型意义的秦岭造山带的研究方向。对比全球彼时的研究情况，我们研究的课题"聚焦板块构造与大陆动力学"可以跻身世界前列。我以学术带头人的身份带领研究团队，克服一系列严峻困难，经过激烈竞争，争取到了国家基金委的秦岭重大项目。作为项目负责人和首席科学家，我带领全国 16 个单位 150 余位学者和研究生，组成"秦岭岩石圈结构、演化及其成矿背景"重大项目的国家级研究团队，团队成员包括地质、地球化学、地球物理等学科的 4 位院士、11 位杰出青年和长江学者，共同进行秦岭造山带典型综合解剖研究，首次开展秦岭深达百公里以下的综合地球物理探测。与此同时，我们还与德、美、日等多国高校展开广泛的国际合作研究，诸如德国哥廷根大学、美因茨大学，英国皇家学会、威尔士大学，美国耶鲁大学等，足迹踏遍中国和世界，对中国大陆各主要造山带和世界各大造山带进行了综合深入的对比研究。我们综合概括并创造性地提出了系统的秦岭造山带形成演化的新观点、新认知，深化发展板块构造理论，并冲破当代占主导地位的经典板块俯冲碰撞造山理论模式，提出了陆内造山和大陆动力学新观点，认为秦岭造山带是不同发展阶段以不同性质的造山机制造山的典型大陆复合造山带，是历经古生代－中生代初从俯冲造山到碰撞造山的两幕漫长板块造山，又经历中新生代叠加复合的非板块构造的陆内造山，复合而成现今面貌。其现今结构呈现为时空四维上下层非耦合的流变学分层的立交桥式造山模型。此重大项目研究成果获得国家基金委专家评审组的高度评价，认为整体研究处于国际先进水平，在地质、地球化学、地球物理相结合的综合研究方面处于国际领先水平，成为大陆造山带研究的标志性成果。

以秦岭重大项目为中心，结合三个重点项目和十余项基金项目及企业项目群相配合的研究及其所取得的成果，不但深入系统地发展、丰富、深化了板块构造理论，重新深刻认识了大陆与大陆造山带，而且突出地发现了秦岭造山带不是简单、单一的板块俯冲碰撞造山，而是一条大陆复合造山带。同时，秦岭的板块造山也不是经典板块的理论模式，而是在漫长时间中多块体多期次多样式的复合拼合过程。总之，该项研究发现了系列板块构造不能回答解释认识大陆的新问题，这是对板块构造理论的挑战，也是对其新的重要突破的深化发展。以"深化发展板块构造，探索大陆动力学"为目的的秦岭造山带重点解剖研究和与全国全球的综合对比，加上取得的新发现和新认识，使我们的研究攀升到一个新的高度层次：从整体宇宙行星地球系统的视野出发，以战略前瞻动态的综合思维，聚焦当代地球科学发展大地构造学前沿的核心本质科学问题，集中重点攻关，创新理论，服务国家和人类。同时，通过总结科学研究方法与思维，构筑逻辑思维与形象思维相结合的地质思维，从实际出发，全面思考，典型解剖，从点的精细研究获得新发现、新认知，既解决点的区域局部问题，又提取全球普适性规律，概括新理论，创建新知识。

第三个阶段是 21 世纪以来，我们明确以"深化发展板块构造，探索大陆构造及其动力学"为主攻方向，以集中探索构建大陆构造理论体系为中心目标，形成大陆构造研究高地和中心。

21 世纪以来，全球变化和社会可持续发展问题更为凸显，地球的宜居性和其作为行星的整体行为，以及它的过去、现状和未来问题，已成为世界普遍关注的重大社会和科学问题，也是人类社会向地球科学提出的新的重大问题。面对这些问题，地球科学必须做出回答，并且大地构造学应首先作出回应。所以面对新的动态局势，大地构造学必须以当代大陆构造学研究的新理念新思维，获得新发展，服务人类，做出新贡献，必须直接服务于人类社会可持续发展和全球变化与地球的宜居性研究的新需求。

当代大地构造学研究要从宇宙太阳系比较行星学和整体行星地球的角度出发，以宜居星球—地表系统—深部过程—圈层协同演化—地球动力学这一统一、整体、动态、复杂的地球圈层系统，进行时空四维构造与之关系规律的新思考新研究。这既是战略科学目标，也是研究的新理念新思维，还是新的科学创新实践。所以我们提出了现代大地构造学的新概念：研究认知天体地球圈层系统如何在宇宙太阳系巨量时空中关联互动统一的构造运作，这一过程与效应的驱动机理，以及它如何使地球成为生命与人类宜居的宇宙行星。我们还提出了当代大地构造学发展战略目标，即研究认知宜居天体地球复杂系统统一协同演化的构造运作及其动力学，深化发展板块构造，构建大陆构造与大陆流变学理论体系。其现今关键科学问题是：

第一，解决当代地球科学主导理论板块构造的三大根本问题：板块登陆；板块构造起源；板块驱动力。第二，探求大地构造如何运作地球圈层系统协同演化和构建宜居行星地球。第三，洋陆起源与其关系和板块构造如何解释认知大陆，其中早期地壳形成与演化机制、大陆构造及其动力学以及地表系统与深部过程互馈关系已是当代大地构造学发展的前沿关键科学问题。

根据以上新的动态发展和研究方向目标的进一步凝聚、提炼、确定，21 世纪以来，我们先后主持了"华南大陆构造与海相油气前景研究"的中石化重大基础研究项目和中国科学院与国家自然科学基金委联合组织的学科发展战略研究"板块构造与大陆动力学学科战略发展"项目及相关的项目群，并以教育部组织的、省部共建的"大陆构造协同研究中心"为平台，开展了更加深入、系统、广泛拓展的，以"大陆构造及其动力学"为方向和以探索构建"大陆构造与流变学理论体系"为目标的研究。目前研究正在深入开展，并已取得重要进展与成果，我们将从高起点出发，以高目标为奋斗方向持续稳定进行研究，力求获得突破，取得创造性成果，引领国际前沿。

以上是对我生活和教学科研历史的回顾，我终生的志愿与追求正在逐步实现。我虽已步入老年，但身体尚好，心态未老。恰逢祖国强盛发展的大好时光，我将生命不息，耕耘不止，用尽全力促进地球科学的新发展，迎接祖国成为世界伟大强国这一时刻的到来！

（文／雷雁林）

卢秉恒
推动 3D 打印技术创新

个人简介：

　　卢秉恒，男，1945 年生，安徽亳州人。中国机械制造与自动化领域著名科学家，现为中国工程院院士，西安交通大学教授、博士生导师，任快速制造国家工程研究中心主任、国务院机械学科评议组召集人、中国机械工程学会副理事长、中国机械制造工艺协会副理事长、全国高校金属切削机床学会理事长。主要从事快速成型制造、微纳制造、生物制造、高速切削机床等方面的研究，曾获国家科技进步二等奖、国家技术发明二等奖、全国五一劳动奖章、全球华人蒋氏科技成就奖等。

　　我们要做科研创新，改善科研的思路和方式方法。在科研上，创新才能出成效，才能占领国际市场，才能增强中国的综合实力。追求创新是唯一秘籍，这也正是中国全面深化改革的重要动力，是推动国家发展的内在源泉。

遇到了最好的导师

我出生于 1945 年的安徽亳州。20 世纪六七十年代，我在工厂上了 11 年的班后，本着提高自己和解决家庭问题的双重考虑，决定报考西安交通大学（以下简称"西安交大"）的研究生。当时，对于如何选择导师，我一度十分茫然，最终挑选了招研目录上所报考专业的第一位老师——顾崇衔老师。我很幸运，入学不久就发现自己碰上了一位博学广识、宽容睿智、诲人不倦的好导师，这一选择促成了我一生的追求。

1979 年，我入校读研究生，顾先生率领西安交大一批青年教师如戴德沛、林志航、赵汝嘉、黄协清、张升隆等人进入机床动力学研究领域，快速达到国际前沿水平，吸引了国际大师托巴斯教授、吴贤铭教授数次来访。我记得，我当年的论文题目是《机床在切削状态下的动态特性研究》。在做了大量试验后，我写出论文，交给我的导师。导师看后很高兴，让我在老师和研究生的研讨会上做报告。

报告中，在阐述自己提出推导的一个修正噪声影响的公式时，我记不清了，正要拿起稿子看时，没想到顾先生竟脱口而出。导师的这一举动使我惊叹于他的记忆力，以及对我研究的深切重视，现在想起来仍感慨万千。就这样，我以为自己可以静待答辩了，谁知第二天顾先生就交给我一本鲁汶大学的博士论文，这是国际上第一篇系统研究机床模态分析的论文。我心想：导师要求太高了，这一下几乎又要再做一篇毕业论文了。

后来，我写出的论文被推荐到国际生产工程科学院（CIRP）主办的杂志上发表。我要感谢顾先生，是他的鼓励把我引上了学术之路，也正是顾先生的高要求使我受到了严格的学术训练，培养了严谨的学术作风。完成研究生学业后，我继续读顾先生的博士，毕业后被留在顾先生身边做助手。

1986 年，我博士毕业还不到半年，顾先生就通知我参加教育部论证 CIMS（计算机集成制造系统）的会议。我当时很茫然，觉得自己并不了解什么是 CIMS，怎么去开会呢？顾先生说："你去了，不就了解了吗？"从会议回来后，顾先生要求我向校长和校内知名教授传达会议的主要内容，后来听说这就是国家酝酿的"863"计划的一部分。在以后的学术活动中，顾先生屡屡表现出对大胆创新的鼓励与支持，并能做到身先士卒。

追忆做顾先生学生、助手的日子，先生的学识和为人处事的方法，勇于创新、高瞻远瞩的品质，以及学术领军人物的风范都值得我终身学习，并令我终身受益。

中国有能力自主研发 3D 打印技术

我是在西迁精神熏陶下成长的西安交通大学博士，更要将西迁精神传承下去。偶然的一次机会，我在国外接触到了 3D 打印技术，回国后，我就对 3D 打印技术进行了探索。很多人知道这个名称，却并不了解它到底是什么。其实，3D 打印是一种快速成型技术，它实现了制造从等材、减材到增材的重大转变。

1992 年，我赴美做高级访问学者。在一次参观汽车模具企业时，我首次看到快速成型技术在汽车制造业中的应用，立刻意识到这一技术的先进性。当时，美国也只在 6 年前才做出第一台样机。我认为，中国是完全有能力自主开发这种机器的。

1993 年回国后，我就带着 4 个博士生在实验室开始了研发历程。那时候的实验室条件十分简陋，而且对快速成型只有概念，没有任何资料，我们只能通宵达旦一遍遍做实验摸索。因为条件太艰苦了，很多关键部件难以找到，我们就经常骑着三轮车满西安市找机械厂加工关键部件，常常被实验用的材料熏得眼泪鼻涕一大把，但大家都很拼，一心要做成。

除了实验材料难找，科研资金缺乏也是项目推进的绊脚石。我大致算了一下，要研发 3D 打印技术，没有 100 万元是不行的。当时的情况是科研经费仅有我出国前的六七万元和学校支持的 2 万元，这显然是杯水车薪。唯一的办法就是自力更生，像当年邓小平带领国家推进改革开放一样，自己摸着石头过河。于是，我带着博士生开发软件、研发设备。除了能买到的一些机械零配件，其他像动态聚焦镜、聚光镜等，几乎都是我们自己动手做出来的。机器上的激光器要 3 万美元，我们买不起，就联合兄弟院校花了 3 万元人民币试制了一台紫外光激光器。实验用的特殊材料，国外进口价要每千克 2000 元，而做一次实验起码要 30 千克，国内材料又不成熟，我就找到化工学院，共同开发出光敏树脂，每千克成本只要 100 元。至于开机床自己做试件，更是常有的事。

我在大学毕业后的 11 年间，曾厂长、工程师、工人一肩挑，所以无论车铣刨磨钻，还是产品设计、工艺、模具，甚至生产、调度，样样都能拿得起。我很感谢在工厂的那段经历，让我有了一定的经验来支撑我们的项目顺利进行，进而申请到国家重点科技攻关项目 250 万元的资助。

2015 年 8 月 21 日，国务院总理李克强主持国务院专题讲座，我受邀向国务院的各位干部、央企负责人等讲授先进制造和 3D 打印技术。"先进制造与3D 打印"这个题目是国务院领导亲自选定的，这也意味着国家领导非常重视促进中国制造的水平。而这盘大棋的紧要处之一，就是要抓住世界产业技术发展的新趋势，改造传统意义上的中国制造，3D 打印正是这样的尖端技术之一。

我国 3D 打印技术虽然起步较晚，但国际上的主流技术我国都已开展研究，也开发出了自己的装备，甚至领先国外 10 年研发出了个性化匹配的钛合金骨头。在航空航天和医疗这两个领域的 3D 打印技术应用上，我国走在世界前列。目前中国 3D 打印技术的主要缺陷在于产业链尚未形成、原创技术太少、产业化的应用规模远远不够。现在我作为学科带头人，又负责管理一个公司。对我来说，这两种不同的身份区别还是很大的：作为一名学科带头人，要创新，要对论文有要求，要拿国家课题；作为一家公司的董事长，首先要让这个公司经营下去，有一定的盈利，并让公司发展得好。这两者的目标完全不同。

最开始做 3D 打印时我没看那么远，我看的是新。那时做 3D 打印是没钱赚又很花钱的事情，有人说上哪去弄 100 多万元？我说竖起招兵旗，定有吃粮人。只要是创新性课题，肯定会有人支持，肯定能拿到资金，并且一定会有人因感兴趣前来加盟一起研究的。

我做课题有个原则，凡是别人做过的，我就不做了，专找别人没挖过的矿挖。上大学时，读《马克思的青年时代》，里面引用了但丁的一句诗："走自己的路，让别人说去吧。"我很喜欢，便把它当作自己一生的座右铭，激励自己做新的事，做大家没做过的事。

为什么目前我国企业老做低价竞争？因为起点本来就不高，总看市场上有没有人做这产品赚钱，如果谁都没做过，就觉得风险大，不愿意做。外国人就不一样，专挑别人没做过的事来做。两相比较，我们就输在起跑线上了。我国目前正在奋力从中国制造向中国创造飞跃，这意味着我们将更加重视全面创新的能力。科技创新是综合国力提升的重要因素，而其基础便是科研创新，从研究起点上确立好创新的目标，然后一步步改善思路和方式方法。

当然，技术创新离不开具体实践，这意味着技术创新不是空想，不是理论上字词的重组，而是实打实地改变研究思路和研究方法。制造技术创新，不但需要理论素养，更需要工程实践能力与坚持的韧性。我不赞成为了论文而论文的研究方式。论文不只要写在纸上，更要写在产品上，写在装备上。我带学生就要求两点：要有新思路，自己动手干。这可能与我的个人经历有关。在1979年考上西安交通大学机械专业硕士研究生之前，我在河南省三门峡中原量仪厂车间一线工作了11年，把一个原来没有稳定产品的小厂搞得红红火火，年产值达100万元。考上研究生那一年，我34岁，不当厂长做学生，迈向了人生的新旅程。

创新务实是做科研的必备精神

我觉得做科研不仅要有创新精神，更要有务实精神。不只是做学问，而是要把做学问当作服务国家建设的重要渠道。2013年，我提议在西安交通大学机械学院实施"制造装备行业领军人才计划"。学生在学校学课程做课题，到企业做工程实践，还要到国外大学进修，甚至到国外企业工作。我认为，学校不只要做"工程师的摇篮"，更要培养国家和企业急需的行业领军人才，因此理论知识、企业实践和国际视野均不可或缺。我们每年毕业那么多博士，发表了那么多科研论文，申请了那么多专利，为什么技术没明显提升，企业没感觉增加多少效益？因为做的都是"假学问"。

相比国外，我国3D打印研究起步并不晚，并且在航空航天和医疗领域的

3D 打印技术应用上，我国还走在世界前列。但总体来看，产业发展太慢、企业规模不足，和国外相比仍然有不小的差距。当下最要紧的任务是做好国家层面的协同创新，让企业成为投资研发、应用成果、集成创新的主体，引导资金更多流向实体经济、先进制造业，我们有信心在"中国制造 2025"计划中，提前 10 年实现以 3D 打印为代表的增材制造目标，与美国并驾齐驱！

我已经 70 多岁了，还患有高血压、冠心病，心脏放了 4 个支架，但我一直怀揣着年轻时科技报国的梦想。现在赶上了国家发展的好时机，我就想尽力为国家多做些事情。我希望用自己的实际行动，让我国的 3D 打印技术再取得突破和成就。

（文 / 西安交通大学提供）

舒德干
沿着达尔文的足迹前行

个人简介：

　　舒德干，男，1946年生，湖北鄂州人。进化古生物学家，长江学者，西北大学教授，中国科学院院士。现任西北大学博物馆馆长。在澄江动物群和寒武纪大爆发研究上获得系统性科学发现，其多项重大发现和理论假说获得学界广泛认可。获长江学者成就一等奖、国家自然科学奖一等奖和二等奖、陕西省科技进步最高成就奖。被评为全国模范教师，全国先进工作者。

　　我喜欢跑步。跑步是最简单、最省时的锻炼方式，还能让我集中精力思考，甩掉一些纠缠不休的烦恼。有段时间，跑步也契合了我的某种心态，冥冥中似乎在追赶着什么。有一天我突然明白，我追赶的是达尔文的脚步。

逮住"天下第一鱼",发现"第一鳃裂"

我的学术生涯可以用一句话概括:沿着达尔文的足迹前行。1946年2月,我出生于湖南湘潭,不到1岁就回到了故乡湖北鄂州。小学、初中都不怎么好好学习,靠着小聪明考上了黄冈中学。此后开始发奋读书。1964年,我成为那一年黄冈中学唯一一个考入北京大学的学生。

我在北京大学就读地质地理系,选专业时,毫不犹豫地选了古生物学专业。之所以选择古生物学,是因为高中生物课上,林老师给我们讲到了达尔文、孟德尔,介绍了进化论,我当时就觉得进化论很神奇,产生了朦胧的好奇心。虽然选择了古生物学专业,但没有像我预期的那样走近达尔文。我记得那时跟达尔文有关的课只有一门"达尔文主义",同学们常常一知半解、面红耳赤地争论着达尔文和进化论。1970年,我和同级女友陈苓被分配到陕西彬县教书,一待就是8年多,这期间,我与达尔文渐行渐远。直到1978年,我考上了西北大学地质学系的硕士,才又跟达尔文"接上了头",而且越走越近。

刚到西北大学不久,我在图书馆借了一部《物种起源》,又在旧书店买了一本朱洗先生的《生物的进化》,躲进陋室中如饥似渴地认真研读起来。1982年,我留校当老师,带着学生在云南省澄江县帽天山一带采集化石,得到一些保存很好的蠕虫等动物的软体构造化石。虽然当时也意识到这里蕴藏着丰富的生物学信息,但和之前的学者一样,并没有抓住机会进行深入研究,使得我与此后震惊世界的"澄江化石库"擦肩而过。

1985年,受夫人鞭策,我到武汉地质学院(后更名为"中国地质大学")读博士,毕业时被评为三好学生和优秀党员,获得了3个出国深造的机会。我先到了美国史密松研究院,后到德国波恩大学做"洪堡学者"。其间有两件事让我放弃继续留学的机会,急切地回到了祖国。第一件事是我在国外接触到大量科研文献,但它们的作者几乎全是外国人,即使有中国人,也只是"配角",这给我触动很大;第二件事是1984年"澄江化石库"开始大规模开采,打开了探索动物起源的绝佳窗口。我把要回国的想法写信告诉朋友,朋友回信说,德干兄,你还回来干吗?那里的鱼呀,虾呀,早被人家捞空了。但我依旧关注着澄江化石的研究进展，我相信，澄江化石库所蕴含的密码远没有打开。

1990 年，我回到了祖国，带着学生一头扎进了澄江化石库，开始漫长、艰辛又愉悦的研究。澄江化石库果不负我，让我逮住了"天下第一鱼"，发现了"第一鳃裂"。

有人说舒德干就是运气好。其实，逮住"天下第一鱼"有偶然的因素，但也是水到渠成。我刚回国那几年，和其他学者一样，研究多局限于基础动物亚界和原口动物亚界的门类，但不久就意识到，澄江化石库的意义绝不仅限于此，它一定还蕴含着与我们人类远祖进化有关的各种后口动物门类的演化信息。1995 年春，我在南京召开的国际寒武纪大爆发学术讨论会上首次提出，云南虫和古虫应该属于后口动物亚界的成员，并从此把主要精力转向后口动物各门类化石的发掘和研究。1996 年，我和我的团队在《自然》杂志上先后发表《云南虫被证实是地球上最古老的半索动物》《中国发现脊索动物的早期祖先——华夏鳗》；1998 年，我们又发现，兼有原口动物和后口动物基本特征的"皮鱼"型动物化石也应该属于低等后口动物类群。既然发现了众多低等后口动物始祖代表，那么与人类远祖进化密切相关的"最高等"后口动物——脊椎动物的始祖还会远吗？

1998 年底，我带着博士生张兴亮去拜访云南省地质研究所的老朋友罗惠麟、胡世学。他们从抽屉里拿出一块化石让我看，我在显微镜下看了不到一分钟，激动得浑身发抖，欣喜若狂地说："这就是世界上最早的脊椎动物！"回到西北大学，我和张兴亮依然兴奋不已，开始翻检我们从澄江化石库采集的标本，竟发现了保存更完整的鱼化石，这就是后来的"昆明鱼"，而罗惠麟他们那条鱼被命名为"海口鱼"，它们被《自然》杂志专题评论文章称为"天下第一鱼"。

对这两条鱼的研究主要是我们团队完成的，前后用了不到半年时间。在起初的几个月，我一直处于极度亢奋中，废寝忘食地在显微镜下研究它们，品读生命史上的极品精灵。发现的快乐让我神清气爽，吃嘛嘛香。1999 年 11 月，《自然》杂志以最高论文规格发表了我们的《华南早寒武纪脊椎动物》，并以《逮住天下第一鱼》为题评论说这两条鱼是学术界期盼已久的最古老脊椎动物，填补了寒武纪生命大爆发的重要空缺。

逮住"天下第一鱼"以后，我们团队又发现了最古老的尾索动物"长江海鞘"，创建了现已灭绝的"古虫动物门"，发现了棘皮动物的始祖古囊动物等珍稀化石。特别值得一提的是古虫动物门的建立，由于它已经灭绝，缺少现生动物进行比较研究，所以一直受到部分学者的质疑。我们团队坚韧不拔，先后用了10多年时间，不断用新的研究成果去证实古虫动物门实现后口动物类群取食和呼吸重大革新的"第一鳃裂"的真实性和可靠性，终于赢得了国际学界的广泛认可，录入权威教材。其实，在动物进化史上，古虫动物门的重要地位绝不亚于"天下第一鱼"。我国两院全体院士独具慧眼，将古虫动物门的发现列入2001年中国十大科技进展。我们这些成果全部发表在《自然》《科学》这些国际顶级期刊上，让中国人的名字频繁出现在国际顶级科研文献中，也算出了我当年在波恩大学时胸中郁积的闷气。

有了这么多关键节点上的重要成果，勾勒早期动物演化谱系的工作便成为可能。于是，我们开始从宏观的角度去构建动物进化树框架，进一步回答达尔文留下的世纪难题。

2000年秋，杨振宁（左一）、陈至立（左二）、李嘉诚（左三）为舒德干（右一）颁发长江学者成就奖

寻找人类的远祖

如果从 1978 年算起，我从事古生物研究已经 40 多年了，所有研究最终的指向其实就是希求回答达尔文留下的世纪难题。

达尔文创立进化论，由于时代的局限性，遇到了一系列的难题，其中三个难题极为严峻，成为神创论诋毁进化论的主要口实。除缺失遗传学认知外，另外两个难题是地质古生物学方面的：其一，无论是现在还是过往的生命史上，可辨识的进化过渡类群极其缺乏，尤其是寒武纪大爆发，生命的演进出现了巨大的断层，让达尔文困惑不已；其二，达尔文天才地断言"人类源自低等动物""人类的器官构造永远打上了低等生命创造的印记"，但他不知道到底是哪些远祖，在何时、以何种方式创造了人类的基础器官系统。

根据全球三大著名的早期动物化石库，尤其是澄江化石库的真实记录，我们修正了达尔文"自然界只有渐变，不存在飞跃"的认识，同时也修正了美国科学院院士古德尔提出的寒武纪生命"一幕式爆发"的猜想，提出了"三幕式寒武纪大爆发"学说，并证实了三幕式爆发依次诞生了动物界的三个亚界，从而首次完成了早期完整动物树框架的构建。具体讲就是，5.6 亿年前的前寒武纪晚期第一幕爆发，形成了多门类的基础动物；5.4 亿年前的寒武纪初期开始的第二幕爆发，不仅延续了基础动物亚界的繁荣，而且还诞生了原口动物亚界的大多数门类；约 5.2 亿年前的澄江动物群启动了第三幕爆发，其间不仅基础动物亚界和原口动物亚界各门类继续繁荣昌盛，而且首次出现了后口动物亚界中所有门类的始祖代表。

生命树思想是达尔文进化论的核心，我们建立的早期完整的动物树，无疑是达尔文生命树中的核心部分之一。我们团队在后口动物亚界的研究成果，形成了古虫动物—棘皮动物 / 半索动物—头索动物—尾索动物—脊椎动物这一完整而连续的进化谱系，较圆满地回答了达尔文有关地质古生物学方面的第一个难题。

有了早期完整的动物树，我们就可以沿着后口动物谱系去深入追溯人类的远祖，去探究到底是哪些远祖在何时、以何种方式创造了人类的基础器官系统。

2017 年，我们团队的韩建等人在《自然》杂志发表封面论文，报道了寒武纪初期皱囊虫的发现。这个直径约 1 毫米的微型动物，有着与它身体相比奇大无比的口，实现了动物"口吃食物"的功能，开启了新陈代谢的第一次形态学革命；2001 年我们发现的古虫动物的"第一鳃裂"，实现了取食—呼吸系统大升级，启动了新陈代谢的第二次形态学创新（鲨鱼的鳃裂以及人类胚胎早期的鳃裂皆源自第一鳃裂）；1999 年发现的"天下第一鱼"，创造了第一头、第一脊椎和第一心脏，完成了新陈代谢的第三次大创新。至此，包括人类在内的高等动物的基础器官系统的构建基本完成。

基于以上研究，我们提出了"广义人类由来"新概念。相对于人类源自古猿这一"狭义人类起源"，"广义人类由来"所指向的人类远祖要古老得多，而最古老的脊椎动物"昆明鱼目"十分接近甚至恰好就是我们的远祖之一。

我们曾有幸 10 多次叩开《自然》《科学》的大门，多次获得高层次奖励。但我清醒地知道，任何人的研究，包括我崇拜的达尔文，都会被超越。亦如达尔文等杰出科学家在科学发展史中的最终意义，就是成为后来者前进的台阶，我这一生在科研上的努力，希望也能成为后来者前行的台阶。

（文 / 雷雁林）

刘加平
以科技铸就绿色建筑之梦

个人简介：

　　刘加平，男，1956年生，陕西大荔人。中国工程院院士，一级教授，博士生导师，我国绿色建筑领域杰出的科学家之一。现任西安建筑科技大学建筑学院院长，西部绿色建筑国家重点实验室主任。我国建筑学学科首批国家杰出青年科学基金获得者、我国建筑学学科第一个国家创新研究群体科学基金"西部建筑环境与能耗控制理论研究"学术带头人。美国华盛顿州立大学授予其全球杰出设计研究者奖（Outstanding Global Design Researcher Award），日本空气调节与卫生工学学会授予其"国际荣誉会士"称号。

　　我们这代人经历了社会从有序到混乱再到当下价值体系恢复重构的过程，也经历了中国从贫穷逐渐实现富裕的过程。能够经历这么一个充满转折、改变和发展的时代，是很幸运的。

80 天复习参加高考

我家在陕西省大荔县伯士乡平罗村，村里有 1000 人左右。我们村早先属于渭南朝邑，20 世纪 50 年代修三门峡水库时并入大荔县。

1974 年春天，西安交通大学附属中学的应届高中毕业生来我们村插队。我常与他们一起干农活，相处得不错，秋收后还在一起排练文艺节目。

就在这年冬天，部队来征兵，我报了名。很幸运，我通过选拔成了一名军人。记得年底的一天，我随一群新兵上了一列运货物的闷罐子火车，几天后，在元旦前两天的一个后半夜，到了山西原平上阳村附近的火车站。下车后我们被拉到一个山沟，那是部队的所在地。新兵训练结束后才知道，我们部队负责驻守总后勤部（今后勤保障部）的一个军需库。

1976 年，国家形势开始发生变化。1977 年 10 月恢复高考，我立刻打听在部队能否参加高考。很快，正式通知下来，军人不能参加地方高考。后来又听说军人可以考军事院校，可 11 月初相关文件下发，要求报考者年龄在 20 岁以内，而我已经 21 岁，超龄了！

纠结了一段时间后，我又听说，我的同学以及认识的知识青年中已有人考上了大学，而我的高中学习成绩比考上的同学要好。这个消息促使我下定决心做出选择——复员回家，参加高考。

1978 年的高考时间是 7 月 20 日，算下来，我只剩下 80 天的复习时间了。几年没学数理化，基本的概念如对数、三角函数等都不记得了。好在书一翻开，我还能回想起高中上课时的情形，对这些知识也渐渐恢复了记忆。我每天都学习十五六个小时，先是用 10 天左右的时间将高中课本中简单的内容学习了一遍，然后开始做题。我曾到高考复习班听过两节课，但感觉不太适合我，所以还是自己看书、做题。

这期间，父亲也时不时地请人帮忙将县中学的考题、模拟题拿给我做。高考前，我做了一套模拟试题，成绩相当不错，这让我对高考有了一些信心。高考前一个月填报志愿，这方面的信息我了解不多。妹妹比我小几岁，刚高中毕业，她告诉我一些信息。那时对我们来说，西安就是最好的城市，和北京、上海一样好，所以我报的基本都是西安的大学。第一志愿填的是西北大学物理系、化学系，第二志愿是西安交通大学。

7月份高考完，我回到村里干活。当时村委会正在扩建几间房，我便去当小工。有一天晚上，我正在家里看书，村团支部书记来我家了，说我考上了。第二天，我妹妹把成绩单给我带回来了。我还记得总分是357分，其中物理、化学都是90多分，政治70多分，数学因一些知识点不明白只考了59分，语文最差，考了40多分。当时村里有四五十人参加高考（包括知青），但考上大学的只有我一人，还有一位考上了中专。

现在回过头来看，考上大学是人生中最令我兴奋的三件事之一。这三件事按时间顺序分别是：考上大学，45岁时获评建筑物理学科的第一位"杰青"，被评为院士。

当一名教授突然得知自己当选为院士，那对大脑的刺激是相当大的。但我感觉，考上大学的刺激程度超过当院士。

大学真是天堂

入校后不久开始评助学金，西北大学农村学生多，助学金也多。我们班30人，只有几个同学没有助学金。助学金分成三档，我获助的是一档，每月20元，吃饭足够了。我父亲每个月还给我10元，一年给10个月。第二年我妹妹考上大学也是一样，我就靠着这些钱读完了大学。

进入大学，我最大的感受是，真不敢相信天下还有这么好的事，什么都免费！入学免费，到图书馆看书免费，吃饭免费，运动也免费，什么活都不用做，还给你钱，你只要做一件事，就是把书读好。那时我就想，大学就是世界上最好的地方，这就是天堂啊！在这里待着，两个字：舒服。

第一个学期是适应期。上课后大家才发现，老师讲的很多内容听不懂，开学后一个月期中考试，大家考得都不好，我也一样。但我并不气馁，继续认真听课，认真学习。

我是班里的团支部书记，但组织开展的活动不多。我们都一心用在学习上，如饥似渴。我一般是白天正常上课、自习，晚上学到 9：30 回宿舍，班上有不少同学甚至常常学习到十一二点。我向来是起早不贪黑，学习、生活比较有规律。这可能是当兵时养成的习惯，我到现在也不熬夜。在我看来，睡眠不好，熬夜是没有用的。读书要讲效率，做学问也是，老磨叨时间没用。

经过第一学期的摸索，第二学期我开始进入状态，学习没那么困难了。这时我也开始学会用刊物、参考文献进行学习，因此花在图书馆里的时间比较多。我喜欢看各种刊物，比如《自然辩证法通讯》，大学 4 年都在看，尽管不完全看得懂。另外，其他专业外的书也借来读，比如巴尔扎克、托尔斯泰等文学大家的小说以及哲学类书籍等。当时脑子里也没有文理分科的概念，有兴趣的书都会读。

用绿色建筑改善中国人居环境

大学毕业后，我被分配到现在的西安建筑科技大学建筑系建筑物理研究室，从此一直从事这方面的研究。我没留过学，是典型的"土鳖"。但可以很自信地说，经过几十年的努力，我们在地域建筑的绿色再生方面，从研究的方法论到取得的成果，在国际上都是一流的。

运用绿色建筑原理，我做了很多工作。作为一个土生土长的西北汉子，一名长期从事建筑热工与建筑节能研究的专家，我决定把研究方向投向西部的广袤大地。

很多人对窑洞的认识始于延安。窑洞优点不少：冬暖夏凉、就地取材、节省资源。但缺点也明显，比如空间单调、阴暗潮湿。如何把窑洞这一地域特色浓郁的传统民居持续发展下去？中国窑洞还有没有可能成为新的建筑时尚？1996 年，我带领科研团队开展"黄土高原绿色窑洞民居建筑研究"课题，开始运用绿色建筑原理，对传统窑洞进行创新改造。

要拿出让老百姓满意的方案，就必须了解窑居人对现代窑洞的要求。我们通过研究，综合分析了传统窑洞的优缺点，采集了大量科学数据，反复修改设计图纸，设计出了新型窑洞。这种新型窑洞以天然石材为基本建材，减少了制砖的能源消耗和环境污染。室内分别设有卧室、客厅、餐厅、厨房、储藏室、洗浴室等与城市居民住宅无异的建筑空间。新型窑洞别出心裁的设计，还在于将延续了几千年的一层结构改造为二层结构，从而大量节约了土地。此外，新型窑洞起居、通风、采光等条件的大幅度改善，以及每孔几万元的建造、装修成本，也格外吸引窑居人的目光。

美国华盛顿州立大学一位教授对此高度评价："从新型窑洞的建成，我们可以欣喜地看到，中国现代建筑已开始寻找到其文化与地理的根系。这些新窑洞貌不惊人，但却因此更加珍贵，因为它富有创意，体现了中国现代建筑的精神。"

2006年，我们主持的"黄土高原绿色窑洞民居建筑研究"课题荣获联合国人居署颁发的世界人居奖。

2001年下半年，我看到一则关于长江上游彝族山民异地搬迁的新闻，觉得我们的科研团队也许能为这些搬迁的彝族山民做点什么。我们对此进行了几年的深入调研，然后决定实施长江上游绿色乡村生土民居示范工程，这个工程在云南省楚雄州莲池乡实施。我国建筑界泰斗、两院院士吴良镛教授将之称为"可持续发展理论指导下人居环境工程成功的范例和样板"。2011年，我主持完成的"乡村可持续发展：四川大坪村灾后重建和康复"项目，再次荣获世界人居奖。这次获奖是对我们团队研究工作的高度肯定，也是对我们为继续改善中国人居环境而继续研究的鼓励。

回头想想，自己为什么要上大学呢？随着时代的变迁，我对这一问题的认识也发生了变化：40年前的大学对于很多农村孩子来说，是从纯体力劳动中解脱出来，成为按月领薪水的"技术干部"的途径之一，我当时考大学就是这么想的；而如今，大学的通才教育则是每一个人适应现代文明的必经之路。这也是我作为一名高校老师希望自己做到的，即用自己的一言一行影响学生，把自己的知识教给更多的学生。

（文图／张潇、黄东宇）

康振生

砥砺科研，保障国家粮食安全

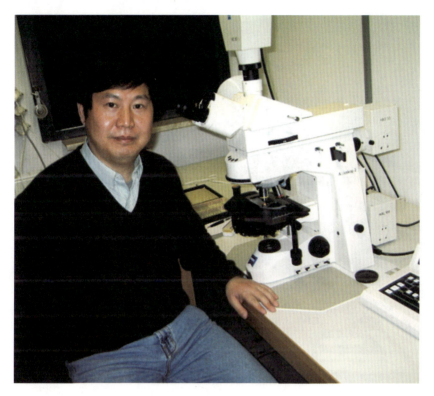

个人简介：

　　康振生，男，1957年生，四川安岳人。植物病理学家，中国工程院院士，西北农林科技大学植物保护学院教授、博士生导师，旱区作物逆境生物学国家重点实验室主任。率领团队在小麦条锈病、赤霉病等重大病害发生规律、致病机理与防治技术研究等方面开展了系统研究。

　　30多年来，在李振岐院士等老一辈专家工作的基础上，我领导的小麦条锈病防控研究团队始终围绕国家需求和国际前沿，努力实现科技创新，保障国家粮食安全。我始终认为，做学术研究要有"衣带渐宽终不悔，为伊消得人憔悴"的精神。

郭春喜

把握毫厘之下的万里测绘

个人简介：

郭春喜，男，1963 年生，陕西大荔人。陕西省第四测绘工程院院长，教授级国家工程师。对大地测量数据处理事业及社会经济发展具有突出贡献。荣获国家测绘地理信息局珠穆朗玛峰高程测量一等功。

伴随着我国经济社会的快速发展，国民经济建设各领域对高精度大地水准面精化及现代测绘基准体系的战略需求越来越迫切。作为一名大地测量的专业人员，秉承测绘精神，致力于精进测绘技术，忠于测绘事业是我毕生所愿。

刘站国

赤子之心，与液体动力同频共颤

个人简介：

刘站国，男，1963年生，陕西西安人。1986年毕业于国防科技大学，1989年获得液体火箭发动机专业硕士学位。现任长征七号运载火箭副总设计师、中国航天科技集团有限公司第六研究院11所副所长、主任设计师、研究员，享受国务院政府特殊津贴，中国宇航学会液体推进专业委员会委员。曾荣获国家"863"计划先进个人、航天科技集团公司学术技术带头人、航天基金奖、中国航天科技集团有限公司第六研究院青年突出贡献奖等多种奖项和荣誉称号。

从红光沟的一个废弃厕所里改造的试验台上诞生的我国第一台姿态控制发动机的雏形，到古城西安宽敞明亮的设计大楼里诞生的我国新一代大推力液氧煤油发动机，我的生命早就和发动机的成长捆绑在了一起。我在西安工作、生活，与中国航天科技集团有限公司第六研究院一起为祖国的航天事业奋斗，我热爱这座城市，感谢这座城市！

徐立平

雕刻火药的大国工匠

个人简介：

　　徐立平，男，1968 年生，陕西西安人。曾获中华技能大奖、全国技术能手、全国五一劳动奖章、陕西省五一劳动奖章、中国航天基金奖、航天人才培养先进个人、航天技术能手、三秦工匠等奖项及荣誉称号，被评为中国好人、三秦楷模、陕西国防科工系统道德模范，当选 2015 年度"感动中国"人物。2017 年 3 月 30 日，中共中央宣传部授予徐立平"时代楷模"荣誉称号。2017 年 12 月 27 日，获得第十二届航空航天月桂奖大国工匠奖。

　　我是一个在"火药堆里"工作的航天人，我的每一个荣誉和成就都建立在老一辈航天创业者和团队其他劳动者的汗水之上。我唯有努力工作，继续创新，才能不辜负大家的信任。

刘浩

以"工匠精神"装配固体火箭发动机

个人简介：

刘浩，男，1969 年生，陕西西安人。中国航天科技集团有限公司第四研究院 7416 厂固体火箭发动机装配工，国家高级技师（航天特级技师），全国技术能手，陕西省首席技师，享受国务院政府特殊津贴，集团公司刘浩技能大师工作室带头人。所带班组被航天四院党委命名为"刘浩班组"，被评为陕西省劳模示范岗。秉承工匠精神，精益求精，实现了产品合格率、交付合格率、开箱合格率、靶场飞行成功率 100% 的目标，为载人航天工程和国防现代化武器装备做出突出贡献。

虽然我的生活范围和兴趣主要在技术工作上，但是作为一名土生土长的西安人，我也非常关心西安的发展。现在，西安发展越来越好、越来越快，我非常高兴。作为一名专业技术人员，立足岗位，发扬"工匠精神"，在技术上精益求精，在产品品质上高标准严要求，就是为社会服务、为西安发展贡献力量！

米磊

硬科技，最西安

个人简介：

米磊，男，1979年生，陕西延安人。毕业于西北工业大学，中科院西安光机所光学博士，中科创星创始合伙人兼联席CEO（首席执行官）。陕西省第十三届人民代表大会代表。中国"硬科技"理念提出者，硬科技创新联盟发起人，陕西省青年科技新星。致力于打造硬科技创业雨林生态，在"智瞰·未来"2017中国天使投资峰会暨第二届金投榜颁奖盛典中，中科创星获得"2017年度TOP30新锐创投机构"称号，米磊获"2017年度TOP30活跃天使投资人"称号。

科技创新是未来中国发展的重要方向。西安拥有大量的人才资源和科技成果，拥有发展硬科技的先天优势，我看好西安的未来，期待它能建设成为中国的"硬科技之都"。

民　　生　　篇

万曼琳

长征路上年龄最小的女红军

个人简介:

　　万曼琳,1926年生,四川南江人。1933年随哥哥加入红军并参加长征,是长征路上年龄最小的女红军。1936年10月,红军到陕北后,万曼琳先后被分配到列宁剧社等单位工作。1940年10月进入延安中国女子大学特别班就读,之后在苏维埃边区及中央军委机要局工作。中华人民共和国成立后,万曼琳先后在西北军区等单位工作。

　　有人说,我的命很苦,7岁就成了孤儿,8岁就走上长征路,兄长牺牲4年后才知道实情……我觉得长征路上虽然辛苦,但有很多人爱护,感觉很幸福。我有一个"红色童年",能当红军,走长征,历经抗日战争、解放战争,为国家和民族做些事情,这辈子值了!

天真烂漫小女孩的长征路

　　我出生于 1926 年，我家是四川南江的一个贫苦人家。那是战火纷飞的年代，穷人家孩子多，只盼着能吃饱穿暖，在战争中活下来。1933 年秋，我才 7 岁，红军部队转移离开南江。我的哥哥时任四川南江苏维埃政府秘书，为避免敌人迫害，哥哥领着我们一家人北上逃难。一次过河时，急浪打来，母亲、嫂子和侄子都被河水冲走，我侥幸被哥哥拖上了河岸。年幼的我瞬间只剩下哥哥这唯一的亲人。哥哥背着我找红军。我们白天沿路乞讨，晚上睡在人家屋檐下，路上辛苦倒没啥，难题是不清楚红军部队在哪里，只能是边走边打听，虽然困难很多，但我们始终没有放弃。好在皇天不负有心人，我们兄妹俩终于在四川广元附近的山上找到了红军。

　　在红军部队里，哥哥经常在前线参加战斗，我跟着炊事班一起拾柴、择菜，有时还到战壕里送饭。那时候，我还是个天真的小女孩，小脸圆、眼睛圆、鼻子圆，浑身都是圆圆的，大家就给我起了个外号叫"小皮球"。因为我年纪小，不参加一线战斗，加上性格开朗，喜欢唱唱跳跳，有机会就给大家唱个歌、跳支舞，成了部队里的"开心果"。

　　我仍清楚地记得自己过草地时"耍小性子"的情景。过草地时，红一方面军已先通过。等到红四方面军过草地时，连野菜都被先头部队吃光了。有一段时间，部队连野菜都没得吃了，大家纷纷解下自己的皮带，准备煮着吃。我也解下了自己的皮带，可连长说啥也不让，说你人小衣服宽大，离不开皮带，不到万不得已不用你的皮带。我那时候才 8 岁，有着强烈的参与感，也想为大家做一点贡献。我哭闹着非得让大家连我的皮带也一起吃，不由分说就把皮带扔进了沸水锅。看我哭得上气不接下气的，战士们都很心疼我，他们就用干草搓了条草绳给我系衣服。草地上天气瞬息万变，一会儿风，一会儿雨，一会儿雪花卷着冰雹漫天飞。我是红军长征中年龄最小的战士，跟随部队在荒凉的原野上艰难行军。行军部队里有规定，禁止大伙随地休息，因为一旦坐下就可能永远站不起来了。白天没完没了地行军，晚上在湿漉漉的草地上宿营，红军战士们会把偶尔找到的牛粪盖在身上取暖。我们把蒲扇大的牦牛粪垒成半尺高的小墙挡风，身下铺着牛粪，身上盖着牛粪，别提多暖和了。

没有战友，我肯定走不完长征路。他们看我走不动，要背我，我死活不肯，战士们就一人拉着我的一只手，把我直接提起来走。当时我背的干粮吃完了，其他战士们就宁可自己饿着肚子，也要分出干粮给我。3次过草地都是九死一生，我到今天都感念一次次救我的战友们。

虽然长征过程千难万险，但最可怕的是打仗。战争是残酷的，打仗牺牲的人太多了，能活过来真是不容易。记得有一次，我往战壕里送饭，一颗炮弹飞来，眼看就要落地爆炸了，身边的炊事员一把把我推开，就听见"嘭——"的一声巨响，然后我啥也不知道了。等我缓过来的时候，看到的是一个大弹坑和已停止呼吸的炊事员，而逃过一劫的我仅是暂时失去听力。

还有一次在延安，敌机突然来袭，大家来不及进防空洞躲避，我眼看着头顶落下的炸弹。这时，一位战士一下子将我扑倒在地，几声爆炸声过后，我低头看，自己的衣服被鲜血染红了，这位连名字都不知道的年轻战友就这样用自己的身躯替我挡住了无情的炸弹。

1935年3月，我所在的红四方面军奉命退出川陕革命根据地，而我哥哥被调到了骑兵团。长征过程中，传递消息十分不方便，我们兄妹二人就这样失去了联系。后来我哥哥在长征中的一次战斗里牺牲了，可是，直到长征结束4年后，我才被告知这个消息。因为当时战士们看我还小，不忍心告诉我真相。从我7岁时，部队就是我的家，战士就是我的亲人。

年轻时的万曼琳

年轻一代应多了解抗战史，珍惜和平生活

1936 年 6 月，红二方面军和红四方面军在甘孜胜利会师。大家都很激动，有的战士把帽子高高抛起，有的人把衣服脱下高高抛起，还有的人把我抱起来扔得老高。

1936 年 10 月，长征结束后，我因为年龄小，先后被派到朱德司令的夫人康克清和萧克将军的夫人蹇先佛身边当勤务兵，后来又到列宁剧团（抗战剧团前身）成了一名文艺小战士。剧团的排练十分辛苦，经常一套动作反复练习很多遍，但我长征路都走过来了，这点排练的苦累根本不算什么。我从不叫苦喊累，反而加班加点排练。当时没有电视广播，没有报纸，剧团表演就是最重要的宣传工具。每一次演出，都会有很多乡亲们赶过来看，可热闹了！虽然那时演出没有报酬，但我们是世界上最快乐的演员。能为老百姓们服务，我作为一名文艺战士觉得十分光荣。

1938 年，我所在的八路军抗战剧团从延安沿黄河各县南下到国民党统治区西安，宣传党的主张。但国民党地方顽固派千方百计地刁难，有的连城门都不让我们进，有的是在演出时派特务往台上扔土块儿、鞭炮等。为广泛发动群众，上级决定，剧团中年龄大的同志回延安，只留下包括我在内的 24 个小同志，打扮成"流浪儿"，以"抗日流亡孩子剧团"的名义，在西安、临潼、渭南、韩城、合阳等地辗转演出，继续进行抗日宣传。一路上都有特务监视，还有汽车整天跟着。到渭南时，胡宗南部队还将我们强行扣留，想进行收编。好在有爱国官兵帮助，我们才顺利逃出虎口。从渭南脱险的那天晚上，我们提前打好背包，睡觉时也没脱衣服，半夜听到暗号后，我们就光着脚下楼，以免发出声响，因为附近的楼房里就住着特务。我们不说话，不咳嗽，更不敢打喷嚏，为保险起见，我们都将毛巾塞在嘴里，战战兢兢，生怕被发现。就这样，在一些爱国官兵的掩护下，我们顺利逃离了国民党胡宗南部队的管控。

后来我们跟随党的剧团返回延安，排练了《叮叮舞》《乌克兰舞》《海军舞》等节目，这些节目在当时是十分有名的，也特别受当地军民喜欢。我们经常为军民演出，反响越来越大。有一次在中央礼堂演出后，毛主席同大家一一握手，

轮到我时还让身边工作人员给我拿糖吃！现在想起来，我依然感动不已。受到了毛泽东等中央领导同志的高度评价后，我们剧团的演出被美国著名记者埃德加·斯诺拍摄，选入了《西行漫记》之中。这本书真实记录了1936年6月至10月中国西北革命根据地，特别是以延安为中心的陕甘宁边区的各种革命生活场景。斯诺当时带着一台相机、一支笔、一个白色的笔记本，实地采写了很多地方，向全世界真实报道了中国和中国工农红军以及许多红军将领的情况。

1940年10月，我十分幸运地被选入延安中国女子大学（后并入延安大学）特别班就读。我特别珍惜这次学习机会，每天抓紧时间刻苦读书，把从小没有学习的文化知识在读书的这段时间都补上了。结业之后，我被分配到苏维埃边区及中央军委机要局工作。1949年，中华人民共和国成立了，我先后在西北军区等单位工作。

现在条件好了，孩子们不用去想今天打不打仗，也不用担心会不会饿肚子，可以好好地学习，快乐地成长，很幸福。而我们那代人，童年的记忆是整天在打仗，是反侵略战争的艰辛与残酷。幸运的是我能成为"红小鬼"，参加长征，还到了延安，能为国家和民族做些事情。我的童年是"红色"的，虽然苦些，但很有意义，我这一辈子能有这么一个"红色童年"，值了！

年轻一代应多了解长征和抗战这段历史，这样才能知道今天和平富足的生活来之不易，才知道活着有多幸福，知道饱肚有多幸福，现在的生活有多幸福！

我现在已经95岁了，但是，还喜欢去部队，喜欢唱军歌，喜欢看阅兵。我要好好再活几年，要对得住那些为救自己而牺牲的年轻红军战士！

（文/郭知凡）

石志光

走进社区的义务放映员

个人简介：

石志光，男，回族，1948 年生，陕西西安人。中国石化西安石化分公司退休员工，中共陕西省和西安市第十一届党代会党代表，政协西安市莲湖区第十届、十一届、十二届、十三届委员，陕西省学雷锋志愿者，中国人民解放军驻陕部队军外指导员，陕西省民族团结进步志愿者，新城区、莲湖区文明办、关工委特邀宣讲报告团宣讲员和志愿者，是三秦父老家喻户晓的爱心使者、热心公益事业的模范代表。

我组织放映电影 40 多年了。自 1977 年以来，我自己掏钱租赁电影拷贝，购买电影放映机、数字电影机等设备，走遍了陕西省的 107 个市、区、县，深入 20 多家驻陕部队和军队院校以及西安地区各大专院校、中小学校、工矿、社区和乡镇，免费放映红色电影 4000 余场，观众超过百万人。我喜欢电影，也愿意将这份喜欢分享给更多的人。

第一部正式放映的电影是《雷锋》

1960 年，我 12 岁。当时，我在西安东举院巷小学的一次汇报表演中被延安民众剧团看中。于是，我就加入了该剧团到延安学习并参加演出。我记得很清楚，自己主演的第一部眉户戏就是《雷锋》。

在延安民众剧团期间，我最喜欢做的事就是到电影队帮忙。我那时对电影放映机很感兴趣，觉得它很神奇。由于我比较勤快又有眼色，电影队的老师傅都比较喜欢我，就开始教我怎样放映电影并指导我考取了电影放映证。

1977 年，我回到西安工作，住在洒金桥新寺巷。我用攒了很多年、计划用来办婚礼的 800 元积蓄，从西安造纸厂买了一部已经无法使用的二手胶片放映机。当时我的月工资只有 41 元。买回来后我东拼西凑，换了灯泡、皮带等零件，终于使这台老机器又一次运转起来。因为这件事，我的婚期推迟了好几年。随后，我便开始在自家周围的大街小巷为邻居们试映。那会儿电影是个新鲜玩意儿，大家都很好奇，一说放电影，男女老少都拿着板凳早早地等着。

第一次正式放映，是在自己家附近西仓一个部队的营区。为什么给部队的战士们放呢？因为受延安精神的感染、雷锋精神的熏陶，人民解放军成为我崇拜的英雄、学习的榜样，在我心里已经把全体解放军视为自己最亲的人。1979 年春，我无意中听说驻在自家附近的部队因一些执勤点分散，官兵长期看不到电影，我就想：这不正是回报解放军的好机会吗？那天晚上，我用自行车驮着放映设备和租来的拷贝，走进了西仓某部队营区。当电影屏幕亮起来，电影《雷锋》的画面呈现在官兵和群众眼前时，全场都响起了热烈的掌声，那场面我现在都记得清清楚楚！战士们看个电影高兴得像过节似的，大家都特别激动。电影散场后，官兵们拉着我的手问："石师傅，你啥时候再来？"我连连说："很快，很快！"

后来，我建成了拥军电影队，每逢工休和节假日就蹬着三轮车往郊区跑，为驻军部队官兵义务放映电影。我曾一次为 5000 多名部队官兵放映过电影，也曾多次为七八个解放军战士放映过专场。有个部队单位驻守在城郊偏僻的山沟里，我常常去给官兵们放电影。一次，我刚约好给官兵放映《离开雷锋的日子》，结果患上重感冒。我想，不能让官兵们失望啊，第二天上午，我输完液后便蹬上三轮车出发了。山路弯弯，一多半是上坡，我拉着 300 多公斤重的放映设备，走了 5 个多小时，汗水湿透了衣衫，人虚弱得几乎要倒下来，但我还是赶到了。经过一番准备，电影按时开演了。半个小时后，天气说变就变，暴雨倾盆而下，外面操场演不成了。我和战士们连忙把机器搬到饭堂，对着白墙继续放。影片刚一结束，我就感到一阵眩晕，两眼一黑倒在地上。等我醒来已经是凌晨了，我发现许多官兵站在屋子外面。教导员把我搀扶到门口，官兵们齐刷刷地向我敬了一个军礼，这是我一生中接受的最厚重的军礼！我一直觉得解放军是最可爱的人，能为最可爱的人做些事，我从心底里感到幸福。

行走 10 余万千米，放映电影脚步不停

有人给我计算过，说我这么多年义务放映电影的行程有 10 多万千米，可绕地球走两圈！我没算过。我放映电影不只想给大家带来娱乐，还想有一点儿教育意义，所以放映前就会根据观众的特点，准备一些反映精神文明建设、民族团结等主题的 PPT（电子演示文稿）和专题教育片，利用电影开场前的时间对观众进行潜移默化的教育。我放过《忠诚与背叛》《历史选择了习近平》《血战湘江》《战狼 2》《厉害了，我的国》《老百姓是天》《邹碧华》《中国蓝盔》《让生命远离火灾》《老师好》《大人物》等，都是很有教育意义的影片。

如今我年纪大了，但腿脚还算灵便，每周只要能出去我都尽量出去放几场电影，2019 年我给保洁员们的义务放映计划已经安排了 9 场。这么多年义务放电影，维修更换放映设备、租电影拷贝花销比较大。一些老电影的拷贝最便宜也要 100 多元一部，大部分都在 300 元左右；新片子更贵，得好几千元。我用工资和部分兼职打工的收入补贴花销。为坚持义务放映，我除了省吃俭用，还干过搬运工、洗碗工、卖过报纸，蹬过三轮，现在这些活都干不了了。好在电影公司对我也很优待，本来可能需要花数千元的，两三百元就让我把片子拿走了。有时候实在没有钱，还可以先记账。总之，想尽一切办法在坚持。

我喜欢，我坚持

对于免费放电影，我家里人其实并不支持，既累又花钱，而且社会上常有人误解我。有一次我挂幕布时不小心从六七米高的地方跌落到树上，接着又摔到地上，脸上、身上多处擦伤，很疼。几个工人看到后劝我说："老人家，钱是挣不完的，以后再出来你就雇上几个人帮忙。"我说我是义务放电影的，免费放的，人家就是不相信。

后来，这几个工人了解了实情，很受感动，在撤场的时候专门赶来帮忙。有人能理解我，我就很高兴，感觉很幸福。平时，我最享受的就是放映电影时

石志光正在为部队放电影

被战士们围着，当战士们为电影的精彩情节鼓掌时，我感到那好像就是在给我鼓掌。

我每年大概能放二百来部片子。时间长了，很多人都知道我了，有些活动也找我参加。每年西安市委宣传部、市关工委（关心下一代工作委员会简称）组织的各项宣传活动，我都会带着自己的调音台和大型音响设备到场，给大家放片子。2013年3月至2019年7月，在西安市委宣讲团、西咸新区党委宣传部和莲湖区委宣传部的安排下，我为群众和少年儿童做了600多场"道德讲堂""老少共话中国梦""追梦想、为美丽西安喝彩"等演讲报告，受到市委宣传部、市关工委、西咸新区党委和莲湖区委的高度评价和表扬。2019年端午节，我和学习巷社区代表到北院门街道办看望慰问在秦岭山下演练的解放军西安通信学院数百名学员，他们让我做演讲，我就说了几句，后来放映了最新革命教育大片《血战湘江》，受到学院首长的高度评价，得到全体学员经久不息的掌声。这些年，我有时还调解一些小矛盾，力所能及地干点儿公益，为部队官兵、陕西高校、中小学校和地方群众做了近百场报告。慢慢地，《陕西日报》《陕西老年报》《西安日报》《西安晚报》等很多新闻媒体也来报道我，《人民日报》在头版头条还登过我，电影厂的人来找我要把我拍摄成电影！我想这真是绝了，我自己放了一辈子电影，最后自己也要进到电影里了，美得很！

中央、省、市给了我很多荣誉，什么"全国爱国拥军模范""全国民族团结进步模范""全国学雷锋先进个人""全国首届119消防先进个人""中国石化优秀共产党员""中国石化集团劳动模范""陕西省第五届道德模范"等，2019年我又被授予"第七届全国道德模范"。部队官兵说我是"雷锋的战友""砺剑园中的石大爷"，有人赞我是"老百姓的活雷锋""播撒精神文明的爱心使者""古城西安的好人"等，光是各种荣誉证书我就有100多本！其实对于荣誉我看得很淡，义务给大家放电影是我喜欢的事情，只要我还跑得动，我就一定继续坚持。我在西安住了一辈子，这么多年都跑熟了。西安这些年变化太大了，各种各样的电影院都有了，尽管如此，还是有人喜欢看我放电影，我就觉得自己做的这件事情，值！

（文／郭知凡）

雍严格
今生与熊猫结缘

个人简介：

    雍严格，1949 年生，陕西佛坪人。陕西省佛坪国家级自然保护区高级工程师、大熊猫研究中心主任，我国著名大熊猫研究专家。

    昨晚梦见了美丽的报春花，这是秦岭山中最先绽放的花朵。当它开放时，大熊猫也就开始了比武招亲。我已退休十多年，那些与秦岭大熊猫朝夕相处的幸福日子，只能是在梦中了。

第一眼就被大熊猫迷倒了

我出生于1949年，老家在陕西佛坪。小时候家境贫寒，初中没毕业就回家务农了，做过生产队会计、公社社教队干事、林业局护林员。使我的命运发生转变的一个契机是给陕西生物资源考察队［今陕西省动物研究所（西北濒危动物研究所）］当向导。在和陕西生物资源考察队朝夕相处的那段日子里，我结识了启蒙老师动物学专家张纪叔先生，成了他的助手。张纪叔先生看我勤奋好学，鼓励我多看些动物学专业书，做好知识储备，为将来佛坪成立保护区打好底子。他经常带来《动物学》《生态学》等专业书，白天上山调查大熊猫分布情况，晚上在营地给我讲课。有时候，下雨天没法上山，张纪叔先生就在营地给我讲上整整一天的课。

我至今都记得第一次看见大熊猫的情景。当时，我跟随张纪叔先生在西河普查，突然发现小树上有只亚成体熊猫在睡觉。我们靠近的脚步声把这只大熊猫惊醒了，它抬起头好奇地看着我们，那模样真像个可爱的布娃娃。我们莫名兴奋，看了半天，随行的一个伙伴忍不住想爬上树逗引，没想到它用毛茸茸的前爪把两只眼睛一捂，从树上滚下来，一眨眼工夫跑进竹林，没了踪影。大熊猫是大自然的尤物，我当时就被大熊猫独特的魅力吸引，难以自拔了，以至于一辈子痴迷于它们的身影。

我曾到四川卧龙协助乔治·夏勒跟踪观察大熊猫，因为能吃苦，又肯干，受到夏勒的夸奖。我记得夏勒在他的那本《最后的熊猫》中这样写我："我多么希望我们的团队也能找到像雍严格这样的年轻人。"想来也确实过誉，我只是热爱大熊猫，所以能够全身心地投入其中。

也因为这份热爱，我能够多年如一日在研究大熊猫方面磨砺钻研，竟硬生生磨出了一条属于自己的路子，从一名护林员成长为秦岭大熊猫研究领域的专家。我这一路的求学和研究跟现在年轻人不太一样，我是35岁才赴北京大学生物系进修，当时学的是潘文石教授的保护生物学的理论知识；50岁才在华西师范大学读研究生，继续钻研胡锦矗教授的生物学理论。现在想想，我能够成为潘、胡两位大熊猫权威专家的门生，并把两位教授的研究方法结合起来，运用到秦岭大熊猫保护和研究工作中，最终挖出了一座富矿，何其有幸！

从佛坪走出的大熊猫专家

20 世纪 80 年代初，我在秦岭大熊猫野生保护区的核心区三官庙地段，对大熊猫进行了历时半年的野外考察，掌握了 100 平方千米范围内大熊猫的分布、数量、栖息地、繁殖巢穴等基本情况，发表了关于佛坪大熊猫的第一篇论文。

在这之后，陕西佛坪国家级自然保护区（以下简称"佛坪自然保护区"）广受世人关注。2003 年，我首次拍到了野生大熊猫争偶交配的全过程，为大熊猫繁殖生物学研究和人工圈养繁殖大熊猫提供了科学依据。那张拍摄于竹林中的母熊猫怀抱可爱小崽的照片，更是感动了许多人。中央电视台《东方之子》栏目专门请我做了两集专题报道。在第十九届国际动物学大会上，我做了《野生大熊猫求偶繁殖特征及繁殖行为观察》的报告，告诉世人野外大熊猫的繁殖率甚至超过了人类，用实证让人们看到野外大熊猫生存繁衍的希望。我频繁地在一些国际国内重大学术年会上公布秦岭大熊猫研究成果，期间也获得了各动物学会或者科研机构的资金资助，比如，获得美国孟菲斯动物学会科研资助，填补佛坪自然保护区国际项目空白；协助浙江大学方盛国教授完成大熊猫秦岭新亚种课题，大大提升了人们对秦岭大熊猫的关注，使得佛坪自然保护区成功加入世界生物圈保护区网络，成为继四川卧龙之后中国第二个大熊猫生存标志地。佛坪自然保护区终于走过长久的沉默时期，开始受到生物学界的广泛关注。

人们总是在动物园或是人工饲养的地方见到大熊猫这种几乎被神化的珍稀动物，真正野外的大熊猫没有多少人见过，更无几人可以靠近观察。我是从 1973 年开始追踪研究大熊猫，实现与大熊猫近距离接触的。在这些大熊猫中，有一只叫"乖乖"，我和它保持了 4 年的友谊。

我和熊猫几乎朝夕相处，时间长了，大熊猫慢慢就变成了我的"孩子"。我会研究大熊猫的各种生活习性。它的粪便酷似纺锤，先拉出的粗钝，后拉出的尖长。尖头朝着哪个方向，大熊猫就在哪个方向。大熊猫也会拐弯，它碰倒的树枝会指引方向。天空放晴时，地上树叶干枯，留不下脚印，但熊猫走过的地方会把树叶踏翻过来。它上山下山都是斜着走的，摸清它要去的方向，加快脚步走直线就能赶在它前面，过不了多久，就会发现它晃着屁股走过来。熊猫

雍严格在秦岭深山中遇见一只排便的大熊猫

吃饱后会到沟底喝水，喝完水并不按原路返回，而要沿着溪流向上游走一段。你追踪到水边，突然发现熊猫"人间蒸发"了，就得赶快往上游去，它肯定睡在不远处。大熊猫吃竹子比不得黑熊、野猪、竹鼠，它是"斯文人"，剥开外皮，一口一口地咬……

艰险与遗憾相伴的研究生涯

我从事野生动物保护和研究工作这些年，取得了许多令人怦然心动的成果，但也为此尝遍了局外人难以想象的艰辛。野外观察研究大熊猫非常辛苦，甚至充满着危险。秦岭地形复杂，沟壑纵横，气候多变，猛兽出没。稍不留心，轻者受伤，重者送命。

但是，这些都吓不住我，我吃得了大苦。每年有 6 个多月，我和我的同事都窝在山里，只要有大熊猫的踪迹，我们就一直跟踪下去。这时，冷馒头和溪水冰雪便成了主食，民工背送的粮食蔬菜供应不上时，我们就只能吃树上长的黑木耳和地上生的蘑菇。我曾一个人在光头山与野兽待了 7 天。要是遇上下冰雹，我就趴在地上不敢动弹。山里的冰雹可不像咱们城市偶尔看见的那样，山里的冰雹一个就比大拇指甲盖还大，打着雷，贴着地面响，炸得石头冒烟。在山里撞见狗熊、狼、野猪等猛兽，更是家常便饭。我曾经和一只大黑熊狭路相逢，黑熊可能感受到了危险，猛地直立起后腿，头部扬起，张开大嘴，竖起两只耳朵，好像要和我决斗一样。周围是一片开阔地，没有树，即使有树也不行，黑熊的爬树本领比人高超多了。我当时吓坏了，动也不敢动，过了一会儿，黑熊觉得没有危险，才掉头走了。我吓得瘫坐在地上，浑身冷汗直淌，好久才恢复过来。那一次印象太深刻了。

我也曾遇见过一群羚牛，当时，我赶紧爬上大树，直到听不见声音才溜下来朝前走。大雄牛却没走远，喷鼻时的腥膻差点没把我熏昏，万幸的是，这头没有走远的大雄牛没向我发起攻击。还有各种毒蛇和"裤裆蜂"，太多了，讲都讲不完，这些都是我们进山研究野生大熊猫时经常碰见的事。对我们来说，见得多了，就没什么稀奇的了。

有艰险，也有遗憾，这是我真实的野外生活。我们做野外考察，常常会有遗憾。那时候，考察设备很落后，有时候就只能靠一台胶卷相机记录大熊猫难得出现的影踪。对我们这些野外工作者来说，影像是最具说服力的证据，很多珍贵的画面是可遇而不可求的。记得有一次，我与同事在光头山开展大熊猫体内寄生虫感染调查，发现一只成年大熊猫带着一对不足周岁的双胞胎幼崽，可惜我没带相机。3年后，四川卧龙国家级自然保护区拍摄到野外大熊猫双胞胎照片，首次证实大熊猫在野外能成功养育双胞胎。其实，我们比四川卧龙国家级自然保护区发现得要早，但是没有照片为证，确实可惜。

还有一次，我们从鲁班寨调查羚牛返回途中，见到一只大熊猫抱着松树横长的一段树干荡秋千，我把大熊猫的每个动作进行了拍摄，直到它下树离开我的视线。这组照片能证实大熊猫是"登山攀崖"能手，但我当时太过激动，在慌忙中未将胶卷装好，马达空转，根本就未过胶卷，导致如此难得一见的场景没有留下图像资料。还有一次，我跟踪带崽母熊猫"山英"，意外遇到"山英"在树上哺乳，但是等我调整好距离拍照时，大熊猫妈妈已经下树了。我后来查遍所有大熊猫研究文献，没有发现大熊猫在树上哺乳的记载。如果当时动作再快一点，说不定这样的照片证明能为大熊猫的研究再多贡献一笔。

雍严格在秦岭山中等待抓拍大熊猫行踪

大熊猫是"国际巨星"，深受世界各国人们的喜爱。如今，秦岭大熊猫的种群日渐稳定和增长。它们不再是四川大熊猫的一个分支，而是一个更加独特、濒危的亚种，野生数量增幅全国最高，种群密度全国最大，野外可遇见率全国最高。

2021 年是我退休的第十二个年头，但我依然惦念着大熊猫，常常梦见大熊猫，一有机会就去三官庙、光头山转一转。前些年国有林场砍伐树木后引种的日本落叶松，挤压竹类生存领域，加速破坏了秦岭大熊猫栖息地。我十分着急，四处奔走呼吁，最后引起了国家有关部门的重视，停止在大熊猫栖息地引进和播种，阻止了生态劫难的蔓延。但已长大的日本落叶松还在蚕食保护区周边地区。个别人为了生计，盗伐巴山木竹，还有其他人类活动，都在进一步加剧大熊猫栖息地的破碎化。

每次听到这样的消息我就揪心。我认为保护大熊猫最有效的办法，就是给它一片生长竹子的森林、一个生育幼崽的洞穴、一份不受打扰的自由。

（文 / 白忠德）

张富清
退伍老兵坚守初心的一生

个人简介：

　　张富清，男，1924 年生，陕西汉中人。1948 年加入中国人民解放军，参与解放战争，曾获得军特等功一次、一等功一次，师一等功一次、二等功一次，团一等功一次。1955 年退伍转业至湖北省来凤县城关镇粮油所工作，1985 年在来凤县建行副所长任上退休。"共和国勋章"获得者、"时代楷模"称号获得者、第七届全国道德模范"全国敬业奉献模范奖"获得者。

　　在成为中国人民解放军的那天起，属于我的人生才真正开始。70 多年来，我上过战场，下过基层，做过战士，也做过公社干部。但不论什么时间、什么身份，我都始终铭记我是一名共产党员，坚守初心、不忘使命始终是我的做人准则。

人生中的三次选择

我出生在陕西汉中洋县的一个赤贫家庭。大哥早夭，父亲早逝。我自幼身体不好，二哥身体比我强一些，母亲含辛茹苦地把我俩拉扯大。在我十一二岁的时候，家里的情况实在不好，母亲只能送我去地主家当长工。

我在地主家做活，没有自由也没有尊严，每天起早贪黑，吃糠咽菜，十分屈辱。放牛的时候，我常常会碰到一位同样来放牛的老人，他会给我讲一些故事，其中就有当年红军在我老家洋县战斗的故事。他还给我讲，红军都是贫苦出身，队伍军纪严明，对待百姓十分和善，年幼的我便对红军充满了向往。

在被国民党"抓壮丁"期间，我被老兵油子奴役、欺辱，对国民党军队的作风极度厌恶。那时，我总能听到几个老乡在私下讲解放军打仗如何勇猛，纪律如何严明，对老百姓很和善，对俘虏也很客气。

1948年3月，瓦子街战役，我所在的国民党军队战败。被俘的那天早上，我们呈三排站在窑洞前，解放军西北野战军第二纵队三五九旅七一八团二营六连连长李文才对我们说，想要继续留下当解放军的，就向前一步走。

想起过去的种种，我毫不犹豫地第一个站了出来，面对连长的询问，我大声汇报了我怎么参加的国民党军队，又为何想要参加解放军，也说出了我长期以来的屈辱与对参加解放军的渴望，指导员肖友恩对我的汇报很满意。自此，我成为一名光荣的解放军战士，我的人生翻开了崭新的一页。

1955年1月，我从武汉空军文化补习学校毕业，面临转业。当时我有三条路可以选，一是回老家洋县，二是留在武汉，三是到湖北省来凤县。

我回家把转业分配可选的三个去向告诉了我的妻子，也给她讲了领导的动员谈话。我征求她的意见："领导动员我们去湖北恩施来凤，那儿偏远落后，环境艰苦，情况复杂，需要干部，你愿不愿意跟我一起去？"

妻子不假思索地对我说："嫁鸡随鸡，嫁狗随狗。你转业到哪儿，我跟你到哪儿。"

我对妻子的回答感到诧异和惊喜。我和她是新婚，结婚前她在汉中，我在武汉，我一封信就让她来了部队，她也没有对部队安排的简单的婚礼有任何不满，现在，她又肯跟我去偏远地区一起奋斗，我为她的高觉悟而感动。我对她说："那就好，我们听党的，就按照组织的要求到来凤去。"

我和妻子带着一个背包、一个皮箱、两个帆布包，便踏上前往来凤的路途，从此扎根到了来凤这个山清水秀、民风淳朴的地方，一待就是 60 多年。来凤县农业环境差，生活条件艰苦，但是我从不后悔。我是一名党员，党需要我干什么，我就干什么，战场上死都不怕，苦点怕什么？

1975 年，我在卯洞公社，当时的班子成员除了分管的工作，还要负责联系一个片区，领导班子要划分责任区，我选择了高洞管理区。

在工作中，我看到高洞山上只有人踩出来的草径，十分难走。夏季的时候甚至有一位老人从山崖失足坠落而死。对此我感到十分痛心，决心要为高洞人民修一条路。当修路的方案被党委会通过后，我决定驻扎进生产队里，和群众并肩战斗。

那个时候修路的技术、设备都不好，在高洞山上修路，百分之八十的路都需要靠开山炸石完成，其中最为艰难的是鸡爪山悬崖峭壁中的路。炸石的那天早上，大家觉得危险都不愿意去放响第一炮。看到大家在相互推脱，我想，与其动员别人干，不如自己先示范。

这时候，一个小伙子担心我的安危，说这么陡峭的悬崖，万一绳子断了怎么办？摔死了怎么办？

我听到他的话，却想起了当年我在壶梯山战斗时的场景。想到战场上的枪林弹雨，想到那些为了新中国付出的血汗、为了新中国牺牲的战友，我咬了咬牙，对小伙子说："你们看我的，我先下去！"然后，我又叫了一个平时胆子比较大的小伙配合我，加上其他人的辅助，一起完成了这项工作。

高洞的这条山路，在我和几千名社员一同奋斗了 160 多天后，终于在 1978 年早春竣工。现在，我

年轻时的张富清

都会常常坐在鸡爪山上的那棵拐枣树下，回想那段修路的日子，想到为乡亲们做的好事，心里充满了自豪感与满足感。

为人民谋福祉是共产党员的责任

1955年，来到来凤县后，县领导安排我担任城关镇粮油所主任。来凤县是七分山地三分田，农业环境不好，老百姓基本上就是靠天吃饭，要搞好农业建设，困难比较多。我只能建米厂，搞大米加工，同时还要严把规矩，严格分配。1959年，党校学习结束后，组织上又任命我担任三胡公社的副主任，理由是"三胡公社贫穷落后，急需年轻有为的干部充实公社领导班子"。我回家和妻子商量后，没有犹豫，又举家迁往三胡公社所在的胡家沟。

我利用两个月的时间，跑遍了三胡所辖的胡家、苏家堡、猴粟、三堡、八股5个管理区，18个生产大队，214个生产小队，对三胡的整体状况有了了解。没过多久，这里就遇到了百年未遇的旱灾，各生产大队人畜用水告急。当时我去一个叫上巴院子的地方查看情况，那里所有的堰塘几乎都干涸了，唯一的一条小河、唯一的一口老井也都快要见底，可村里人还在干巴巴地等雨。

我告诉乡亲："找到水才能保命，等雨咋行？"

看到村支书表现出犹犹豫豫的样子，我的倔劲儿就来了，带着命令的口气说："这么大的山不可能没有水，出去找！"

在我的强硬态度下，参加过朝鲜战争的民兵连连长邓明诚表示愿意和我一起去找水源。我们顶着烈日进入山里，沿着河床找河水的源头。终于，在太阳快下山的时候，我们在一个石洞里，看到了已经干涸的河水源头。我老家洋县水多，因此凭着过往的经验，我想要钻进洞里继续探寻。于是我让邓明诚留在外面守着，自己钻了进去。

洞里面很暗，我打开手电筒照明，继续往深处走，越走越凉快，摸了摸石壁也不像外面那么干燥，果不其然，再一转弯就看到一摊清水如蓝宝石般发出光亮。我兴奋地喊邓明诚进来，可他不应，于是我灌了一壶水，拿出去给他。他接过满当当的水壶，一瞬间也感慨万分。我看着天色还早，让邓明诚赶回村里通知每一家派人来取水。

有了水源，百姓们就看到了希望。之后，我们又陆陆续续找到一些水源，才终于解了那次的旱灾。我也希望通过找水源的事情，能够让乡亲们知道天无绝人之路，只要努力就一定能走出困境。

乡亲们没有水喝，我们就找水源；乡亲们没有农作工具，那我们就给他们建一个铁匠铺。

三胡偏僻落后，一直没有铁匠铺，农民的"三农小具"极其短缺，这如何能让农民搞好农业生产呢？我找到供销社，要求他们到邻县加大采购数量，时任供销社主任李时旺告诉我，邻县的生产数量有限，也没有富余。我对他说："我们要多想办法，多动脑子，农忙的时候你买不到，你就农闲的时候去买。"他又说三胡交通不发达，即使买到很多农具，也不好运来。我说："你经常在湖南永顺县跑采购，认识的人多，能不能请个铁匠师傅来三胡？那样的话一切问题不都解决了？"

然后李时旺一拍大腿，说他有认识的人，我让他先和师傅说好。之后在公社的党委会上，我提出了这个建议，得到公社领导一致同意后，我们积极地联系师傅，并联系县领导解决师傅的户口问题。1961年，铁匠师傅杨圣从湖南永顺县的第二机械厂来到三胡。之后，火炉子架起来了，打铁声响起来了，三胡的老百姓不再为买不到农用工具而发愁。

三胡地理环境不好，农业发展面临很多困难，长期以来农民便形成了"靠天收"的消极思想，对于经济发展很不利。来到三胡公社任职，我真正地体会到什么叫真穷：群众以菜代饭是常事，甚至有些社员连菜稀饭都喝不上；父亲与儿子、母亲与女儿只有一条裤子，谁出门给谁穿。看到这样的场景，我觉得要解决好三胡的贫困问题，我的责任巨大。

我给自己打气，想着过去打仗都不怕，现在怎么能怕困难呢？于是我决定驻队，和社员们紧紧联系在一起，与他们同甘共苦、共渡难关。

有一次，生产队队长问我为什么非要住在生产队里，和社员们一起吃苦受罪？我说："我作为共产党的干部，可不是过去的官老爷。现在百姓吃不饱、穿不好，我们当领导的有责任。'与人民同甘共苦'是伟大领袖的倡导，也是对我们的要求！一句话，让社员都过上好日子，我们才对得起组织的信任，对得起人民群众。"

以身作则，教诲后辈

我一直认为，解决群众的吃饭问题是共产党员的天职，就像打仗时炸碉堡一样，在困难面前，共产党员不上，谁上？共产党员不冲，谁冲？有时候，孩子们对我的做法产生疑问，我也愿意把这些简单、基本的道理教给他们。

我常常觉得，驻队其实要比打仗时当突击队员难。小儿子好奇我为什么会有这样的想法，我告诉他，当突击队员虽然容易牺牲，可是牺牲发生在一瞬间，是死得悲壮；而驻队拼的是时间、韧劲，经受的是长期体力的消耗和意志的考验，对党的忠诚是唯一的精神支柱。

大儿子经常嫌我工作太较真。我说："为了解放全中国，多少人献出了自己宝贵的生命？他们献身就是为了中国人民翻身得解放，让人民群众过上幸福美好的生活。我们活下来的人，不能躺在功劳簿上睡大觉，要像过去打仗时一样，冲锋在前，享受在后。如果我们都像你说的那样，都少干一点，群众会怎么看？社会主义建设还能发展进步吗？"

1975 年，我的大儿子从卯洞高中毕业，一家镇办的企业愿意招收他进厂当工人，但是需要我点头同意。他高兴地跑来和我讲，要征求我的同意。我给他说，人家要我点头，还不是看我是公社的领导，你还是响应党的号召，下放到乡里去。

大儿子不乐意，说："卯洞不就是乡下吗，我还能下到哪里去？"

这场谈话的结束不怎么愉快。当天晚上，我听见他睡不着、开门出去的声音，便跟在他身后出了门。黎明时分，我陪他站在酉水河岸边，语重心长地告诉他："你看酉水河河水多大，可当它遇到前面的山，也得顺着拐弯。我们做人也得这样，不能任性而为，要顺其自然，像水一样不争一时之利。"

那年 9 月份，大儿子收拾了自己的行李，去了卯洞扎河林场，一边工作一边学习。1977 年恢复高考时，他凭着自己的努力考上了来凤民族师范学院，我不仅为他感到高兴，还为他给弟弟妹妹树立了靠奋斗进步的榜样而高兴。之后，在 1978 年，我的二女儿考上了恩施土家族苗族自治州卫生学校；1979 年，复读的小儿子又考上恩施土家族苗族自治州师范学校。这接二连三的录取通知对我们家来说真是大大的喜事。

大儿子毕业分配那年，想去县城的学校教书。那个时候我刚调回县里工作，他给我说了他的想法，我给他说："农村需要年轻的教师，如果你们刚毕业的学生都不愿意到乡村教书，那农村娃谁来教他们学文化？听组织的，组织分配你到乡村，你就去乡村，组织分配你留城里，你就留城里。"他后来去了绿水乡龙嘴村小学教书。小儿子毕业以后也和我说了类似的想法，我把当时给大儿子讲的道理又给他讲了一遍，还告诉他，只要是金子，在哪里都会发光。他后来服从分配，去了师资力量薄弱的来凤县旧司镇中学。

我对自己讲原则，对别人讲原则，对亲人也讲原则。令我欣慰的是，两个儿子后来都凭借自身的努力与勤奋，做好了他们的教师工作，为祖国培育了大量人才，也实现了他们自身的人生规划。

一心向党，坚守初心，学习永远在路上

成为解放军战士后，我被编入六连，得到了战友和上级的关怀。不久后，我所在的部队赶上西北野战军军事政治整训。在此期间，一次政治课上，指导员肖友恩给我们朗读并讲解了《为人民服务》，我才知道中国共产党的领袖叫毛泽东。这篇文章让我深深明白了虽然人是要死的，但是死的价值和意义却可以完全不同：为国民党卖命而死是轻于鸿毛；当解放军为人民而死是重于泰山。我深切地体会到了这两个军队之间的差异，也明白了我未来的道路在哪里。

我们的指导员肖友恩经常为我讲解党的理论和思想，找我谈心，对我产生了很大的帮助。两个月后，我在一次遭遇战中发现自己听到枪声不再害怕，即便是负了伤，也能勇敢地冲在最前头。并且因为在这次战斗中表现出色，我荣立团一等功一次，这令我备受鼓舞。

自此以后，我对我未来要走的道路更加充满信心，我觉得自己找到了信仰！所以我迫切地想要加入中国共产党。我不会写字，就找了连队的文书代写，肖友恩指导员对我的热情与积极非常满意。壶梯山战役后，由于我表现优秀，被批准可以火线入党。我站在战后硝烟还没有散尽的战场上，庄严地说出"听党的话，跟党走，为人民服务"的誓言，这也成为我一生的奋斗目标。

1953 年，按照上级安排，我先后在天津、南昌补习文化，之后又去了武昌

的武汉空军文化补习学校继续学习。在那里我学会了认字、写字，粗浅涉猎了党的基本知识和基本理论。1957 年，来到来凤不久后，我又被安排进入恩施土家族苗族自治州党校进行脱产学习。当时县领导来征求我的意见，我说我是个放牛娃出身，能进党校学习，我求之不得！

我的文化底子薄，在党校学习期间，我紧紧抓住机会，努力填补我在知识上的空缺，力求为今后投身社会主义建设打下文化基础。1953 年 8 月，我在去武汉空军文化补习学校补习之前，在北京王府井新华书店买了一本《新华字典》，我在学习的过程中遇到不认识的字，就翻阅这本字典，这本字典也成了我的贴身宝贝。

直到现在，我每天早饭过后都会看看《人民日报》《求是》《半月谈》等报刊，晚上 7 点准时收看《新闻联播》。有人问我这么大年纪怎么还这么关心政治、这么爱学习，我说："我是工作上离休了，可我还是一名共产党员、党的离休干部，在政治上、思想上绝不能离休！"

2018 年底，来凤县退役军人事务局进行退役军人信息采集，我本着方便工作人员工作的想法拿出了我的军功证明，没想到后来会发生这么多事。当时，我还有些埋怨之前建议让我配合媒体采访的小儿子，觉得他太张扬。直到 2019 年 7 月 26 日，我在全国退役军人工作会议上受到了习近平总书记的接见。我给习近平总书记说："感谢总书记，感谢党中央。我是党培养的，我要紧跟党走，做一名党的好战士。"习近平总书记对我说："你都做到了。你是全国人民的楷模！保重身体，健康长寿。"

习近平总书记的话令我热泪盈眶，他对我的评价是对我毕生工作的肯定。后来，小儿子告诉我，我的故事被全国各大媒体宣传后，感染了许多人，我便不再埋怨他。我愿意听总书记的话，听党的话，配合好党组织的宣传工作，为"不忘初心，牢记使命"主题教育贡献出自己的余热。

（文 / 刘若玉）

窦铁成
铁路边上的"工人教授"

个人简介：

　　窦铁成，男，1956年生，陕西蒲城人。中共党员，中铁一局集团电务公司电力工、高级技师、电力试验所质量负责人。荣获全国劳动模范、全国五一劳动奖章、全国优秀共产党员、全国知识型职工标兵、铁道部火车头奖章、时代领跑者——100位新中国成立以来最具影响劳动模范、新中国最美奋斗者、陕西省优秀高技能人才、陕西省优秀共产党员、陕西省杰出能工巧匠及西安市工匠之星等荣誉和奖项。曾兼任陕西省总工会副主席。

　　我是一名铁路电力工人，承担着铁路建设重点工程变配电安装、调试、运行、维护的重任。电力知识错综复杂，但我总想，再难的知识，只要一点点地啃，一点点地琢磨，总能悟出个所以然。我的想法很简单，当工人要当一个让人瞧得起的工人，要当一个有技术、有水平、含金量高的工人。

知识和技能要扎扎实实学

1956 年，我出生在陕西蒲城一个知识分子家庭，受到家庭读书氛围的熏陶，我从小就喜欢读书。由于历史原因，初中毕业后，我就在农村务农，没有继续上学。在农村劳动的 7 年中，知识来源渠道少，文化书籍匮乏，我就把父亲的医书、哥哥修理汽车的书籍，反正能接触到的书，也不管什么类型，都看了个遍。

1979 年，国家恢复招工。我通过了中铁一局的招工考试，被分到电务公司工作。就这样，我从一个农民成为一名铁路电力工人。这在当时简直是惊喜，我在家务农时根本不敢想有一天我会成为一名正式工人。

1981 年，有一个培训的机会，需要参加考试才有资格，但是需要一边干活一边进行学习培训，培训班在中铁一局的职工学校（现陕西铁路工程职业技术学院）。我很珍惜这个学习机会，虽然学校离家很近，但是 7 个月的培训期间我都没回家，包括小孩出生都没去。7 个月下来，我的培训成绩是电力内外线工程专业班组里最好的。

也就是从那一刻起，我的工具包里经常装着一个笔记本，每当工作中、学习中遇到了难题，我就会把技术要点记在上面，下班以后反复琢磨，虚心求教，直到弄懂记熟。我的目标是成为一个有含金量的工人，所以，我没有因为培训班的结课而结束学习。虽然我只有初中文化程度，但是，我认为一个人可以没有文凭，但不能没知识。我花了近万元买了《高等数学》《电工学》《电磁学》《钣金工艺》《机械制图》等技术书籍和教材。书买回来了，要想真正学透却很艰难，我底子太差了，要想掌握这些大学里的理论课程，谈何容易。我那时候就跟疯了一样，一下班就学习，见着有知识和经验的人就请教，然后回去做笔记。做笔记的时候，我习惯在页眉记录日期和天气，页脚进行序号编注，方便检索。后来渐渐形成了习惯。到现在，笔记都有 90 多本 200 多万字了。我还保留着1979 年版的《电力内外线工程》的教材，时不时拿出来翻一翻，巩固下理论知识。

当然，光学习理论知识是不够的。师傅带着我们到工地上去实践，我那时候年轻，不管脏活累活都往上冲，还专门准备了制作油浸电缆中间头、终端头的工作服，虽然全身上下都沾满了油渍，但是我却攻克了很多课本上没有的技术难题。

学以致用，与时俱进

学过的东西，不能让它躺在那里睡大觉。知识一定要应用起来，学过了不用于实践，那就是一堆废铜烂铁。我带徒弟一定要让他们知道学以致用的重要性。

2008年4月3日，我的徒弟吕春向我求助，说是在施工过程中遇到难题，但到处都找不到相关资料。他给我打电话，我就告诉他，在我的书箱里有一个黄色封皮的笔记本，用塑料线装订，封面上是一只手套，上面还画了一颗钻石，里面有你想要的数据。徒弟找到后，还夸我"老革命的记性好着呢"。

电务公司里很多人都知道，我随身带着三件宝：工具包、数码相机和笔记本。在工地上发现问题，用工具包里的工具随时修理，用相机拍下故障图片，再记录在笔记本上。这样图文并茂，能够让徒弟更直观地了解、学习。

我的徒弟中有不少是大学生。我很羡慕这些年轻人，他们在学校里接受系统的教育，整体素养好，学习时能少走很多弯路。但他们也有不足，不能很好地把理论与实践联系起来，动手能力比较差。我经常告诉徒弟，在工作中遇到问题，就是学习的最佳时机。在实际工作中带着问题学，不仅能解决问题，还能弄清背后的原理，让知识更加牢固、更加实用。

我最欣赏的科学家是富兰克林。富兰克林在研究雷电时，虽然有一些盲目愚昧，但他勇于实践，最终发明了避雷针，正是这种敢于实践的精神造福了后人。

2006年，浙赣铁路板杉铺牵引变电所施工过程中出现难题。按照要求，变压器引入线为铜质双导线，但这种导线间隔棒在国内买不到，从国外买费用昂贵，工期也不允许。面对这种情况，我立刻组织大家利用现场既有的铜排、铜螺栓等材料，加工制作出符合功能要求的全铜间隔棒。就地取材，也是学以致用的一个表现。后来，这一技术在整个浙赣线迅速推广，被设计院专家评价为"行业一流"。

我还喜欢在工作中根据需要，有针对性地学习新知识。你不学习就会被时代淘汰，人跟机器有时候是一样的，只有不停地更新，才能跟上时代的步伐，一直做自己想做的事情。电脑开始普及时，我已经46岁了，但我知道电脑将来肯定会应用在我这个行业，而且会越来越重要。所以我从学拼音、学打字开始钻研，现在对电脑CAD（计算机辅助设计）制图及其他工作软件已经应用自如。2006年公司新购进了一台18万元的机电设备保护测试仪，我坚持学习，最终成为班组第一个掌握电脑＋测试仪对变配电所设备进行模拟传动和测试技术的电力工技师。

要想成为电力工种的行家，就要通过勤奋的学习和长时间实践经验的积累。在京珠高速公路施工时，机电设备60%是进口产品，技术新、工艺复杂，但我没有胆怯，我有理论支撑也有技术在身，当时很快完成了安装任务。可就在进行送电前的空载试验时，一台升压站变压器的断路器不断跳闸，没有人能找到问题所在。我一边查图纸，一边核对每一组数据，当场判定不是施工问题，而是外方设备出厂值设定有问题，为此事还千里迢迢请来了外国专家。21世纪刚开始的那几年，我国电力技术的很多方面确实不够成熟，当时的外国专家根本不相信一个中国工人所做的技术判断，一连说了几个"NO"。但我还是信得过自己的技术，通过和业主、外国专家的沟通，他们最终同意我拿出自己的数据和修正方案。结果一切问题迎刃而解，在场的工友们兴奋得喊哑了嗓子，刚开始反对的外国专家也竖起了大拇指，一口气说出了几个"中国工人 very

窦铁成在工地

good！"当时在场的还有单位的领导和国内代理商，现在提起这件事，我仍十分骄傲。

对于工作，我的原则就是做什么事，无论自己是什么职位，不要光指手画脚，要身体力行。在西安修建地铁三号线的时候，我带着图纸、仪表仪器，和工友们在站内、电缆隧道内来回上下跑，有时候中午吃饭的间隙，才在潮湿的隧道里铺上彩条布躺一会。西安地铁三号线的工程是我们之前都没有接触过的类型，我是技术方面的领头人，从头到尾一个工序都没有落下。最后对 110 千伏电缆的检测是我值得自豪的一件事，将近 10 千米的电缆井，最深的电缆井有十几米深，我亲自爬上爬下，没有放弃。我想，只有这样，才能掌握一手数据，才能确保万无一失。当然了，也可以让年轻人代劳，但是一旦出现问题，还要从头再来，所以我要亲力亲为。

地铁的电力和地上铁路的电力区别很大，最大的区别就在作业环境，虽然我们在不断地想办法进行作业环境的优化，但是没办法避免由电焊和切割产生的高浓烟尘。从技术层面上讲，地铁的电力建设必须保证有足够的备用，这和铁路也是有一定区别的。地铁的施工环境差，安全压力大，劳动强度高，我们在不断地思考如何用更加优化的方案进行作业。

俗话说，三百六十行，行行出状元。我也有一句话叫"身怀一技，走遍天下"。我有一个绝活，就是对变电所安装的设备了如指掌，一旦发生故障，别人锁定 50 个目标，我能锁定在 10 个以内，而且判断的准确率能达到 100%，这些都来源于对知识的灵活运用。

团队的力量才是最厉害的

一根筷子易折断，十根筷子抱成团。我始终认为，一个人再厉害，也没有一个团队的力量厉害。我总是愿意用自己的工作方法，带动整个团队共同进步。这些年，我的很多徒弟和工友慢慢也养成了记工作笔记、学习笔记的习惯。我也喜欢把自己多年的知识和技术经验分享给大家。

一个人的努力是有限的，必须把周围工友、同事都带动起来，共同努力，这样才能共同进步。什么叫好？套用一句广告语：大家好才是真的好！他们给我的手机号码起了个名字叫"技术120"，无论是谁，即使是不认识的人向我求助，我都会尽力地帮助他分析故障，并尽快找出排除方法。

东乌铁路施工后期，甲方快要接收工程的时候，需要大量人才，业主要培养一批学生，但一时又找不到了解设备的师傅去教。我就自告奋勇，承担了80名大中专毕业生的培训工作。由于工期紧，白天照常工作，晚上把学生分为几批，有理论有实践地教学。有些学生会问我，现在竞争这么激烈，你把技术都教给了别人，自己靠什么吃饭呀？我就是这个观点，很多知识对于你自己来说，在某个地方不一定用得上，但如果传授给别人，在其他地方也许就会转化成巨大的力量，说到底也是用在咱中国人自己的土地上，都是为社会的发展做贡献。

我工作的地方主要在实验室和施工现场。我们现在的技能大师工作室叫"窦铁成技能大师工作室"。2016年铁路总公司又颁发给我们"火车头劳模创新工作室"的牌匾，这里有仪表仪器室，通信、信号模拟演练培训室，机电设备安装模拟室（模拟现场），还有一个高压试验室。这里是新员工培训和技能人才进行科研、培训、技能竞赛的场所，也是兄弟单位、校企合作的大专院校参观交流、专业培训的场所。

我是电力试验所的质量负责人，我们的试验所有国家一级资质，主要负责电力专业所属安装工程的电气设备试验。也就是说，每一项工程进行到最后，即将投放运行时需要进行检测。这些设备只有检测合格了才可以进行实际应用；如果不合格必须进行修试，直至合格为止。这些工作从程序上要求是非常严格的。每一年国家都会对实验室进行审查，而且审查得非常仔细。

我们国家电力方面的发展，包括世界上电力方面的发展，很多地方都需要创新性的深层次发展，但更依赖于材料的发展。无论智能化、数字化发展到什么程度，电都不会消失。比如说，我们现在有这么多铁塔，可不可以不要这么多铁塔？我不敢说未来怎样，但我知道当下铁塔是必不可少的，因为电的输送需要容量，特别是远距离输送，现在的技术必须要用到这么多铁塔。当然了，科学技术在不断地发展，这些年，电力行业发展最快的就是数字化、通信化，这都依赖于国家电子技术、智能化发展。比如说，过去我们的一台开关的控制屏有一面柜子那么大，上面布满了各种型号的电磁型继电器，而现在已经演变成了一个小盒子。我们变配电所最大的变化是综合数字保护，相比过去没有数字化的时候，我们节约了有色金属，节约了空间，节约了劳动力，节约了安装的时间，同时也大大地节约了维修成本。信息技术与电力专业的结合，改变了我们整个行业的效率。从业 40 年来，我可以感受到我们国家的建设速度越来越快。

再好的花儿，只有开在肥沃的土壤上，才能茁壮成长。这些荣誉不是我一个人的，是和我一起奋斗的工友们的，属于身边的同事们，属于组织，属于中铁一局。知识是立身之本，集体是成长沃土。我绝不辜负国家对自己这名普通工人的厚爱，将更加努力为中铁一局、为祖国的铁路电力事业贡献力量，培养出更多的人才。

（文／马康伟）

尹贻明
与死神抢夺生命的人

个人简介：

尹贻明，1958 年生，陕西延安人。陕西省人民医院重症医学科（ICU）主任医师，陕西省首位白求恩奖章获得者，入选央视 2018 年"最美医生"的陕西第一人。在急诊医疗和重症抢救一线工作了 30 余年，先后获得陕西省卫生系统精神文明先进个人、优秀共产党员等多项荣誉。

重症医学科（ICU）的病人，一脚踏在人间，一脚踏在"奈何桥"。我作为陕西省人民医院急诊急救系统这支"快速反应部队"中的重要一员，要时刻准备着投入到与死神的搏斗中去。我常说，重症医学科不是临终关怀病房，是为了和生命做最后一搏的地方。我们的职责就是与死神赛跑，抢救回每一位危重患者的生命。

坚守临床一线，赢得"以生命相托"的信任

　　我从小生活在陕北农村，1977 年，经过努力考上了西安医学院（今西安交通大学医学部），当时在学校里各门功课学得都很扎实。毕业之后，我被分配到了陕西省延安市卫生学校，在那里当了两年半的外科教师。由于陕西省人民医院的需要，再加上我和爱人长期两地分居，1985 年 8 月，我便调入了陕西省人民医院急诊科工作，从主治医师、副主任医师一直干到主任医师。

　　2003 年，陕西省人民医院成立了重症医学科，当时有 5 个科主任来竞聘，我很幸运地脱颖而出，成为陕西省人民医院新成立的重症医学科主任。虽然重症医学科只是一个初创科室，却承担着医院急、危重患者及术后重症、多脏器功能衰竭等疾病的高级生命支持和监护救治工作，可谓是责任重大，任务艰巨。当时科室刚成立，人员严重匮乏，我和仅有的 3 名年轻医生轮换着值班，这一值就是好几年，是全院临床一线值班医生中年龄最大、资历最老的一名科主任。

　　我常想，如果医生都怕危险，那谁去救治病人呢？记得 2003 年非典时期，陕西省人民医院成立了发热门诊，我负责发热门诊的筹建工作，并在那之后带领重症医学科 5 名护士在发热门诊坚守了一个多月。为减少其他人员接触感染的机会，我总是亲自把病人送到隔离病房留观。在那期间，我先后收集资料，制定消毒、隔离制度，处理科内、院内发热病人的会诊和排查工作，无一例漏诊病人。

　　我经常勉励科室的医护人员，只要有一分希望，就要付出一百分的努力。2013 年 9 月，陕南马蜂肆虐，1600 人受伤，多人抢救无效死亡。面对令人揪心的死亡数字和病情不断恶化的患者，我当时两头奔忙。在陕南，我作为专家组成员被陕西省卫生和计划生育委员会（现陕西省卫生健康委员会）抽调到现场指导救治工作；在西安，我们科室转入了 20 多名在当地救治有困难的危重病人，我一边在科室救治危重病人，一边电话指导着陕南那边对接医院的危重病人的抢救。由于马蜂蜇伤病人病情危重，病情变化快，随时有生命危险，我带领科室医护人员天天吃住在科室，夜以继日地工作，马不停蹄地查房，紧锣密鼓地组织专家会诊，讨论、制定个体化救治方案。在全科人员齐心协力的努力

下，日夜奋战 10 多天后，所有病人全部治愈出院。

我的生活中从来没有节假日，更别说休假了。每次外出开会或者完成急救任务回来的第一站不是家，而是科室，尽管我家距离科室步行只需要 3 分钟。说实话，对于那些随时有生命危险的病人，我非得随时看着才能放心。有一次，正值周末，我按常规来科里查房，突然一阵阵腹痛，那会儿也没当回事，就忍着痛继续跟值班医生一起把科里 20 多个重症病人一一看过并且都处理好。很快3 个多小时就过去了，我回到办公室，面色苍白，疼痛难忍，衣服都湿透了。经过检查，发现是急性化脓性阑尾炎，需要立即进行手术。手术医生说，如果再耽误几小时，阑尾就要穿孔，后果不堪设想。

一线医疗工作者的工作、生活状态就是这样，更何况我是一名重症医学专家。不论非典、甲型 H1N1 流感还是山阳山体滑坡、西乡交通事故，也不管前方是怎样的险境，面临怎样的困境，我都要和科室医护人员在第一时间赶赴最前线，尽自己所能去挽救生命。

2017 年 4 月 2 日，西乡县路段发生交通事故，一辆载有 25 人的班车坠入近 30 米深沟，造成 4 人死亡、21 人受伤、1 人重伤。接到急救指令后，我和

工作中的尹贻明（中）

胸外科、骨科两名专家组成医疗救援小组，火速赶往事故地点。一到目的地，大家顾不上路程劳累，更顾不上吃饭、休息，一头扎进西乡县医院和县中医医院查看病人，会诊并指导救治工作。当晚，又赶往汉中市中心医院重症医学科会诊，连续两天共查房45人次、大会诊5次，抢救危重伤员2人、重伤员4人，圆满完成了前期抢救治疗和指导救治工作，得到了当时陕西省卫计委（今陕西省卫健委）、汉中市卫计局及西乡县卫计局的高度评价和赞誉。

我的原则是做事要踏踏实实，要想尽办法干好。我常给科室的医护人员说，从事医学行业，最主要的就是要有爱心、有医德，要把每个病人当成自己的亲人；在提升自身职业素质方面，要勤奋，不能偷懒。我记得早年下乡的时候，我的老队长、老书记说过一句话："一懒生百病。"因为医学知识更新速度很快，当医生的就要不断地学习，要时时刻刻把病人的生命安危放在第一位，救命的时候必须随叫随到，再大的事都没有人命重要。让重症医学科真正成为危重症病人抗击病魔的最后一道堡垒，这是我和科室所有医护人员坚守的目标。

推动重症医学科大发展

2017年8月，我获得了全国卫生计生系统颁发的白求恩奖章，是陕西省首位获得这项荣誉的医护人员。其实获得白求恩奖章，我是有些惶恐的，因为我不是做科研的，也不是扎根基层的，就是一个给人治病的医生，没有做多大的贡献，像我这样普普通通的医生全国还有很多。在我得奖之后，邻居说："尹贻明能得这个奖，全凭他媳妇支撑着这个家呢。"真的是这样，不管是原来在急诊科，还是现在到重症医学科工作，我几乎都是随叫随到，所以家里的事都是爱人在打理。另外，我经常无法按时回家吃饭，都是她给我送饭。爱人总说，虽然当医生只能抽空吃饭，抽空休息，但只有自己吃好饭才能有精神给患者治病。我经常说我就是一个"农家娃"，不懂得收拾打扮自己，也没机会逛街，爱人要给我买衣服，都是她从商店里拿回不同的衣服和尺码，让我在家一件一件地试，之后再把不合适的衣服送还给商店。重症医学科确实离不开人，我的爱人一直默默在背后支持着我的工作。

重症病房里充满了无奈和病痛，但也充满了对生命的渴望。虽然很多重症患者只能回应一个眼神或者一个表情，但我依旧会用自己的方式，鼓励每一位病人和家属，给他们战胜病魔的信心。

我印象深刻的是一位 22 岁的名叫小谈的患者。她第一次当妈妈，就在离预产期只有一个月的时候，突然昏迷，在当地医院抢救时，两次心脏骤停，情况十分危急，被紧急转到了省人民医院。她当时全身感染，深度昏迷，依靠呼吸机呼吸，而且有凝血功能障碍。送入医院后，我对她进行了检查，发现胎儿还有生命体征，便立即和产科会诊协作，让孩子得以平安降生。生产后的小谈一直处于昏迷中，心脏再次出现骤停，命悬一线。我又带领着同事争分夺秒地抢救，时时监测，最终保住了小谈的生命。经过一个月的救治，小谈暂时度过了危险期。考虑到她还没见过自己的小宝宝，我就想了个办法——把小谈儿子的照片挂在病床前，让她每天能看到自己的小宝贝。每次查房，走到小谈床前，我都会轻轻握一握她满是管线的手，鼓励她："看看宝宝的小脸蛋，多可爱！他正等着你回家抱哩。咱们快胜利了，再加把劲儿就可以转到普通病房去了，到时候就可以天天和宝宝在一起！咱们来握握手，再加把劲儿！"

重症医学科作为一门新兴学科，在陕西省人民医院起步比较晚。带领医护人员推动科室及学科发展是我作为科主任必须要承担的责任。经过我们的不断努力和认真工作，重症医学科治疗效率、抢救成功率不断提高，逐渐成为医院的强势科室，每年收治来自院内外的重症病人 1000 多例，抢救成功率超过88%，高于全国平均水平。与此同时，一批年富力强的主治医师得到快速成长，肺栓塞、羊水栓塞、感染性休克等凶险疾病患者到了这里都能化险为夷。

改革开放 40 多年来，西安的变化是日新月异、翻天覆地，医疗方面的变化尤为显著。20 世纪 80 年代初期，我上学的时候，西安医学院还都是老式建筑。1985 年，我到省人民医院工作时，我们医院的设备在整个西北地区来说都是比较先进的，周边省市能做 CT 的医院只有省人民医院一家，但医院床位也就几百张。在急诊专业设备方面，西安市包括周边县级医院都在不断更新换代。1986 年，我有幸参加了中华医学会急诊学会的成立大会，当时全国只有少数省会城市在逐步建立急诊医学，经过多年的发展，如今，连县、镇医院的急诊科

在病房鼓励病人的尹贻明

都有救护站、救护车，这就证明我们的急诊专业设备在和国际接轨。西安举办各种高规格大会、城市马拉松等活动，急诊也都能跟得上。再比如重症医学科的发展，美国重症医学会成立于 1970 年，中国重症医学会成立于 2005 年，比发达国家晚了 35 年。十几年前我参加了第一届年会，见证了重症医学科从无到有、突飞猛进的发展。

现在，随着社会老龄化以及人们生活水平的提高，再加上流行病学的变化、环境污染等各种原因，重病越来越多，对重症医学科的需求也越来越大。老百姓的期望，市场和社会的需要，都在督促着我们要把专业做得更好。现如今，西安医疗行业更需要与国际接轨，轻症病人能在社区基层医院得到良好救治，省市医院大力发展重症医学科，将资源进行整合优化，更科学地分配利用，加大对专业学科人才的培养与培训，不断提升医疗技术。从自身出发，我要做一个心系患者的好医生，始终践行"白求恩精神"，以过硬的医疗技术和高尚的医德，赢得病人"以生命相托"的信任。

（文 / 郭知凡）

熊柏泉

秦岭无人区的守望者

个人简介：

　　熊柏泉，男，1962 年生，陕西镇巴人。1978 年来到佛坪，从事自然保护工作 40 余年，现为佛坪国家级自然保护区管理局西河保护站站长。

　　做秦岭野外保护工作，开始是为了生存，后来是工作需要，现在是大熊猫让我爱上这片山林，让我快乐充实起来。我把佛坪祖辈留下来的宝贝和家园看管好，对得起良心，这就行了。只要我在这里，就要把工作干好。

初筹西河保护站，与寂寞为邻

我是 1962 年出生的。西河保护站筹建时，我随伯父来到陕西省佛坪县，在保护站干过炊事员、向导、巡护员。来到这里的第二年，我在大古坪二十吊钱沟看到一只八九十公斤的大熊猫，趴在树上呼呼大睡。从那一刻起，我就迷上了大熊猫，再也忘不了。

佛坪地图上查不到西河保护站，只能见到一条由北向南流淌的河流，名为西河。西河保护站建在两条河交汇的一块平地上，坐北向南，一条水泥小道从铁索桥头通向门口。保护站大门上有两行红漆字："熊猫保护路漫漫，西河任重而道远"，左边挂着牌子，右边也刷了一行漆字："西河欢迎您"。三间石头房子、一间由原木搭建的简易库房是这片丛林中仅有的人类建筑。院子四周围着竹栅栏，里面种着苏麻、黄豆、茄子、大葱、红薯等作物。厨房外种着辣椒，出门摘几个在水管上一冲，就能下锅炒起来。

西河保护站是佛坪国家级自然保护区 6 个保护站中管辖面积最大、工作人员最少、条件最艰苦的站点，辖区也是秦岭大熊猫密度最高的区域。全国第四次大熊猫调查中，佛坪保护区直观大熊猫 30 多只，西河保护站辖区内就有 17 只。陕西省首次捕捉到大熊猫背着幼崽在雪地行走的照片，就是我在这里拍摄的。

西河保护站筹建时，佛坪保护区管理局让我临时负责。我在秦岭山里搭了一座小木屋，遮不住风挡不住雨，带着两个巡护员用塑料纸稍加遮挡，就在里面安了身。夜里，我们生一堆火，既取暖又照明。就这样，我在这个木屋工作 5 年后，被聘为西河保护站的站长。此后很多年，我都坚守在这个荒无人烟的地方。

渐渐地，西河有了太阳能发电机和热水器，大家可以看电视，洗热水澡。再后来，有了自来水。保护站又对部分艰险路段做了水泥硬化处理，巡山出行安全多了。晴天用太阳能发电，阴天用汽油发电，只是油贵不敢久用。我们三个男人白天巡护，晚上通过一台老式电视机看新闻联播、电视剧，9 点多睡觉。我们整天待在一起，家里孩子大小、山里大熊猫趣事、玄幻神话故事，能说的话都说完了。

虽然我干着中层领导的事，身份却与管理局其他中层领导差别很大。我拿的是合同工工资，基本工资比正式中层干部低。正式职工连续3年被评为"先进个人"可涨一级工资，我年年被评为"先进个人"，却从没享受过这种殊荣。

我们的生活用品都是从13千米外的大古坪背来的，大古坪的很多东西又是隔半个月左右从县城捎来的，物资供给极度不方便。很多时候，我们为了省钱和方便，就在院子里种蔬菜，自给自足。

秦岭深山，人烟稀少，遇见个人比见只熊猫还难，有时一个月也碰不到一张生面孔。生活单调辛苦，年轻人不愿来，来了也待不住。我每月回家休息几天，防汛防火期间不能离开，就连过年也不得耽误工作。春节时，员工们回家团圆，我就守在站上，从大古坪雇人搞巡护，顺便陪自己过年。等别人休完假，我才能回家。

有一次，我太无聊了，真的需要一个人陪我说说话，刚好，一个农民路过，我就挽留他："你留下来，我给你做饭，我给你炒菜，我陪你喝酒。"

在西河保护站，熊柏泉（右）给记者讲述巡护工作

当时是我、李吉玉、王正平3个巡护工管辖这里，我们心甘情愿以质朴的情怀、辛勤的汗水和执着的付出守护着这片山林，守护着大熊猫、金丝猴、羚牛、斑羚、黑熊、野猪、锦鸡、角雉、血雉们的安全与幸福。

艰险挡不住穿越山林的脚步

我的工作任务是防偷猎、火灾，救治病饿野生动物，观察记录野生动物的生活习性。我曾和两个巡护工住在黄桶梁，防范伺机而来的盗猎分子。我们曾一次抓获11名盗猎分子，缴获8只死去的林麝。盗猎分子拿着枪，危险随时会发生，但我们就是不怕，玩儿命干。

虽是无人区，除了外边来偷猎的，也有邻近的村民想来挖药材。我就借用中国社会科学院动物研究所的摄像头，安在人和动物经常活动的地方。这个方法很管用，不仅能拍摄、监测野生动物，还能阻止村民的违法行为——大家都怕被拍到，不敢再冒这个险。

常年在山林里奔波，危险时时存在。西河站监测、巡护线路100多条，每条线都超过25千米，每月都要用脚步丈量一次。最远的线路距离黄桶梁30千米，要过28次河，夏季涨水时河水淹到脖颈，冬天冰冷的溪水冻得腿脚麻木。转坪峡那段最为艰险，有两千米峭壁"鸟道"，要经过好几处悬崖峭壁，手脚并用才能爬过去；稍有不慎，就会掉进水很深很急的河里，或重重摔在乱石滩上。我们每次经过，心都悬着，甚至有时候为了图个心理安慰，望着绝壁祈求。有时回不来，就在山洞过夜，或是随便找个地方搭帐篷。我们渴望能在这里固定一条钢缆，方便行走，可争取不到资金。

常年风里来雨里去，我患上了风湿病、腰椎病。没办法，巡护时，我把各种瓶瓶罐罐的药带上，一天三次地吃。

我们的考验不仅有秦岭深山区的艰险路途，还有狭路相逢的野生动物。有一次，我和同事来到转坪峡山头附近，在茂密的竹林中巡护，同事背着背篓走在前面，我走在最后，突然，一只羚牛从后面冲过来，吓得我赶紧趴到地上。

羚牛从我身上跨过去，又继续朝同事直扑过去，同事赶紧"汪汪汪"地学狗叫，才把它吓跑了。

还有一次，一只黑熊顺着便道往下走，离我们只有20多米，我就躲在大树后顺便拍照，后来索性迎面拍。黑熊离我们只有10多米时，我赶紧捡块小石头，扔到半坡上，黑熊听到声响，转头朝声响处跑去了。在深山中走得多了，经验就丰富了，遇到黑熊千万不敢上树，人类爬不过它的，只有趴在地上装死。山里野猪都是十几头结队乱窜，更得留神，不敢大意。

为了国宝的幸福

抢救患病大熊猫是我们的重要职责。大熊猫生病了，会到河谷喝水，缓解胃部不适，并在竹林平坦处逗留，节省体力。这些地方就成为我们日常巡护特别留意的区域。蛔虫病是野生大熊猫的常见病，目前还没有找到有效的预防手段。我们曾发现了3只在河边活动的大熊猫，它们全染上了蛔虫病，有五六岁的，也有老年的，都没有抢救过来。经过解剖，有一只大熊猫的胃里没有一点食物，全是蛔虫，足有上千条。

我现在还记得，有一只大熊猫摔伤了头颅，又遭寄生虫侵害，严重脱水，极度衰弱。我在西河站的巡护日志里记录了这次经历：

2001年10月30日，晴转阴，中午1：30，在纸场坪主沟（海拔）1510米处发现大熊猫新粪便一团，粪便不正常。在主沟（海拔）1500米处直观一只大熊猫在沟边行走，它休息了20多分钟后，又向坡下行走，到（海拔）1400米处不走了。2：10，回站（通过电台）汇报给局主管领导，请他们来站抢救。

我和杨中成、李吉玉、王正平两人一组交替着，一直陪在这只大熊猫身边。大熊猫眼中流露出可怜无助的表情，像狗一样哼唧、叫唤。我们稍微一离开，这只大熊猫就叫得更大声。我们还给饥饿的大熊猫冲了奶粉，给它垫上塑料纸，希望给这只垂死挣扎的大熊猫一点温暖。最后，还是没有挽救过来它。

还有一次，我很幸运地遇见了"大熊猫背崽"的情景。那时，山里正下大

大熊猫背崽图

雪,大雪把山林装点得格外美丽,大"雪花熊"(母熊猫)带着小"雪花猫"(熊猫幼崽)穿行在竹林中,母子俩走走停停,样子十分可爱。我本想再靠近一些,又怕惊动它们,只好"埋伏"在 300 米开外的竹林雪地,用长焦镜头拍了几张相片。野外撞上大熊猫母子,是再平常不过的事。然而,接下来的一幕让我大为惊讶:大熊猫妈妈沿着山坡向上缓慢走去,半岁多的幼崽突然调皮地从妈妈后背爬上去,抱住妈妈前胛部位,叫妈妈背着自己。周围没有竹子,只有几棵桦树,视线较好。我想拍个清晰的正面,就从侧面慢慢靠近。距离大熊猫母子

60多米时，我没留意踩到一个冰溜子，冰溜子不承重，断裂了，发出的咔嚓声很响亮，惊扰了大熊猫母子俩。大熊猫妈妈猛一侧身子，幼崽掉下来却没有摔倒，它迅速跟上妈妈，母子俩加快步子，一前一后，走远了。大熊猫妈妈常常用嘴叼或怀抱幼崽，这个妈妈却背着宝宝在雪地行走，母子情深让我感动。这张照片在全世界疯传，国内外好多记者打电话采访，我忙得不得了，差点想换手机号。这件事虽然已过去好几年了，但每次讲起来我还是很激动。

后来，我在深山里呵护大熊猫的事迹逐渐被外界知道了，媒体对我进行了多次报道，这也招来许多人的非议，有人说我想出风头，有人嘲笑我懒惰不出去打工挣钱。确实，我就是个普通人，没做什么贡献，钱挣得少，但我内心很充实。我女儿看到我们保护站的同事曹庆写我的稿子，说："曹庆阿姨把我爸爸写得太好了，再也不要写了，叫人看了心酸！"慢慢地，我也不说自己的辛苦了，不能提，一提眼泪就下来了。

40多年过去了，我仍然是保护区的一名普通的中层干部，依然是巡护工，依然在70多平方千米的无人区做着看似简单琐碎、日复一日的事：白天吃饭巡山，看捎来的文件、报纸，按时给局里打电话汇报；夜里写工作日志，看一两个小时的电视，然后上床睡觉；闲时拍一拍秦岭的景色和遇见的大熊猫、羚牛等野生动物。我的摄影照片有人喜欢就去用好了，也算是为秦岭生态环境保护做宣传了，这是好事。

这几年，国家对于秦岭自然生态的保护比过去重视得多了，也出台了很多政策，支持我们野外保护站、生态保护区的建设和发展。过去巡护工作十分艰辛，现在巡护设备、科研设备、保护站工作环境都得到很大改善。这让我感到很欣慰，也怀着巨大的期盼，希望每个人都能关注秦岭，关注我们秦岭特有的众多珍稀动植物，热爱它们，保护它们。

（文／白忠德）

梁敦台
要对得起共产党

个人简介：

　　梁敦台，1932 年生，四川蓬溪人。1955 年应征入伍，在朝鲜三年，因表现出色被记三等功。退伍后成为石油工人，先后在蓬莱油矿、鲁东气矿、长庆油田工作，长期奋战在石油一线。2000 年在长庆油田退休，现居西安市西咸新区。

　　没解放的时候，我家那么苦，解放后日子好过了，我要对得起共产党。我是家里第一个当兵的，退伍后又成了石油工人，大半辈子没在家待过，好几次差点死了，但是，我和我的家，创造了属于我们的幸福，我现在很满足。

贫穷与红薯，记忆深处的苦日子

我老家在四川，我的父亲是长工、老农民。他 32 岁才结婚，生了我们兄弟姊妹共 8 个孩子。1949 年以前，我家日子过得苦，我们家是贫农，没有自留地，给地主种地，缺吃少穿。虽然我的母亲很能干，但是因为家里孩子多，劳动力少，又受地主剥削，还是经常没饭吃，实在饿了就只能吃红薯。

我父亲年轻的时候，读了三天书就回来了。但他一直认为读书十分重要，所以有了我们以后，我父亲说："我再穷，我的娃娃每个人都要去读书。不读书写个条子都不会。"所以，我们 8 个孩子都读了书，我弟弟在学校还是优秀学生，被保送到军校。

我小的时候，国民党要征兵抓壮丁，每家每户三丁抽二，五丁抽三，我们家有 5 个弟兄，按当时的规定，其中有 3 个是要去当兵的，但是我母亲摸清了保长的脾气，故意在保长打麻将的时候，带着我们兄弟 5 个过去。那天，乡长、保长和他们的太太，好多人都在。我母亲说："保长、乡长，你们说要我送儿子去当兵，我把我的孩子带来了。"这一下子就影响了保长他们打麻将，保长在桌子上拍了一巴掌："你们要造反呀！"我母亲就说："你们要我儿子去当兵，我 5 个儿子，给你交 3 个还要怎么样。"他们就轰我们："赶快走！"我们几个年纪小的孩子吓得哭起来了。最后，我们兄弟 5 个都没有去当国民党的兵。

为报效祖国，奔赴抗美援朝战场

1950 年初，国家提倡包产到户，农民们靠自己的劳动终于获得了丰收的粮食，改善了生活。我们家也有了自己的地，日子一天天好起来，粮食不缺了，家里连猪都喂得肥乎乎的。

生活刚好一点，就赶上抗美援朝，全国征兵。我想，我一定要去当兵，共产党让穷人过上了想都不敢想的好日子，我们要对得起共产党。于是，我就去

梁敦台三等功证书

报了名。为了能顺利当兵，我甚至还把年龄报小了几岁。当时我和四哥都报名了，但是四哥因为结婚了有家走不脱，就去了我一个。后来，在我的带动下，很多亲戚朋友都去当兵了。

新兵入伍的那天，公社和县上组织了秧歌队来送我，我胸前戴着大红花，来到县城，换上军装。虽然心里又激动又骄傲，想快点体验军旅生活，但看到父母眼中的不舍，我的心里还是泛起一阵酸涩。

我们新兵坐闷罐子车（棚车），那是一种拉牲口和物资的车，车里散发着臭味，走得特别慢。就这样，慢悠悠地过了秦岭，路过宝鸡，一路到朝鲜，走了七天七夜。到大一点的火车站会停下来让我们吃饭，一般的小站不会专门停车，路上都是吃干粮、面包，一直吃不饱。

终于，我们到达了朝鲜。交接新兵的时候，天已经黑了，周围是什么环境，房子在哪里，我都没看见。第二天天亮了才看清楚，军队住的是烂草棚子，见不到房子，房子都因为打仗被毁坏了，战火把周围的树桩都烧焦了，遍地都是炮弹打的大坑小坑，没有一块地方是好的。

那段日子苦得很，当时零下40多度，我们在外头吃饭，冻得受不了，吃不到 5 分钟，嘴就张不开了。晚上站岗，站不到 15 分钟就要活动一下手脚，不然你想动都动不成了。战士们刚开始没有经验，零下 40 摄氏度站半个钟头，像个木头人一样，动都不动，耳朵一抹就掉了，就这样冻死了很多人。

我所在的连队到朝鲜的时候，已经停战了，上面分派我们帮助当地军民盖房子。在朝鲜的第一年，我有半个多月的时间都在山上割树条。山里的条件可想而知，又冷，又没地方休息，我们都不刷牙也不洗脸，脸上有点脏了，就用雪擦一下。当时我们吃的主要是土豆和苞谷（玉米），没水喝的时候就吃雪，就当喝水一样。穿的那个棉裤，晚上脱下来就穿不进去了，都冻硬了，像个冰条条。那个时候虽然停战了，但是还会有敌人的飞机在空中盘旋，要是发现有解放军在这块活动，飞机就擦着山坡飞，用机枪扫射。我们经常白天都不敢工作，怕被敌人发现，都是在晚上干活。我们搞建设很辛苦，没有机械设备，遇上大石头什么的都是直接上手去抬。每个礼拜都不休息，吃不好，睡不好。

我的眼泪都快哭干了。"完蛋了。"我对自己说，以为这辈子可能都见不到母亲了。战争很残酷，战场的惨烈程度只有身处其中才知道，没有一个普通人到了真正的战场不害怕。特别艰苦的时候，我的思想也曾有动摇，后来想通了，我们不到朝鲜，中国都没得安生日子啦。朝鲜是中国的邻国，朝鲜一旦被打败，最受威胁的还是咱们国家，抗美援朝，实际上也是在护卫祖国的防线啊！

建好了房子，上面的命令又下来了，让我们去种菜，还给每个士兵定了任务，给我的任务是一个冬天产出 4000 斤粮和菜，我最后以 12000 斤的产出量完成，被评为先进生产者。然后又叫我去学枪，我学得很快，在各种比赛中名列前茅，被评为优秀射手。等到复员时，还给我评了个三等功。

安家立业，油田工作不忘初心

从朝鲜战场回来后，我在老家蓬溪的兵役局（人民武装部）登记后，就跟着国家"石油学大庆"的号召，被分配到了蓬莱油矿（今归属四川石油管理局川中石油天然气勘探开发公司）。

当时石油上很苦，也很危险，我们学习王铁人人拉肩扛地干工作。蓬莱油矿有段时间把我安排到北川县去种地，北川县冬天冷死个人，在那个环境下，我们把山上的杂草用火烧了烧，种苞谷，当时一个人43斤粮，很多人都吃不饱。

我在石油上参加了当时的英雄作战队，也立过几次功，都是在火海里闯出来的。当时石油上死过很多人，有年纪轻轻的没结婚的姑娘、小伙儿，有刚刚结婚的我的队长，还有两个中年的全国劳动模范。好几次在火海中我都差点儿被烧死，我想是不是因为我属猴，才烧不死我。

1963年，我32岁才结婚。妻子是我的一个队长给介绍的。当时，我和妻子都穷，结个婚，就给她买了件衣服，我在织布厂的二哥给了两张糖果票，工会组织起来给我们在蓬莱油矿举行了一个简单的结婚仪式。结完婚不到一个礼拜，我就被调到鲁东气矿，那个时候的条件不允许家属跟随，我妻子就找了农民的房子住着。我俩两地分居，因为油田上缺人手，忙不开，我也请不了假，我的大女儿两岁多了才来看我，所以都不认识我了，还跟别人说不要那个叔叔（我）挨着她妈。村里农民不知道情况，还开玩笑："石油工人，你们300多打井的人，一天天的，过年过节也不给放个假？"我当石油工人40多年，从来没在家里过过年，一天天就在山沟沟里。

1971年，我被调到甘肃的长庆油田，那边也很苦，地处偏远，环境不好，没水，地上不长草，冬天冷得啥也干不成。我们刚去的时候，住的都是烂帐篷，自己安装自己拆，每天在烂帐篷里开展工作，冬天烧原油取暖，晚上因为冷，经常休息不好。后来大队把我调回来，让我当了一年的炊事员。当时队里水都吃不到一口，我就自己跑几十里路去找水，找到水了再挑回来给大家做饭。

后来条件慢慢改善了，队里打了一口井，也焊了铁房子，有了大机械，再也不用人力去开采石油了。

那些年，我工作苦，妻子在家一个人带孩子也苦，她以前没享过福，我也没享过，到了改革开放以后，我们一家子的生活才慢慢幸福起来。今年，我80多岁了，曾经和我一起当过兵、干过石油的一些好干部、好工人、好军人死得太多，他们没能活到现在。因为战争和贫穷，很多年轻人没结过婚，就这么走了，有的肚子没吃饱就那么走了，我能活到现在，已经很满足了。我的孩子们现在也都在油田工作，我们家第三代人也有在石油上工作的。

2002 年退休后，我到了西安西咸新区。退休时我们领导说："石油工人苦了一辈子，给他们把房子建到大城市去，他们没见过大城市。"确实，我们这些苦了一辈子的老工人，没见过大城市，在山沟里待了一辈子。

刚来西安西咸新区，这边正在建设中，到处都很乱。但是，政府投入的资金和人力都比较多，你看，这才几年过去，变化就特别大了，城市规划和绿化做的都特别好，我们现在住的这里，空气也好，还有大型超市、商场，公交车也特别多，买啥东西都方便。一开始搬过来我很不习惯，现在已经喜欢上这边的生活了，这得感谢我们的领导，感谢共产党，对我们石油工人这样好，让我们退休后能够搬到这里，安享晚年。

（文 / 陈梅宝）

王乃祝

扎根基层，百姓的笑容就是我的追求

个人简介：

　　王乃祝，男，1961 年生，浙江余姚人，中共党员。原浙江省余姚市农林局干部，现挂职周至县林业局副局长、周至县竹峪镇党委副书记、竹峪镇丹阳联村委员会主任。先后荣获陕西省脱贫致富带头人、感动西安十大人物和西安市"最美公务员"等称号，还被评为 2018 西安最有影响力十大人物。2019 年 4 月 23 日，荣获全国五一劳动奖章。

　　从浙江余姚到陕西周至，我以扶贫工作为自己的事业，带领"两会一队"（板凳会、故事会、宣传队），让贫困群众挺起精神脊梁。为了帮乡亲们脱贫致富，我觉得我 60 岁还可以拼一拼。

从浙江到陕西，哪里都是"自家人"

2017 年 5 月 23 日，我担任浙江省余姚市农林局副局长，当时已经 57 岁了，恰逢陕西和浙江联动帮扶政策，于是我来到周至挂职扶贫，担任周至县林业局副局长、周至县竹峪镇党委副书记、竹峪镇丹阳联村委员会主任。我用了一年时间，用双脚和眼睛丈量了丹阳一带的沟沟峁峁，经过深入调研，我的身心也融进了贫困户的生产生活。我和我带领的团队在发展村级经济、壮大集体产业、建设美丽乡村等方面不断创新，推动竹峪镇丹阳联村党委独辟蹊径，走出了一条脱贫新路径。

我根据在浙江的实际工作经验，结合周至丹阳联村的实际情况——环境好、农业占主导地位、距离西安市近，在原有的经验基础上创新帮扶模式，以联村党委凝聚发展合力，引领贫困村集体发力脱贫攻坚。

具体来说，就是在丹阳、张龙、鸭沟岭、民主、中军岭、北西沟、农林村 7 个省级定点贫困村，对扶贫项目、土地流转、资源利用等方面统一规划、统一落实，形成发展合力，积极探索脱贫攻坚的新路径。

联村党委按照实事求是、因地制宜的原则，打造脱贫致富示范区；以"党建＋扶贫"为抓手，突破村域和行政界限，积极向管理联动、资源共享、产业联布、发展同步、和谐共筑模式转变，构建起了"大党建、大扶贫、大发展"的工作格局。事实证明，我们这么做是对的，最终我们取得了不错的成效。

联村党委成立后，无论是道路拓宽、墙面改造，还是土地流转，村民们都积极配合，7 个贫困村形成了脱贫攻坚的"命运共同体"。

扶贫路上，不漏掉一个乡民

根据之前的数据统计和我来到丹阳后实地走访的情况，我发现这 7 个村按照当时国家划定的标准，贫困人口达 177 户 514 人，这个数字是非常惊人的，在实施联动的过程中，这些贫困户是重点帮扶对象。我决心在攻坚扶贫的道路上，不漏掉一个需要帮扶的村民。我的工作除了要让老百姓的腰包鼓起来，还要关注贫困户的思想动向。有的贫困户确实是因为家庭劳动力缺失造成的，但有一小部分农民致贫是自己的懒惰心理和依赖心理造成的，他们想着不用劳动还可以领取国家的救助金，索性就什么也不干了。

我们在进行脱贫工作的时候，分门别类地对不同类型的贫困人口采取相应措施，让不愿意劳动的人在思想上转过弯来，通过自己的勤劳获得收获；让缺乏劳动力的贫困户在享受国家低保政策的同时，可以做自己力所能及的事。

我记忆犹新的是，鸭沟岭村三组贫困户宋思社收获的上千斤猕猴桃直到霜降过后还没有找到销路，几乎都要烂在地里了。我们村支部负责人看在眼里，急在心上，从包装设计、联系销售网点到制作专门销售的网址链接全程帮扶，不到 10 天时间，就将包装好的 191 箱猕猴桃全部销售出去，为贫困户宋思社解决了实际困难，增进了党群感情。

红梅嫁接技术评估现场

想办法让农民的土地活起来

竹峪镇地处周至县西南 30 千米处，独特的自然环境与土壤特性，使这里形成了以苗木、猕猴桃、杂果种植为主的产业发展结构。但村民大多以户为单位，种植分散，管理粗放，经济效益低。竹峪镇的产业扶贫之路该怎么走成了摆在我面前的头等大事。

通过思考和广泛征求村民的意见，联村党委以农业结构调整、旅游开发为重点，充分考虑地形地貌及发展现状，全面整合联村资源优势，大力谋划发展苗木花卉、文化休闲旅游、农家乐等特色产业，促进经济效益、社会效益和生态效益的有机统一。

由联村党支部指导，率先在张龙、丹阳、鸭沟岭 3 个村进行农村产权制度改革，保障农民财产权益，壮大集体经济；在各村分别成立专业合作社，采取"公司 + 合作社 + 贫困户 + 农户"的模式，广泛发动全村农户以土地、资金参股等形式加入合作社；实施农业产业结构调整，促进一期 1000 亩猕猴桃、核桃等传统产业更新换代，提升传统产业产值。

在合作社的基础上，联村党支部成立了西安龙阳沟园林绿化有限责任公司，充分利用闲散地和低效地，大力发展壮大精品苗木花卉产业。公司负责购买市场前景看好的苗木，合作社具体组织实施，着力打造周城一带的红梅区、张龙村一带的红枫区、晏家梁一带的早樱区、竹子观赏区和杏桃采摘园、鸭沟岭一带的桂花区、金叶榆区，丹阳村一带的金叶女贞区、红叶石楠区、紫薇区、黄栌区及花卉观赏区块，建成 3800 亩精品苗木花卉基地。我们逐步向苗木产业的高端化、精品化、彩色化方向发展，以"新""特"更好地适应市场需求，有效增加群众收益。

此外，我们还充分利用现有生态环境、历史遗迹，通过整合各村资源优势，加大招商引资力度，发展食品、旅游文化等产业。目前，已初步洽谈了年产值超千万元的龙阳沟山泉饮用水项目，策划打造以周城、丹阳观等历史文化资源为核心、总投资 12 亿元的终南禅居（丹阳）特色文化旅游度假区，积极打造全域旅游，并进一步强化基础设施建设，惠及群众。

脱贫攻坚，精神脱贫才是核心

路通了，水电也有了，住房环境也改善了。我们不仅要在物质上有提高，还要在精神上有提升，特别是我们的乡风乡俗也要焕然一新，努力让一些过去不利于发展的思想和陈规陋习跟着脱贫一起改变。

为此，我们通过制定相关的村规民约，以文化为纽带，凝心聚力、促进合作发展，用足用好村规民约、红白理事会、道德评议会、村民议事会、禁赌禁毒会，不断创新活动形式，充分弘扬正能量，全力打造文化主阵地和道德新高地，开创了"风清气正人顺畅，务实求真美善扬"的生动局面。我们还组织各村有特长、有才艺的能人，成立了"草根艺术团"，在做好艺术表演的同时融入政策宣传，以快板、秦腔、歌舞、小品等群众喜闻乐见的形式走村入户，宣传党的十九大精神及各项扶贫政策，展示联村党委各项工作，让村民在家门口就能享受到"精神大餐"。

截至目前，我们已开展多种形式的敬老爱老、五好家庭评选、庭院大评比等活动百余次，颁发奖牌、赠送礼品，用身边典型教育引导贫困群众向上向好。

在联村党委引领下，四支力量协同发力，帮扶干部用情物质帮、用心精神扶、用力补短板，用真情和汗水赢得了广大群众的信任和支持，帮扶工作满意度也大幅提升，很多地方都发生了可喜的变化。而我的愿望和责任就是当天遇到的问题就在当天解决，承诺群众的事情说到做到，只要有利于群众、有利于脱贫攻坚，就想尽一切办法向前推进，绝不半途而废。

我们一定要当好群众脱贫的"领头雁"，找准群众致富的"金钥匙"，把党的扶贫好政策宣传落实到每一个贫困户，用实际行动架起联系群众的"连心桥"，让这片土地重焕生机，群众生活越来越好。

我来到了周至丹阳，就是这里的人了。我想把自己新的家乡建设好，使得老百姓的日子过好，老百姓脸上有笑容了，我也就踏实了。

（文 / 马康伟）

杨惠云

践行南丁格尔誓言的"中国好护士"

个人简介：

    杨惠云，女，1963 年生，陕西西安人。西安交通大学第二附属医院护理部主任，国家级、省级医院等级评审员，陕西省护理学会副理事长，陕西省护理质控中心副主任。第四十六届南丁格尔奖章获得者，"中国好护士"2018年 1 月月度人物，2020 年荣获"最美医生""陕西省三八红旗手""抗击新冠肺炎疫情全国三八红旗手"等荣誉称号。

    从投身护理工作那天起，我就想好了，此生要用爱心和双手为天下患者服务。护理工作很琐碎、很累，但我无怨无悔。践行优质护理，送每位患者康复出院是我最大的心愿。只有坚守爱人如己的信念，才能更好地为患者"提灯"护理，才无愧于南丁格尔誓言。作为医护工作者，要不忘初心，时刻惦记着那些需要帮助的人，只希望我所做的一切，能如星星之火，温暖患者心。

白山稳

创新的力量，未来的方向

个人简介:

　　白山稳，男，1963 年生，陕西西安人。陕西省行政学院教授，国家金融创新发展理事会专家委员会专家，陕西省商务厅等厅局特聘金融物流专家，西安市商务局、财政局等单位特聘服务领域专家，陕西省创造学会副理事长，西安交通大学、西安外事学院等院校特聘教授、创业导师，陕西省 EMBA（高级管理人员工商管理硕士）联盟特聘教授，陕西电视台 2016 感动陕西教育突出贡献人物。

　　回顾前半生，我的身份转变良多，从事的事业跨度也颇大。但是，我并不觉得之前所做的努力是无用之功，正是由于曾经的我才能铸就现在的我。

孔宪梅
踏踏实实做好环卫工作

个人简介：

孔宪梅，1963年生，山东人。西安市碑林区文艺路街道保洁公司保洁班长，1994年开始从事城市环卫工作。从事保洁工作25年来，先后获得碑林区劳动模范、碑林好人、巾帼标兵、西安市十佳最美女性、西安市劳动模范、全国五一劳动奖章等荣誉和奖项。2018年，孔宪梅被评为西安最美农民工。

西安是我的第二故乡，生活在西安我很知足很幸福。20多年来，我见证了西安经济的快速发展，也见证了西安市民整体素质的提高，我希望西安变得更加繁荣美丽。只要身体允许，我还想一直工作下去，为西安市容的干净整洁作出自己的贡献。

辛军锋
在坚守与创新中办大教育

个人简介:

辛军锋,1968年生,陕西西安人。中学高级教师,现任西安高级中学校长。教育部首期中小学名校长领航工程学员,创新人才教育研究会副会长,马云公益基金会校长委员会委员,首届西安市人民政府督学,西安市教育改革创新先进个人。发表《"红色摇篮"的时代探索》《"双高""双强"人才培养模式的探索与实践》等多篇论文,出版教育专著《用心的教育》《红色摇篮,三秦名校》等。

有人喜欢远行大海去看日出,有人喜欢爬上高山欣赏日落,而我喜欢在学校看日出日落。清晨,看着三三两两的学生披着霞光来上学,我仿佛看到了希望与未来……就这样走过一所所学校,看着一个个孩子,过着一个个日子,没有波澜壮阔,没有惊天动地,这就是生活,这就是教育。

安芳玲
我是温柔的公交车女驾驶员，小安

个人简介：

安芳玲，女，1970 年生，陕西西安人。陕西省第十二届人大代表。1986 年至今，在西安市公交二公司先后担任乘务员、站务员、45 路公交车驾驶员、服务科专干。2005年至 2008 年荣获公司先进个人，连续 8 年荣获优秀驾驶员标兵，2012 年荣获新城区"美德之星""缓堵保畅积极分子"称号，被评为"陕西省交通安全文明驾驶人"、《西安直播》"西安好人"，2013 年荣获"西安市职业带头人"称号，2014年被评为西安市最美女性，2015 年被评为西安市劳动模范。

从上岗的第一天起，我就下定决心，既然选择公交驾驶员这个职业，那么就算再辛苦，我也要坚定不移地走下去，将它当成我一生的事业来努力付出。工作中的我一直都在努力用真诚服务，让每位乘客都能感受到车厢里的和谐与温馨，他们平安到达目的地，就是我作为一名公交车驾驶员最大的心愿。

丁水彬

做好小家才能成就大家

个人简介:

　　丁水彬,女,1971 年生,四川人。陕西省西安市雁塔区红专南路社区居家养老服务站员工。2013 年获得第四届全国道德模范"全国孝老爱亲模范"荣誉称号。

　　我从来没想到坐一次火车,竟就此改变了我的一生。原本我只是到西安拜访姨妈,却因为父亲突然生病使我无处可依,留在了西安。我想,这也许就是所谓的缘分吧。

王林波
在思考与行动中成就小学教育

个人简介：

王林波，1976 年生，陕西西安人。陕西师范大学附属小学副校长，特级教师，中学高级教师，教育部首批教学名师培养对象，全国小学语文十大青年名师之一，全国百优教师。曾获全国第七届青年教师阅读教学大赛一等奖及最佳教学设计奖、全国第五届小学语文教师素养大赛特等奖。近年来在各级刊物上发表文章 300 多篇，应邀上课、讲座 300 多场次。出版的专著有《上好小学语文课——在思考与行动中润泽课堂》《指向"语用"的阅读教学实践》。

对于每一个有梦想的年轻人来说，踏踏实实地行动远远重要于所想的和所说的，决定一个人成长高度的不是内心，而是行动。瀑布就是江河走投无路时创造的奇迹。很多时候，恰恰是这些带给你烦恼和不幸的人或事情，一直在促使你不断前进。当我们的心沉下去时，智慧就浮上来了。人生重要的不是我们走哪条路，而是我们是否迈出脚步，是否在坚持行走。